Eberhard Anneken
Tom Jacob
Specimen Hunting Group Dortmund

Angeltechniken

Bildnachweis

Farbfotos von
Eberhard Anneken (20): S. 22, 24, 59,
61, 62, 63, 64, 67, 73, 106 o., 163, 164,
169, 172, 174, 178 r., 180, 181 r., 183, 186
Andreas Janitzki (7): S. 12 u., 25, 26, 42,
69, 70, 166
Klaus Klugmann (4): S. 10, 11, 14, 17
Tom Jacob (3): S. 27 o., 153, 160
Christian Mandok (14): S. 40, 41, 43, 45 o.,
46 u., 49 o., 126, 127, 138, 139, 140, 141,
149, 151
Firma Sänger TTS (3): S. 15 r., 44, 49 u.
Specimen Hunting Group Dortmund
(34): S. 5, 7, 13, 15 l., 32 o., 34, 37, 39, 79
u., 80, 81, 83, 84, 85, 89, 91, 95, 96, 97,
101, 103, 105, 106 u., 107, 110 u., 112, 113,
116, 117 u., 119, 120, 121, 122, 123
Niels Vestergaard (5): S. 124, 130, 142,
143, 144
Wolfgang Lang (35): S. 9, 32 u., 36, 45
u., 52, 53 o., 56, 57, 93, 98, 99, 102, 104,
114, 117 o., 128, 132, 145, 146, 148, 152,
154, 155, 156, 157, 158, 170, 171, 175, 176,
177, 178 l., 179, 181 l., 185
Christiane Gottschlich (26): S. 8, 12 o.,
18, 19, 23, 27 u., 31, 35, 38, 46 o., 47, 48,
50, 51, 53 u., 54, 71, 74, 77, 86, 87, 110 o.,
135, 136, 137, 162
Carl-Werner Schmidt-Luchs (3): S. 79 o.,
82, 134

Impressum

Mit 90 Farbfotos und 64 Illustrationen.

Umschlaggestaltung von eStudio
Calamar, unter Verwendung von
drei Farbaufnahmen von Eberhard
Anneken.

Die Deutsche Bibliothek – CIP-Einheits-
aufnahme
Ein Titelsatz für diese Publikation ist bei
der Deutschen Bibliothek erhätlich.

© 2002, Franckh-Kosmos-Verlags-
GmbH & Co., Stuttgart
Alle Rechte vorbehalten
ISBN 3-440-07948-1
Redaktion: Klaus Klugmann,
Claudia Sträb
Gestaltungskonzept: eStudio Calamar
Gestaltung und Satz:
Die Herstellung, Stuttgart
Produktion: Heide Stetter
Printed in Czech Republic / Imprimé en
République tchéque
Druck und Bindung :Těšínská Tiskarna,
a.s., Česky Těšín

Bücher · Videos · Kalender · Experimentierkästen · Spiele · Seminare
Angeln & Jagd · Astronomie · Eisenbahn & Nutzfahrzeuge · Garten &
Zimmerpflanzen · Heimtiere · Kinder & Jugend · Natur · Pferde & Reiten

KOSMOS Postfach 10 60 11
D-70049 Stuttgart
TELEFON +49 (0)711-2191-0
FAX +49 (0)711-2191-422
WEB www.kosmos.de
E-MAIL info@kosmos.de

Informationen senden wir Ihnen gerne zu

Eberhard Anneken
Tom Jacob
Specimen Hunting Group
Dortmund

Angeltechniken

Wege zum Fangerfolg

KOSMOS

Inhalt

Große Fische an leichtem Gerät
Schleppangeln
Eberhard Anneken

Wie fange ich ... ?

Mit der richtigen Technik zum Fangerfolg.

Am Anfang war die Schnur ...

Über Ruten und Rollen, Schnüre und Haken

Tom Jacob / Specimen Hunting Group Dortmund

So unterschiedlich die vielen Facetten der Angelei auch sein mögen, so haben doch alle eines gemeinsam: Zum Angeln braucht man eine Angelrute, daneben mindestens eine Schnur, meistens eine Rolle, und immer einen Haken. Alles, was Sie vorab über Ihr Gerät wissen müssen, finden Sie in diesem Kapitel.

Die Geschichte der Angelrute

Am Anfang war die Schnur; Rute und Rolle waren unbekannt. Das brachte mit sich, dass es unmöglich war, große Fische mit viel Kraft oder mit hohem Gewicht zu fangen, da die Schnur bei der zwangsläufig zu hohen Belastung während des Drills riss. Erst durch die Verwendung eines biegsamen Holzstabes, an dessen Ende die Schnur befestigt war, wurde es möglich, die Fluchten starker Fische abzufedern und so auch größere Exemplare kontrolliert zu drillen und sicher zu landen.

Diese **Erfindung der Angelrute** geht vermutlich bis in die Eisenzeit zurück. Erste europäische Darstellungen von Ruten finden sich in römischen Mosaiken, die um das Jahr 330 entstanden. Die ersten Angelruten waren höchstwahrscheinlich Holzstecken, beispielsweise aus Haselnuss, die sich jeder Angler bei Bedarf selber schnitzte.

Die nächste „Evolutionsstufe" stellten „Greenheart"-, „Pfeffer"- oder auch „Seerohr"- Ruten dar, benannt nach den jeweils benutzten Holzarten, welche sich durch große Zähigkeit, aber leider auch durch hohes Gewicht auszeichneten. Als später aus Asien der Bambus bei uns Einzug hielt, verwendete man die geschnittenen und getrockneten Rohre am Stück. Bambus war, da innen hohl, viel leichter als alles bis dato verwendete Material und wies zudem eine merklich höhere Elastizität als beispielsweise Greenheart-Holz auf.

Der nächste **Fortschritt** war die Unterteilung der Ruten in mehrere Stücke, zum einfacheren Transport. Beim Fischen wurden die einzelnen Teile dann mit Messinghülsen wieder zusammengefügt.

Eine bahnbrechende Erfindung im Rutenbau – dies war eigentlich die Geburtsstunde der modernen Fischerei – erdachten Pioniere des Rutenbaus ungefähr Mitte des 19. Jahrhunderts. Sie spalteten die Bambusrohre der Länge nach und hobelten die einzelnen Teile zu dreieckigen Spleißen. Sechs dieser Spleiße zusammengeleimt ergaben eine Rute mit hexagonalem Querschnitt, **Gespließte** genannt (englisch: split cane rod). Jetzt war es den Rutenbauern zum ersten Mal möglich, das Biegeverhalten einer Rute speziellen Bedürfnissen und Anforderungen anzupassen und konstant gleiche Ruten in großen Stückzahlen zu bauen. Den Anglern erschlossen sich durch die Spezialisierungen der Ruten und deren wesentlich verbesserten Eigenschaften völlig neue Möglichkeiten zum Fischfang (zum Beispiel weitere Würfe). Gespließte haben heute, nach über 150 Jahren vor allem im Bereich Fliegenfischen nichts von ihrer Praxistauglichkeit eingebüßt.

Mit der Einführung der **Glasfiber** begann das Zeitalter der Weltraummaterialien bei der Herstellung von Angelruten. Die ersten dieser Gerten waren aus Vollmaterial und damit recht schwer. Sie wurden bald danach von den Hohlglasruten abgelöst. Noch heute gibt es ausgezeichnete Glasfaserruten, die von traditionsbewussten Anglern verwendet werden.

Der Vollständigkeit halber seien auch Angelruten aus **Stahlrohr** erwähnt, die in manchen Fällen eine Glasfaserspitze besaßen. Diese Ruten waren jedoch eher ein Rückschritt und konnten sich wegen ihres extrem hohen Gewichts und der schlechten Aktionen nicht durchsetzen.

Ein weiteres Produkt der Luft- und Raumfahrt spielte Anfang der sechziger Jahre eine entscheidende Rolle: Mit der **Kohlefaser** gelangte das wahrscheinlich leistungsfähigste Material auf den Markt, das der Rutenbauer bis heute zur Verfügung hat. Vor allem bei längeren Ruten, ab zirka zwei Metern, kommt die enorme Gewichtsersparnis zum Tragen. Gängige Fliegenruten aus Kohlefaser mit einer Länge zwischen 1,80 und 3 Metern wiegen ungefähr zwischen 40 und 120 Gramm (!). Die meisten Glas-

Rutenbau-Materialien aus drei Generationen. Von oben nach unten: gespließter Bambus, Hohlglas und Kohlefaser.

und Kohlefasergerten sind Steckruten und werden hülsenlos, also ohne Verbindungselemente aus einem anderem Material, zusammengefügt.

Rutentypen: Teleskop- und Steckrute

Die wichtigste Unterscheidung ist bei Angelruten diejenige zwischen Teleskopruten und Steckruten.

Teleskopruten sind in ihrer Handhabung während des Transports eindeutig die bequemste Lösung, da die einzelnen Segmente ineinander geschoben werden können und die Montage dabei in aller Regel nicht einmal abgenommen werden muss. Die einzelnen Segmente der Teleskopruten sind hohl, mit Ausnahme des Spitzenteils, das bei manchen Ruten aus Vollmaterial besteht. Die Transportlänge, also die Länge der zusammengeschobenen Gerte, variiert zwischen etwa einem halben und einem Meter.

Und genau darin liegt letztendlich der einzige Vorteil der Teleskopruten gegenüber den **Steckruten**: Bauartbedingt haben Steckruten, die meist aus zwei- oder drei Teilen zusammengesteckt werden, eine größere Transportlänge. In allen anderen Punkten wie beispielsweise homogene Aktion, Drill- und Wurfverhalten (dazu kommen wir gleich) jedoch sind Steckruten weit überlegen.

Wichtige Eigenschaften der Ruten

▶ **Die Aktion**

Das Biegeverhalten einer Angelrute bezeichnet man als Aktion. Biegt sich unter normaler Drillbelastung hauptsächlich die Spitze einer Gerte, dann spricht man von einer **Spitzenaktion**. Bei solchen verjüngt sich das Rohr (beziehungsweise der Rohling), aus welchem die Rute besteht, zur Spitze hin rasch. Deshalb biegt es sich an der Spitze ausgeprägter als weiter unten. Natürlich ist klar, dass das dicke Ende Richtung Handteil ebenfalls in der Lage ist, etwas nachzugeben, jedoch nicht so stark wie der obere Teil.

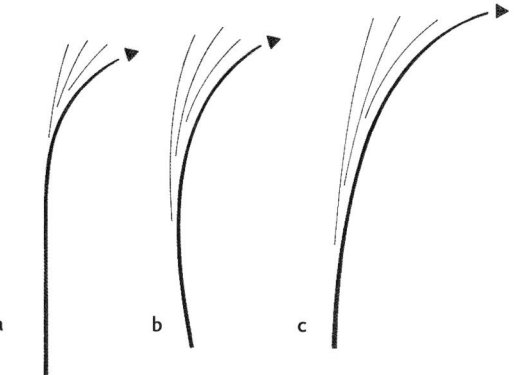

Typische Aktionsformen: a Spitzenaktion, b Parabolische Aktion, c Progressive Aktion

Eine Rute mit **semi- oder halbparabolischer Aktion** biegt sich unter derselben Belastung bis ungefähr zur Mitte, und eine Gerte mit **vollparabolischer Aktion** biegt sich bis ins Handteil. Semiparabolisch und vollparabolisch aufgebaute Ruten sind entsprechend weniger stark verjüngt als Ruten mit einer Spitzenaktion.

Typische Beispiele für Ruten mit Spitzenaktion sind die meisten Stippruten; Ruten mit parabolischer Aktion werden zum Posen- und Grundangeln, aber auch zum Karpfenangeln eingesetzt.

Die Aktion einer Rute lässt sich übrigens beim Kauf nicht, wie von manchen „alten Hasen" propagiert, durch Herumwackeln mit derselben ermitteln. Diese beliebte, aber leider unsinnige Methode sagt überhaupt nichts über das Verhalten einer Rute aus! Besser ist es, wenn eine zweite Person die Rute am Spitzenring fest hält, während Sie die Rute langsam mit zunehmender Belastung nach oben ziehen. Auf diese Weise können Sie das Verhalten, also die Aktion, einer Rute unter verschiedenen Belastungen simulieren und beobachten.

▶ **Die Testkurve und ihre Ermittlung**

In Deutschland benutzt beinahe jeder Hersteller ein anderes System, um die Aktion seiner Ruten zu charakterisieren. Der eine unterscheidet zwischen Aktion „A", „B" oder „C", der nächste gibt das Wurfgewicht in Gramm an und wieder andere sprechen von „mittlerer" oder „schneller" Aktion. Diese Unterschiede lassen nachvollziehbare Vergleiche zwischen den verschiedenen Angelruten der verschiedenen Hersteller nur schwer zu. Dazu gibt es jedoch ein standardisiertes Verfahren, nämlich die Angabe der so genannten Testkurve. Dieses Verfahren ermittelt die **Leistungsparameter** einer Rute stets auf die gleiche Weise und lässt somit direkte Vergleiche zwischen den einzelnen Blanks (Rutenrohlingen) zu.

Zur **Ermittlung der Testkurve** wird die Rute in waagerechter Stellung befestigt und die Schnur, die natürlich durch die Ringe laufen muss, mit einer Waage verbunden. Jetzt wird die Schnur so lange belastet, bis die Spitze der Rute im rechten Winkel zu ihrem Handteil steht. Der Wert der Belastung, die dazu nötig ist, kann auf der Waage abgelesen werden und wird als Testkurve bezeichnet.

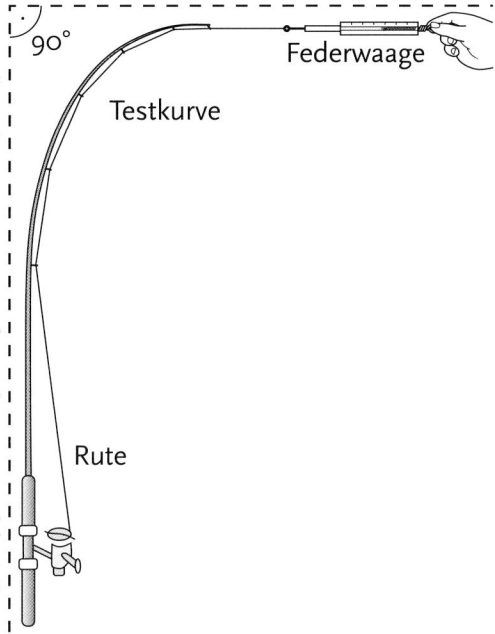

Ermittlung der Testkurve

► **Das Wurfgewicht**

Auf beinahe jeder Rute ist außerdem das Wurfgewicht vermerkt – ein sehr wichtiges Kriterium für die Rutenauswahl, gibt es doch an, was man seiner Rute beim Wurf zumuten darf und bei welchem Ködergewicht sie die besten Wurfleistungen erbringt. Darüber hinaus erhält man einen deutlichen Hinweis auf den Einsatzbereich der betreffenden Rute.

Das Wurfgewicht ist meist in Bereichen angegeben. Ein Bereich von 10 bis 40 Gramm weist aus, dass die Rute ab einem Ködergewicht von 10 Gramm bereits anspricht und gute, das heißt weite und genaue Wurfleistungen erbringen kann. Der obere Grenzbereich liegt in diesem Beispiel bei 40 Gramm, was auch bedeutet, dass man keinen Köder werfen sollte, der schwerer ist, weil man sonst einen Rutenbruch durch Überlastung riskiert. Viele Ruten haben zwar einen enormen Wurfgewichtsspielraum und manche hochwertige Ruten vertragen auch wesentlich mehr als das angegebene optimale Wurfgewicht. Es ist aber besser, man hält sich an den angegebenen Rahmen, um das Leben der Rute nicht unnötig zu verkürzen.

Leider ist auf die Wurfgewichtsangaben auf heutigen Ruten nicht in jedem Fall Verlass, weshalb es sich empfiehlt, sich beim Kauf gut beraten zu lassen. Das optimale Wurfgewicht von Ruten, die nur eine Testkurvenangabe aufweisen, wird errechnet, indem man den Testkurvenwert durch 16 teilt. Bei 1 lb (= 454 Gramm) Testkurve entspricht das also ungefähr einem optimalen Wurfgewicht von 30 Gramm.

Aufbau und Ausstattung der Rute

▶ **Griffe**

Bei den Griffen unterscheidet man zwischen **Ein- und Zweihandgriffen**. Bei sehr leichten Spinngerten ist der Griff meist extrem kurz, da er nur für eine Hand gedacht ist (Einhandgriff). Der Rollenhalter sitzt bei dieser Konstruktion am vorderen Ende des Griffs. Bei den Zweihandgriffen – und das sind die allermeisten – befindet sich der Rollenhalter zwischen zwei Griffteilen, die unterschiedlich lang sind (das vordere Teil ist dabei kürzer als das hintere). Die Rolle beim Zweihandgriff ist so am Rollenhalter montiert, dass sie ein Stück vom Körper des Anglers entfernt ist, wenn dieser beim Drill die Rute am Körper abstützen muss. Achten Sie dabei auf den richtigen Abstand des Rollenhalters zum Ruten- beziehungsweise Griffende! Sehr oft ist er viel zu lang, was beim Auswerfen und beim Drill Probleme beschert. Der richtige Abstand ist recht einfach zu bestimmen: Man hält die Rute (mit montierter Rolle) bei gestrecktem Arm auf Rollenhöhe fest. Das Griff- beziehungsweise Rutenende sollte dann bis maximal zur Achselhöhle reichen. Gerade bei Junganglern ist dies ein sehr wichtiges Kriterium zum Kauf einer Rute, da sie sonst den Umgang mit Rute und Rolle nur schwer erlernen können.

In Skandinavien und in Nordamerika sieht man häufig die so genannte **Pistolengriffform**, die speziell für den Einsatz der Multirolle (siehe unten) konzipiert ist. Diese wird dabei, wie auch die Ringe, oben auf der Gerte

Ermittlung der richtigen Grifflänge

Einhandrute rechts, Zweihandrute links

montiert – der Daumen kann dadurch das Ablaufen der Schnur im letzten Teil des Wurfs bremsen. Auf der Unterseite der Angel befindet sich ein kleiner Haltedorn, den man mit dem Zeigefinger umfasst. So wird verhindert, dass einem die Angelrute beim Wurf aus der Hand rutscht.

Die Griffe der meisten hochwertigen Angelruten sind aus Kork. Moosgummi oder Kunststoff isoliert zwar auch gegen kalte Finger, aber bei weitem nicht so gut wie Kork.

▶ **Rollenhalter**

Der **Rollenhalter** hat die Aufgabe, die Rolle zuverlässig an der Rute zu befestigen. Am einfachsten ist der Schubringrollenhalter. Er besteht aus zwei Kunststoff- oder Metallringen, die den Rollenfuß mit der Rute verbinden.

Der Vorteil dieser Variante ist, dass diese Ringe auf der ganzen Länge des Griffes verschoben werden können. Auf diese Weise lassen sich Ruten auch mit schweren Rollen optimal ausbalancieren.

Daneben gibt es den so genannten **Klapprollenhalter** (bei dem sich ein Teil des Rollenschuhs hochklappen lässt, um den Rollenfuß aufzunehmen) und den – wohl am weitesten verbreiteten – Schraubrollenhalter. Der vordere Rollenfuß wird bei diesem in die feste Aufnahme vorne eingeschoben und hinten mittels einer Mutter fixiert. Heutige Schraubrollenhalter sind meist aus Kunststoff und garantieren selbst bei günstigen Ruten einen festen Sitz der Rolle auf der Rute.

Speziell für Multirollen gibt es noch Rollenhalter für den bereits er-wähnten Pistolengriff, der aber in unseren Breiten eher selten verwendet wird.

▶ **Ringe**

Die Ringe: Den vom Handteil her gesehen ersten Ring bezeichnet man als **Führungs- oder Leitring**, den an der Rutenspitze als End- oder Spitzenring. Die Ringe zwischen diesen beiden sind die Leitringe. Diese Ringe können verschiedene Formen haben. Es gibt den für die Fliegenrute typischen **Schlangenring**, sowie **Ein-, Zwei- und Dreistegringe**. Man sollte vor allem bei Spinnruten ein besonderes Augenmerk auf die Qualität der Ringe richten – beim Spinnfischen läuft während eines Angeltages eine Menge Schnur durch sie hindurch.

Rechts Schraubrollenhalter,
links Klapprollenhalter

Spitzenring

Führungsring

Gerade die immer beliebteren polyfilen Schnüre machen auf Grund ihrer raueren Oberfläche minderwertigen Ringen schnell den Garaus.

Ein Rechenbeispiel macht dies deutlich: Geht man davon aus, dass man bei einem Wurf mit mittelschwerem Gerät einen 20 Gramm-Blinker ungefähr 40 Meter weit hinausbefördert und man etwa alle eineinhalb Minuten neu auswirft, dann sind das summa summarum 1,6 Kilometer Schnur, die pro Stunde unter Zug durch die Ringe laufen!

Heutzutage besitzen die meisten Ringe Einlagen aus Titanoxid, Siliziumcarbid (SIC) oder anderen modernen Werkstoffen auf Keramik-Basis, die fast diamanthart und somit sehr resistent gegen den Abrieb durch die Schnüre sind. Daneben sind auch sehr gute abriebsfeste Hartchromringe zu bekommen.

▸ **Rollen**

Der bei uns am weitesten verbreitete Rollentyp ist mit Sicherheit die **Stationärrolle**. Das Angebot ist heutzutage praktisch nicht mehr überschaubar. Ursache dafür ist der ständige Modellwechsel der Anbieter: Kaum ein Modell ist über mehrere Jahre in den Hauptkatalogen der Hersteller zu finden. Deshalb möchte ich hier die wichtigsten Merkmale einer hochwertigen Stationärrolle herausarbeiten, um vor allem dem Anfänger die Kaufentscheidung etwas zu erleichtern.

Der **Rotor** und die **Schnurspule** der Stationärrolle sind um 90 Grad quer zur Längsachse des Gehäuses montiert und mit einem **Schnurfangbügel** versehen, der beim Wurf die Schnur freigibt und beim Einholen wieder auf die Rolle aufspult. Die **Übersetzung** variiert bei heutigen Modellen meist zwischen 4 : 1 und 7 : 1.

Tipp

Bei älteren und häufig verwendeten Ruten lohnt es sich, einen Blick auf die Ringe zu werfen. Sind sie beschädigt, können Sie sie in den meisten Fällen gegen neue Ringe austauschen und so den Gebrauchswert Ihrer Rute mit überschaubarem Aufwand erhalten.

Teleskoprute mit SIC-Ringen

Als Faustregel gilt, dass für große Fische, schwere Köder- und Bleigewichte kleinere Übersetzungen (beispielsweise 4 : 1) zum Einsatz kommen, da man dadurch mehr Kraft auf die Schnur übertragen kann. Anschaulich wird dies vor allem beim Meeresfischen, wo große Stationärrollen und Multirollen eingesetzt werden. Mit einer großen Übersetzung wäre es hier unmöglich, einen Fisch aus großer Tiefe an die Oberfläche zu drillen. Das ist wie beim Anfahren eines Autos: Um das schwere Auto in Gang zu setzen, muss man mit einem kleinen Gang anfahren; ein großer Gang mit großer Übersetzung schafft das nicht!

Stationärrolle

Große Übersetzungen bei Angelrollen spielen überall dort eine Rolle, wo leichtere Köder zum Einsatz kommen und eine hohe Einholgeschwindigkeit gefragt ist, also vor allem beim Spinn-, Posen- und Grundangeln.

Die wenigsten Angler machen sich Gedanken über das **Innenleben** ihrer Rollen. Dabei dürfte es auf der Hand liegen, dass billige Druckguss-Zahnräder wesentlich früher in die Knie gehen als solche, die aus einem Block gefräst sind. Diese wichtige Eigenschaft sollte man beim Rollenkauf beachten. Fragen Sie beim Kauf Ihren Fachhändler danach!

Eine der Grundvoraussetzungen, die eine hochwertige Stationärrolle auszeichnen, ist neben der sauberen Verarbeitung ein zu jeder Zeit einwandfrei funktionierendes **Bremssystem**. Viele Stationärrollen sind heute mit so genannten **Heckbremsen** ausgestattet. Die Verstellschraube für die Bremse befindet sich dabei am hinteren Teil des Gehäuses. Über diesen vermeintlichen Vorteil lässt sich streiten, da **Kopfbremsen** – also solche, deren Verstellschrauben sich vorne an der Spule befinden – wesentlich robuster und sensibler sind.

Wichtig ist auf jeden Fall, dass die Bremse schon vor dem zu erwartenden Biss optimal eingestellt ist. Lassen Sie sich auch hier von einem Angelkollegen helfen: Er zieht bei fertig montierter Rute an der Hauptschnur zieht und simuliert einen flüchtenden Fisch. Ist man alleine, lässt sich der richtige Bremspunkt ermitteln, indem man mit der Hand direkt von der Rolle Schnur abzieht. Es sollte sich ohne allzu großen Kraftaufwand noch immer Schnur von der Rolle ziehen lassen, ohne dass diese reißt.

Tipp

Im Zweifelsfall die Bremse lieber etwas leichter einstellen als einen Schnurbruch riskieren!

Ein weiteres Kriterium für eine gute Rolle ist die **Konstruktion des Schnurfangbügels**, der uns ebenfalls zu keinem Zeitpunkt im Stich lassen darf. Er sollte so arbeiten, dass er bei der kleinsten Drehung der Kurbel zuschnappt. Dass er auch von Hand umzulegen sein muss, versteht sich von selbst. Der **Rotor**, an welchem der Schnurfangbügel montiert ist, sollte so weit „ausgewuchtet" sein, dass auch beim schnellen Einholen der Schnur keine störenden Vibrationen auftreten (einfach gesagt: die Rolle darf auch bei sehr schnellem Einkurbeln nicht anfangen zu „eiern").

Heutige Rollen sind, um das „Eiern" der Rolle zu vermeiden, fast alle mit **„Anti-Vibrationssystemen"** unterschiedlichster Art ausgestattet (zum Beispiel mit einer Doppelkurbel, einem Kontergewicht an der Kurbel oder einem ausbalancierten Rotor). Dabei sollte man sich beim Kauf nicht durch die teils exotischen Bezeichnungen durcheinander bringen lassen, erreichen sie doch letztendlich alle denselben Effekt.

Links Weitwurfspule mit konischem Querschnitt, rechts Standardspule

Schon seit den siebziger Jahren werden **Schnurlaufröllchen** mit einem kleinen Kugellager ausgestattet. Dieser kleine Zusatz kann im Hinblick auf Schnurschonung vielleicht als technische Spielerei, keinesfalls allerdings als Unfug angesehen werden. Überhaupt ist eine große Anzahl von Kugellagern ein gewisses Indiz für Qualität, auf welches jedoch manchmal etwas zuviel Wert gelegt wird. Ich glaube nicht, den Unterschied zwischen einer Rolle mit vier und mit sechs Kugellagern aus dem Stegreif einwandfrei feststellen zu können.

Eine **Knarre**, die beim Schnureinholen aktiv wird, ist Geschmackssache und häufig eher Fluch als Segen. Nach einer gewissen Zeit nervt sie meistens. Eine laut knarrende Rücklaufsperre hingegen, die beim Abziehen des Fisches ordentlich Radau macht, ist indes kein Nachteil. Der „Sound" eines abziehenden Fischs bringt mit Sicherheit bei jedem das Blut „in Wallung"!

Stationärrollen sind so gebaut, dass sich die Spule beim Aufrollen der Schnur vor und zurück bewegt und somit die gleichmäßige Verteilung der Schnur auf der Spule gewährleistet ist. Moderne Spulen sind fast immer leicht geriffelt, um zu vermeiden, dass die erste Lage Schnur verrutschen kann. Der Großteil ist zudem vergleichsweise lang und flach und die Grundform leicht konisch, um der Schnur beim Wurf weniger Widerstand zu bieten.

Die **Rollengehäuse** der meisten Rollen bestehen heute aus verschiedensten Kunststoffverbindungen. Dennoch gibt es aus Qualitäts- und sicher auch Prestigegründen auch bei Rollen eine „Retrowelle", weshalb die

Kapselrollen

Multiplikatorrolle

Topmodelle der einzelnen Hersteller wieder wie früher aus hochwertigem Aluminium hergestellt werden: eine Mode, die uns Anglern letztendlich wieder zugute kommt, sind doch Metallrollen in der Regel langlebiger und robuster.

Die **Kapselrolle** ist bei uns ein wenig aus der Mode gekommen, sie hat jedoch für manche Angelbereiche durchaus noch immer ihre Berechtigung. Ihr Ruf als zuverlässiges Gerät ist in Nordamerika oder auch in England ungebrochen. Der Hauptunterschied zur Stationärrolle besteht darin, dass die Schnur bei der Stationärrolle frei, bei der Kapselrolle in einem praktisch geschlossenen Gehäuse liegt. Während bei der Stationärrolle die Schnur mit einem außen am Rotor angebrachten Bügel aufgespult wird, erledigen das ein oder zwei Fangstifte im Inneren des Gehäuses der Kapselrolle. Der Vorteil dieses Systems besteht darin, dass es hier nur selten zu Verwicklungen kommt. Darüber hinaus sind Kapselrollen, gerade beim

Auswerfen äußerst einfach zu handhaben und ermöglichen eine präzise und schnelle Fischerei. Vor allem Posen- oder Matchangler wissen daher in unseren Breiten ihre Vorteile zu schätzen.

Bei der **Multiplikatorrolle**, kurz Multirolle genannt, befindet sich die Schnurspule quer zur Angelrute. Unterschieden werden zwei Hauptmodelle, zum ersten die so genannten Baitcaster für das leichte Spinnfischen und zum zweiten die normalen Multirollen, die vom mittleren Spinnfischen bis zum extremen Meeresfischen auf die größten Big-Game Fische wie Marlin, Hai oder Thun eingesetzt werden.

Beide Multirollenformen werden auf der Oberseite der speziell für den Einsatz dieses Rollentyps gebauten Rute montiert. Dadurch hat man die Möglichkeit, die von der Spule ablaufenden Schnur gegen Ende eines Wurfes mit dem Daumen sanft abzubremsen. Vergisst man das, läuft die Spule noch einen winzigen Moment nach, was oft zur Folge hat, dass sich eine „Perücke", eine Schnurverwicklung bildet. Und genau dafür ist die Multirolle in unseren Breiten – zu Unrecht – verrufen. Nicht das System, welches ansonsten unschätzbare Vorteile bietet, ist aber das Problem, sondern der Bediener, der nicht damit zurecht kommt und aufgibt, bevor er es meistert!

Einer der Vorteile ist zum Beispiel, dass die Schnur beim Fischen mit der Multirolle viel weniger verdrallt als mit der Stationärrolle, da sie ohne eine 90 Grad-Drehung auf die Spule kommt. Darüber hinaus ist ihr **Bremssystem** normalerweise enorm kräftig, sehr fein einstellbar und mit einer Hand zu bedienen. Ein kleiner Bügel, durch den die Schnur läuft, bewegt sich beim Einholen seitlich hin und her und füllt sie dadurch gleichmäßig über ihre ganze Breite. Größere Modelle sind teilweise sogar mit einem zweiten Gang ausgestattet, mit dem die Einholgeschwindigkeit nochmals gesteigert wird.

In Skandinavien, in Teilen Großbritanniens und in ganz Nordamerika haben Multirollen unzählige Freunde. Hat man erst einmal den Bogen mit dem Werfen heraus, dann bieten sie, wenigstens für die schwere und mittelschwere Fischerei eigentlich nur Vorteile. Mein Vorschlag: Versuchen Sie es doch einfach einmal!

Am Schluss noch ein Wort zur **Wartung** der Rolle: Viele versäumen es, ihre Rollen regelmäßig zu warten und auf Schäden zu kontrollieren. Wie bei fast allen mechanischen Konstruktionen ist aber Sauberkeit das A und O. Das gilt in erster Linie für die Teile, die mit der Schnur in direkter Verbindung stehen. Auch die Mechanik im Inneren verdient hin und wieder unsere Aufmerksamkeit.

Leider sind viele der hochwertigen modernen Rollen sehr kompliziert aufgebaut, weshalb Vorsicht bei der Wartung geboten ist. Schnell ist eine kleine Feder auf Nimmerwiedersehen verschwunden oder die richtige Zusammensetzung der Einzelteile vergessen. In solchen Fällen lohnt es sich, die heute ohnehin nicht sehr pflegebedürftigen Rollen alle zwei Jahre beim Fachhändler oder beim Hersteller reinigen und warten zu lassen. Bei mechanisch einfacheren Modellen kann man selbst einmal im Jahr das Fett erneuern. Es soll einem ja im Winter schließlich nicht langweilig werden.

Das Wichtigste in punkto Wartung bei Gebrauch im Salzwasser ist das unverzügliche Abbrausen der Rolle mit lauwarmem (Süß-)Wasser nach dem Angeln. Unterlässt man diese einfache Vorsorge, dann ruiniert man in kürzester Zeit selbst das hochwertigste Gerät.

Schnüre

Moderne **monofile**, also einfädige Schnüre sind heute meistens aus Polyamid hergestellt. Dabei wird der heiße Grundstoff durch feine Spinndüsen gepresst und somit ein endloser Strang erzeugt, der nach dem langsamen Abkühlen und verschiedenen Nachbehandlungen auf die Spulen kommt, die jeder Angler kennt. Mono-

Angelschnüre: links monofile, rechts
geflochtene Schnur

file sind in praktisch allen Stärken und
Farben produzierbar und dehnen sich
bei Belastung je nach Typ und Schnurstärke zwischen ungefähr 10% und
20% (!). Die Knoten- sowie die Abriebfestigkeit der Mono-Schnüre wurde in
den letzten Jahren deutlich gesteigert,
was zur Folge hat, dass die heutigen
Schnüre bei gleichem Durchmesser
eine wesentlich höhere Tragkraft haben.

Die **polyfilen oder geflochtenen**
Schnüre dehnen sich in einem Verhältnis von 4 : 1 bis 5 : 1 weniger und
besitzen eine vier- bis fünffach höhere
Tragkraft als Monofil mit vergleichba-
rem Durchmesser. Gerade die geringe
Dehnung bringt für bestimmte Angelarten große Vorteile mit sich. Geflochtene Schnüre ermöglichen auch auf
weite Entfernungen einen unmittelba-
ren Kontakt zum Fisch beim Anschlag,
was etwa beim Meeresfischen in
großen Tiefen oder beim Raubfischangeln von entscheidender Bedeutung
sein kann. Auch beim Spinnfischen
spielen Geflochtene eine immer größere Rolle, da Köderbewegungen unmittelbar über die Schnur zum Angler
übertragen werden. Dem Angler wird
so eine bessere Köderkontrolle ermög-

licht. Bei der Verwendung von polyfiler
Schnur als Hauptschnur ist darauf zu
achten, dass die Schnur immer unter
Zug aufgespult wird, da man sonst
beim nächsten Auswurf eine unlösba-
re Perücke riskiert.

Beim Kauf sollte man auf sehr gute
Qualität achten, die sich bei geflochtenen Schnüren vor allem in einer sehr
engen Flechtung zeigt. Geflochtene
eignen sich für Stationärrollen, vor
allem aber auch für die Verwendung
auf Multirollen.

Beide Schnurtypen haben also ihre
eigenen optimalen Einsatzbereiche,
wobei monofile Schnüre nach wie vor
universeller einsetzbar sind.

Aufgeraute, geknickte und verdrall-
te Schnurstücke büßen selbstverständlich dramatisch an Tragfähigkeit ein
und sind somit unverzüglich ab-
zutrennen. Bei normalem Gebrauch
sollte man die Schnur auch ohne sicht-
bare Schäden mindestens einmal im
Jahr austauschen – eine Investition,
die sich in jedem Fall lohnt.

Haken

Seit Jahrhunderten ist der Haken eines
der wichtigsten Ausrüstungsteile des
Anglers. Seine Qualität, Form und
Ausführung entscheiden in wesentli-
chem Maße über Erfolg oder Nicht-
Erfolg. Dabei hat sich die Grundform
des Hakens mit Hakenschenkel,
Hakenbogen, Hakenspitze und Widerhaken im Laufe der Zeit kaum verändert. Vergleicht man frühe Haken aus
Holz, Knochen oder Bronze mit heutigen Standardhaken, fällt auf, daß sich
die heutige Massenware im Grunde

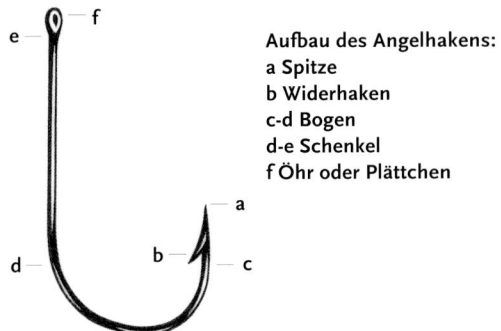

Aufbau des Angelhakens:
a Spitze
b Widerhaken
c-d Bogen
d-e Schenkel
f Öhr oder Plättchen

genommen nur in den Materialien und den Herstellungstechniken vom handgefertigten historischen Haken unterscheidet.

Auch die Möglichkeiten, den Hakens an Vorfach oder Hauptschnur zu befestigen, sind im Großen und Ganzen gleich geblieben: Immer noch unterscheidet man zwei Hauptformen, den **Öhr- und** den **Plättchenhaken**. Besonders beim leichten Friedfisch- und Stippangeln ist der Plättchenhaken, trotz des aufwendigeren Anknotens, wegen seines leichteren Gewichts immer noch erste Wahl. In allen anderen Angelbereichen, vom Karpfenangeln bis zum schweren Meeresfischen, hat sich mittlerweile der Öhrhaken dank seiner Vielseitigkeit durchgesetzt. Das Öhr selbst kann dabei je nach Einsatzgebiet gerade (wie beim Aalhaken), nach unten (beim Nassfliegenhaken) oder nach oben (wie bei bestimmten Trockenfliegenhaken) geneigt sein.

Ein wichtiges Merkmal ist der **Widerhaken**. Er liegt kurz unterhalb der Spitze auf der Innenseite des Hakens und dient dazu, den Köder beim Wurf und am Gewässergrund auf dem Haken zu halten. Außerdem hilft er, den Haken während des Drills im Fischmaul festzusetzen. Wer einmal einen Haken in seiner Kleidung oder gar in der Haut sitzen hatte, weiß wie effektiv Widerhaken sein können! Moderne Haken besitzen so genannte Micro-Barbs, winzige Widerhaken, die sehr fischschonend sind, aber dennoch ihren Zweck perfekt erfüllen. Weil man die Fische gerade beim Fliegenfischen schonen will, um sie zurücksetzen zu können, sind dort völlig widerhakenlose Haken immer öfter Standard.

Moderne Haken sind fast ausnahmslos **chemisch oder lasergeschärft** und entsprechen daher, mit Ausnahme von Billigmodellen, den Ansprüchen der Angler an einen sehr scharfen, leicht eindringenden Haken. Chemisch oder Lasergeschärfte Haken kann man allerdings nicht oder nur sehr schlecht nachschärfen. Ist ein Haken stumpf, muss er ausgewechselt werden. Traditionelle Haken hingegen lassen sich auf Grund ihres weicheren Stahls besser nachschärfen und sind somit länger einsetzbar – dafür sind sie aber auch teurer! Um sie vor Rost zu schützen, sind solche Haken meist schwarz lackiert oder bronzefarben brüniert. Moderne Haken dagegen sind heute ausnahmslos in verschiedenen Farb- und Qualitätsstufen eloxiert. Dabei dominieren Farbtöne wie Grau oder Hellbronze, beim Stippfischen auch farbige Varianten in Grün, Rot oder Blau. Die Eloxierung macht die Haken rostfrei und vor allen Dingen sehr glatt, was wiederum das Eindringen des Hakens erleichtert.

Heute haben sich in allen Angelbereichen vor allem **Einzelhaken** (mit

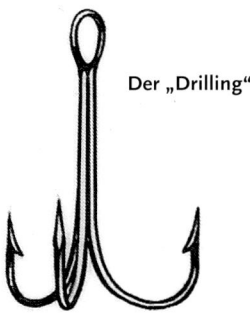

Der „Drilling"

durchsetzen. Die metrischen Abweichungen moderner Haken von den frühen Standardformen sind dabei aber nur gering und beziehen sich vorrangig auf einen etwas weiteren, runden Hakenbogen, die Ausrichtung des Öhrs (meist nach innen geneigt) und einen relativ kurzen Hakenschenkel. Die Formenvielfalt ist bei Fliegenhaken am größten, angepaßt an die Imitation und verschiedene Bindetechniken.

einer Spitze) und **Drillingshaken** (mit drei Spitzen) durchgesetzt. Seltener kommen **Doppelhaken** oder andere Sonderformen wie der „Anderthalber", bei dem ein großer (zum Fang des Raubfischs) und ein kleiner Haken (zum Anködern des Köderfischs) aneinandergelötet sind, zum Einsatz.

Angelhaken gibt es heute in **Größen** zwischen 16/0 (größter!) und 32 (kleinster!), abgestimmt auf die zu beangelnde Fischart. Größen von 1/0 bis 16/0 werden dabei, mit Ausnahme des Wallerangels, im Salzwasser eingesetzt. Im Süßwasser kommen vornehmlich Größen von 1 bis 32 zum Einsatz, wobei Haken unter Größe 28 kaum noch reell fischbar sind. Allgemeine Beispiele für Hakengrößen, abgestimmt auf Zielfisch:

Drillinge werden ausschließlich zum Raubfischfang eingesetzt. Anders als früher gilt es heute als absolut verpönt, Friedfische mit dem Drilling zu fangen! Bei den heutigen Fangmethoden reicht ein Einzelhaken völlig aus, um jede Angelsituation beim Friedfischangeln zu meistern. Da immer mehr Angler dazu übergehen, durch Zurücksetzen der gefangenen Fische die Fischbestände zu schonen, sind auch beim Spinn- und Köderfischangeln auf Raubfische immer häufiger fischfreundliche Einzelhaken von Bedeutung.

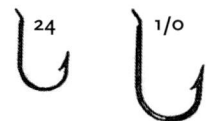

Einzelhaken: Größe 24 und 1/0

Klassische Angelhaken-Formen wie Limerick oder O´Shaughnessy sind inzwischen von modernen Formen abgelöst worden, die oft auf den jeweiligen Zielfisch abgestimmt sind. Extreme Hakenformen mit sehr weitem, großen Hakenbogen oder nach innen gebogener Spitze konnten sich nicht

- ▸ Thun, Marlin, Hai Größe 6/0-16/0;
- ▸ Dorsch, Köhler 1/0-8/0;
- ▸ Waller 1-6/0;
- ▸ Karpfen 1-6;
- ▸ Hecht 1/0-8;
- ▸ Zander 2-8;
- ▸ Schleie, Brachsen 6-16;
- ▸ Rotauge, Rotfeder 10-20;
- ▸ Forelle 4-28;
- ▸ Äsche 6-32;
- ▸ Stippfischen 14-28.

Wie fange ich welchen Fisch

Was man über Fische wissen muss

Tom Jacob

Verschiedene Fischarten verlangen verschiedene Angelmethoden. Das liegt am Verhalten der Fische, an ihrer Lebensweise – und teilweise sogar an der Einstellung des Anglers zu seinem Tun. Wir Menschen sind zwar intelligenter als die Fische – aber wir stellen ihnen in der Umgebung nach, die sie bewohnen und in der sie sich bei weitem besser auskennen als wir!

Der Lebensraum Wasser

Fische bewegen sich in einem Lebensraum, der sich grundlegend von der gasgefüllten Atmosphäre unterscheidet, in welcher der Mensch sein Dasein fristet. Es gibt zwischen den beiden Lebensräumen zwar Parallelen, wie zum Beispiel Temperaturschwankungen oder Turbulenzen, aber im Großen und Ganzen fällt es uns Landbewohnern eher schwer, sich in einen Fisch hineinzuversetzen. Doch genau dazu sollte ein guter Angler in der Lage sein.

Das Verhalten der Flossenträger wird, wie auch das Verhalten des Menschen, von verschiedenen äußeren Umständen beeinflusst. Welche sind es beim Fisch?

▶ **Lebensraum**

Die Temperatur ist für alles Leben auf unserem Planeten oft der limitierende Faktor, so auch für das Wohlbefinden der Fische. Das Wasser ist zwischen 0 und 100 Grad Celsius eine Flüssigkeit. Bei tiefen Temperaturen unter 0 Grad gefriert es zum Feststoff

Eis, bei über 100 Grad verdampft es. Die obere Grenze der Erträglichkeit liegt für Fische weit unter dem Siedepunkt: Die meisten Fischarten der Nordhalbkugel können nicht über längere Zeiträume in Gewässern leben, die wärmer als ungefähr 25 Grad Celsius sind. Bei sehr langsamer Eingewöhnung verträgt der Barsch bis zu 28 Grad, der Karpfen sogar bis zu 40 Grad, aber das sind absolute Grenzwerte, die keinesfalls normal sind.

Im unteren Temperaturbereich zwischen zirka 4 und 25 Grad haben unsere heimischen Fischarten ausnahmslos keine Probleme. Die meisten wärmeliebenden Fische, wie beispielsweise die Cypriniden (Karpfenartigen), werden zwar träge (ihr Energieumsatz sinkt, und sie nehmen nur noch wenig oder gar keine Nahrung mehr auf), aber sie kommen mit den niedrigen Temperaturen zurecht. Sie durchleben so einmal im Jahr die Wintermonate. Andere Arten, wie die Salmoniden, brauchen für optimale Lebensbedingungen sogar die niedrigen Temperaturen. Über 26 Grad Wassertemperatur sind für sie absolut tödlich. Und warum vertragen Fische bei uns nur einen so engen Temperaturbereich? Das Geheimnis liegt in der engen Beziehung von Wassertemperatur und Sauerstoffgehalt.

► **Sauerstoff**

Sauerstoff ist in fast allen Prozessen des Lebens auf der Erde ein unverzichtbarer Bestandteil. Grüne Pflanzen produzieren ihn als Ausscheidungsprodukt der Photosynthese – übrigens auch unter Wasser – und verbraucht wird er von vielen Organismen durch Atmung oder Zersetzungsprozesse. Die Menge des im Wasser gelösten Sauerstoffs hängt sehr stark mit der Wassertemperatur zusammen. Kaltes Wasser kann viel mehr Sauerstoff binden als warmes.

Die Tabelle zeigt, dass Wasser mit einer Temperatur um den Gefrierpunkt fast doppelt soviel Sauerstoff binden kann wie Wasser mit 30 Grad Celsius. Also Fische, die kaltes Wasser bevorzugen oder gar brauchen, haben einen höheren Sauerstoffbedarf als solche, die sich im warmem Wasser wohlfühlen. Folgende Zahlen verdeutlichen das:

Forellen sterben bei Sauerstoffwerten unter 2,4 Milligramm pro Liter, Karpfen bei 0,7 Milligramm pro Liter. Der Mindestwert für eine ausreichende Versorgung mit Sauerstoff liegt für Forellen bei 6 und für Karpfen bei 3 Milligramm pro Liter. Die restlichen heimischen Fischarten liegen ungefähr zwischen diesen beiden Eckwerten.

Betrachtet man diese Daten auch in Hinblick auf die Temperatur-Sauerstoff-Beziehung des Wassers, wird deutlich, dass sich hier Änderungen auf das Beißverhalten der Fische auswirken. Besonders extreme Werte, wie beispielsweise sehr hohe Wassertemperaturen (und damit verbunden sehr niedrige Sauerstoffgehalte) in flachen Seen im Hochsommer können einen nahezu vollständigen Stopp der Nahrungsaufnahme bei bestimmten Fischen (siehe obige Beispiele) auslösen. Diese Tatsache erschwert es dem Angler unter solchen Bedingungen, nicht „Schneider", also ohne Fang, nach Hause zu gehen.

Fische haben sich im Laufe der Evolution auf die Kiemenatmung spezialisiert, bei welcher der im Wasser gelöste Sauerstoff über eine sehr dünne Membran auf den stark durchbluteten Kiemenblättchen aufgenommen und direkt ans Blut abgegeben wird. Die maximale Ausbeute beträgt dabei zwischen 75 und 90 Prozent.

Temperaturabhängige Sauerstofflöslichkeit von Wasser

°C	0	5	10	15	20	25	30
mg/l	14,1	12,3	10,9	9,7	8,8	8,1	7,5

► **Wasserqualität**

Die Wasserqualität hat natürlich ebenfalls Einfluss auf die Fische. Verunreinigungen des Wassers haben – ohne hier zu weit ins Detail gehen zu wollen – Auswirkungen auf die Wasserqualität: Sie
► sind unmittelbar toxisch (giftig)
► beeinträchtigen durch Langzeitwirkung die Fortpflanzungsfähigkeit
► erzeugen Sauerstoffmangel
► versauern ein Gewässer; und
► verändern ein Gewässer durch Verschlammung und Veralgung

Die größten und gesündesten Fischbestände sind in sauberen Gewässern anzutreffen. Jeder von uns sollte sein Möglichstes dafür tun, dass das auch so bleibt!

▸ Sichtigkeit

Die Sichtigkeit ändert sich bei vielen Gewässern innerhalb des Jahresverlaufs: mal sind sie klarer, dann wieder trüber. Das kann an diversen Faktoren liegen, wie beispielsweise aufgewirbelten Schwebstoffen nach einem Hochwasser oder einer starken Algenblüte im Frühjahr. Obwohl sich nur verhältnismäßig wenige Angler mit dieser Frage auseinander setzen, hängt Erfolg oder Misserfolg bei manchen Angelarten eng damit zusammen, wie weit man ins Wasser hineinschauen kann, beziehungsweise wie gut mich der Fisch aus dem Wasser heraus sieht. Als Faustregel lässt sich sagen, dass es für den Angelerfolg am besten ist, wenn das Wasser weder glasklar noch völlig trüb ist.

Glasklares Wasser – Alptraum eines jeden Anglers

Die Sinnesleistungen der Fische

Selbst als „alter Hase" wundert man sich hin und wieder, wie aufmerksam Fische sind und wie stark ihre Sinne ausgeprägt sein müssen. Ist der Angler nicht außergewöhnlich konzentriert und vorsichtig, wird er immer zuerst von den Fischen gesehen. Erst wenn die Fische flüchten, wird man ihrer gewahr. (Ist Ihnen übrigens schon einmal aufgefallen, dass die allermeisten Flussfische stromauf flüchten, wenn man sie überrascht?).

Die Sinnesleistungen der Fische sind von Art zu Art recht unterschiedlich. Macht man sich einmal die Mühe, sie einmal eingehender zu betrachten, mit welchen Organen sich die Fische in der Hauptsache orientieren, kann man Fehler beim Angeln, die sich natürlich unmittelbar auf den Fangerfolg auswirken, vermeiden.

Das ist einfacher, als es klingt. Zum Beispiel kann man davon ausgehen, dass Fische mit kleinen Augen wie der Aal oder mit Barteln wie der Wels sich gar nicht oder nur wenig auf ihren Gesichtssinn verlassen – sie verfügen statt dessen über einen außergewöhnlich guten Geruchssinn. Die typischen Räuber (also Fische, die sich von anderen Fischen ernähren) wie Forellen, Hecht und Barsch haben verhältnismäßig große Augen, was sie als Augentiere erkennen lässt. Doch wie gut sehen Fische nun wirklich?

▸ Gesichtssinn

Der Gesichtssinn vieler Fische ist recht gut entwickelt. Sie können Bewegungen und manche Farben sehen. Allerdings ist man sich bis heute nicht

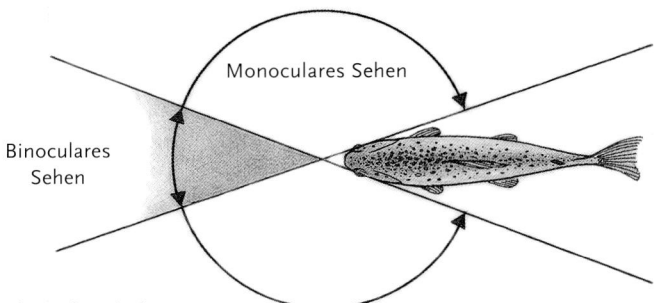

Der Gesichtskreis des Fisches

ganz sicher, welches Spektrum von **Farben** von ihnen wahrgenommen werden kann. Man vermutet, dass sie Rot und Gelb voneinander unterscheiden können, sowie einige wenige andere Farben. Das Fischauge ist auf Nahsicht eingestellt, ganz im Gegensatz zu allen anderen Wirbeltieren, kann jedoch durch Heranziehen der Linse auf Entfernungen fokussiert werden.

Auch die **Lage der Augen** sagt einiges über die Lebensweise des betreffenden Fisches aus. So sitzen die Augen beim Hecht, der sich nach oben orientiert, relativ hoch im Schädel und erlauben den freien Blick an die Oberfläche.

Das Fischauge ermöglicht seinem Besitzer einen **Bildausschnitt** von 180 Grad, der jedoch nur sehr unscharf ist. Direkt vor dem Kopf, also im Schnittpunkt der beiden Bildausschnitte, gibt es allerdings eine Überlappung von ungefähr 30 Grad, innerhalb derer der Fisch scharf sieht.

Interessant ist auch das **Sichtfenster**, welches dem Fisch nach oben zur Verfügung steht und das auf einen einfachen physikalischen Effekt zurückgeht: An der Wasseroberfläche bricht sich das Licht, was zur Folge hat, dass

sich – von unten gesehen – der (Blick-)Winkel vergrößert und Objekte wahrgenommen werden können, welche dem Fisch ohne diese Brechung verborgen bleiben würden. Zudem verändert sich das Sichtfenster mit dem Abstand, den der Fisch zur Wasseroberfläche hat: je höher ein Fisch steht, desto kleiner ist sein Sichtfenster.

Für den Angler hat die **Sehleistung** der Fische die Konsequenz, dass er sich stets sehr vorsichtig, unauffällig und langsam bewegen sollte, um vom Fisch möglichst nicht wahrgenommen zu werden. Es ist daher auf keinen Fall übertrieben, die am Gewässer in Form von Büschen, hohem Gras oder Bäumen vorhandene Deckung zum eigenen Vorteil zu nutzen. Wo keine

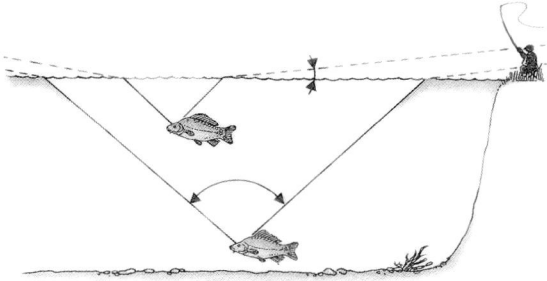

Je tiefer der Fisch steht, desto größer ist sein Sichtfenster.

Deckung existiert, sollte man sich möglichst klein machen, um eine niedrige Silhouette zu erreichen. In Extremfällen kann es so schon mal notwendig werden, in Indianerart auf dem Bauch zu kriechen, um den ersehnten Fisch zu fangen.

▶ **Gehör**

Das **Gehör** ist bei vielen Fischarten ebenfalls sehr gut entwickelt. Wie bei anderen Wirbeltieren hängen Gehör und Gleichgewichtssinn miteinander zusammen. Bei Fischen sitzt dieses Organ, das Innenohr, direkt unterhalb der Kiemendeckel. Bei manchen Fischarten, wie zum Beispiel dem Waller, hat dieses Innenohr eine Verbindung zur Schwimmblase, was bedeutet, dass ein sehr großer akustischer Körper zur Verfügung steht und seinem Besitzer ein überdurchschnittliches Hörvermögen beschert. Auch Cypriniden profitieren von dieser Eigenart.

Die **Seitenlinie** ist ein Organ, mit dessen Hilfe Fische in der Lage sind, Druckwellen unter Wasser wahrzunehmen. Das ist besonders wichtig in

Ein sehr sensibles Fischorgan: Die Seitenlinie

stark getrübtem Wasser oder wenn sie in Tiefen leben, in die kein Licht mehr dringt. Das Seitenlinienorgan besteht aus einer Reihe von Sinneszellen, die sich ziemlich genau in der Körpermitte des Fisches zwischen Rücken und Bauch befinden. Die Rezeptoren liegen unter einem Kanal, der die Druckschwankungen des Wassers auf die Sinneszellen überträgt. Das Seitenlinienorgan ist sehr sensibel und wird Anglern beim Waten oder Umherstapfen am Ufer oftmals zum Verhängnis, denn es verrät dem Fisch ihre Anwesenheit.

▶ **Geruchs- und Geschmackssinn**

Der Geruchs- und Geschmackssinn ist bei den meisten Fischen gut, bei manchen sogar phänomenal entwickelt. Im Falle des Aals spricht man davon, dass er einen halben Liter Blut, verteilt auf die Wassermenge des Bodensees, noch wahrnehmen kann. Die Nasenöffnungen liegen vor den Augen und enden in den Riechgruben, die wiederum sehr dicht mit Rezeptoren besetzt sind. Die Geschmacksorgane befinden sich nicht nur im Maul des Fisches, sondern sind bei manchen Arten über den ganzen Körper verteilt.

Diese ausgeprägte Sinnesleistung der Fische machen sich Angler durch die Verwendung von Geruchs- und Geschmacksstoffen zunutze. So werden heute bei den verschiedensten Angelarten natürliche oder synthetische Geschmacksstoffe (englisch: Flavours) als Lockmittel eingesetzt, die das Anfutter und den Köder für den Fisch attraktiver machen sollen. Der Einsatz von Flavours beschränkt sich mittlerweile nicht mehr nur auf das

Ein Karpfen, deutlich sind die Riechgruben oberhalb der Augen zu erkennen.

Friedfischangeln. Auch zum Raubfischangeln auf Hecht, Zander, Wels, Aal etc. werden die meist flüssigen Lockstoffe sehr erfolgreich eingesetzt.

Die Umwelt des Fisches

Um erfolgreich angeln zu können, sollte also man wenigstens die wichtigsten Eigenarten und Lebensgewohnheiten seiner Zielfische kennen. Der Mensch ist zwar intelligenter, aber wir stellen den Fischen in der Umgebung nach, die sie bewohnen und in der sie sich bei weitem besser auskennen als wir.

Verhalten am Fischwasser

Viele Angler machen, schon bevor sie mit dem eigentlichen Fischen beginnen, entscheidende Fehler. Sie hasten am Ufer entlang, lassen sich an der erstbesten Angelstelle nieder, werfen ohne lange nachzudenken ihre Ruten aus und warten auf große Fänge. Der angeworfene Grill, ein paar Fläschchen Bier, laute Unterhaltung und Getrampel sind weitere Faktoren, die einen erfolgreichen Angeltag Illusion werden lassen.
Grundsätzlich sollte man sich, bevor man mit dem Angeln beginnt, im Klaren darüber sein, welche Fischarten man zu fangen beabsichtigt. Am Wasser angekommen, sieht man sich nach Stellen um, die geeignet erscheinen und montiert sein Gerät in gebührendem Abstand zum Ufer. Leuchtend gelbe Jacken oder weiße Hemden läßt man besser zu Hause. Tarnkleidung oder der Umgebung angepasste Farben leisten hier bessere Dienste.
Auch auf den Stand der Sonne muss geachtet werden! Gerade beim Nahbereich- oder Oberflächenfischen kann ein aufs Wasser fallender Schatten unangenehme Folgen haben. Wo Deckung in Form von Bäumen, Büschen oder anderem Uferbewuchs vorhanden ist, sollte man sich dieser bedienen und sie nicht, wie von einigen „Sportsfreunden" praktiziert, völlig entfernen.
Auch wenn man längere Zeit am Wasser war und einiger Müll produziert wurde, sollte dieser unbedingt wieder mitgenommen werden. Gerade weggeworfene Angelschnüre werden zu Fallen für etliche Tiere. Liegengelassener Müll muß wirklich nicht sein. Seien Sie Vorbild für Andere und geben Sie auch an dieser Stelle Angelgegnern keinen Anlass, Angelverbote zu fordern!

Wellengang mit Wasserverwirbelungen erhöhen den Sauerstoffgehalt des Wassers.

Da uns zuvor die Frage beschäftigt hat, welche für Möglichkeiten und Bedürfnisse Fische haben, drängt sich nun die Frage auf, welche Stellen eines Gewässers sie bewohnen. Was also macht, aus der Sicht des Fisches, einen guten Standplatz aus? Auch hierzu gibt es eine Faustformel: Alle Fische haben drei Grundbedürfnisse: Sauerstoff, Nahrung und Lebensraumqualität (und das bedeutet häufig: Deckung).

▶ **Optimale Lebensräume**

Wo ist in einem Gewässer der **Sauerstoffgehalt** am höchsten? Sauerstoff wird vom Wasser aus der Luft aufgenommen. Je größer die Wasseroberfläche ist, die mit der Luft in Berührung kommt, desto mehr Sauerstoff kann absorbiert werden. Bei einem See hilft dabei der Wind durch Verwirbelungen. Man könnte nun denken, dass der Sauerstoffgehalt in allen Wasserschichten gleich ist.

Durch die Wechselbeziehung von Sauerstoffgehalt und Temperatur ist das aber nicht der Fall: In sehr flachen Uferpartien, wo sich das Wasser schnell erwärmt, sinkt unter Umständen auch der Sauerstoffgehalt etwas ab. Eine Besonderheit stellen in diesem Zusammenhang tiefere Gewässer, wie beispielsweise Baggerseen dar. Hier kann es durch Eutrophierungs-Erscheinungen (Überdüngung) und fehlende Zirkulation zu Sauerstoffmangel in den unteren Wasserschichten kommen. Selbst die in den Tiefen vorherrschenden kühleren Wassertemperaturen sind nicht in der Lage, den Sauerstoffverlust zu kompensieren, da keine Verbindung zur Atmosphäre besteht, die eine Sauerstoffanreicherung ermöglichen würde.

Im Fluss sind es beispielsweise Hindernisse am Gewässergrund oder Wehre, an denen sich das Wasser bricht und verwirbelt wird. Ist das Wasser nicht bereits durch sehr niedrige Temperaturen maximal mit Sauerstoff gesättigt, wird es unterhalb einer Stromschnelle oder eines Wehrs mit Weißwasser und Gischt immer einen höheren Sauerstoffgehalt aufweisen als darüber. Die Folge: Solche Stellen sind besonders im Sommer bei hohen Luft- und Wassertemperaturen sehr häufig gute Fischstandplätze und somit auch hervorragende Angelplätze.

Nahrung ist das nächste Kriterium. Sind Fische an Nährtiere gewohnt, die am Gewässerboden leben, halten sie sich zur Nahrungssuche dort auf (Beispiel Karpfen, Brachsen, Schleien etc.). Die Salmoniden hingegen sind an die Nahrungsaufnahme in der Strömung angepasst und stehen daher gewöhnlich an Stellen, an denen Nahrung konzentriert angeschwemmt oder angetrieben wird – ein einzelner ruhiger Strömungszug unterhalb eines Wehrs bietet den Fischen dazu ideale Bedingungen. Das mag jetzt zwar alles ein wenig schulmeisterlich klingen. Wer aber einmal manchen Anglern am Wasser zusieht, wie sie hartnäckig ihre Köder an Stellen anbieten, wo keine Fische sind, wird die Notwendigkeit dieses Wissens rasch einsehen.

Der letzte und ebenfalls sehr wichtige Punkt ist der **Lebensraum**, der je nach Art auch mit Standplatz oder Unterstand gleichgesetzt werden kann. Sehr viele Fischarten sind territorial: Standfische, die ein Revier besetzen und gegen Bedränger verteidigen. Für sie sind die besten Plätze in einem Fließgewässer diejenigen, die Deckung vor Feinden und vor zu starker Strömung bieten. Die Bachforelle beispielsweise wird man mitten im Fluss hinter Steinen oder am Rand unter ausgewaschenen und unterspülten Uferstreifen finden. Im See sind solche Stellen – neben den unterspülten Ufern – unterseeische Erhebungen und Scharkanten, versunkene Bäume, Krautbetten oder Schilfgürtel.

Alle diese Ausführungen vermitteln übrigens keine wissenschaftlich fundierten Beobachtungen. Sie sollen lediglich dazu dienen, ein klein wenig den Blick dafür zu schulen, wo Angler mit Beute rechnen können und wo sie eher unwahrscheinlich ist. Es gibt, da wir es mit der Natur zu tun haben, fast mehr Ausnahmen als Regeln, und jede Fischart verhält sich sehr spezifisch. Aber gerade das ist doch das Reizvolle: Neben aller Methodik ist gerade beim Angeln das fast schon sprichwörtliche Quäntchen Glück unerlässlich.

Unruhige Fließstrecken sind wegen des höheren Sauerstoffgehalts gerade im Sommer fängige Stellen.

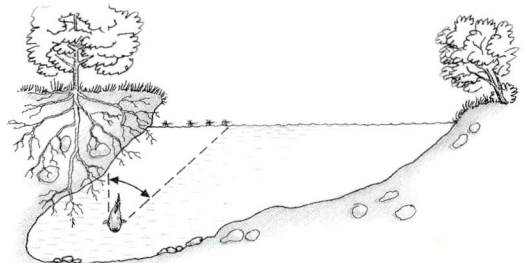

Kapitale Forellen stehen gerne in geschützten und nahrungsreichen Prallhangauswaschungen. Hier treibt die meiste Nahrung direkt auf sie zu.

Die beiden nachfolgenden Tabellen versuchen, einen schnellen Überblick über das Wie und Wann in Bezug auf unsere wichtigsten Fischarten zu geben. Natürlich können dies nur Rahmenwerte sein. Betrachtet man allein die Diversität der Bachforelle, die sowohl in hochgelegenen bayrischen Bergseen wie auch in küstennahen Bächen vorkommt, bekommt der Hinweis die nötige Anschaulichkeit.

Techniken: Wie fange ich welchen Fisch?

	Fliegenf.	Spinnf.	Schleppf.	Stippf.	Posenf.	Grunda.
Aal					●	●
Aland	●	○		●	●	○
Äsche	●	○		○	●	
Bachforelle	●	●		○	●	○
Barbe	○				●	●
Barsch	○	●	○	○	●	○
Brassen	○			●	●	●
Döbel	●	○		●	●	○
Giebel				○	●	●
Graskarpfen				○	●	●
Güster				○	●	●
Hasel	●			●	●	○
Hecht	○	●	●		●	●
Karpfen	○			○	●	●
Karausche				●	●	●
Quappe						●
Rapfen	●	●	●			
Regenbogenforelle	●	●	●	○	●	○
Rotauge (Plötze)	●			●	●	●
Rotfeder	●			●	●	○
Schleie				●	●	●
Ukelei				●	●	
Wels	○	●			●	●
Zander	●	●	●		●	●

● Typische Kombination ○ Fang nicht alltäglich, aber möglich

Der Angelkalender: Wann fange ich welchen Fisch?

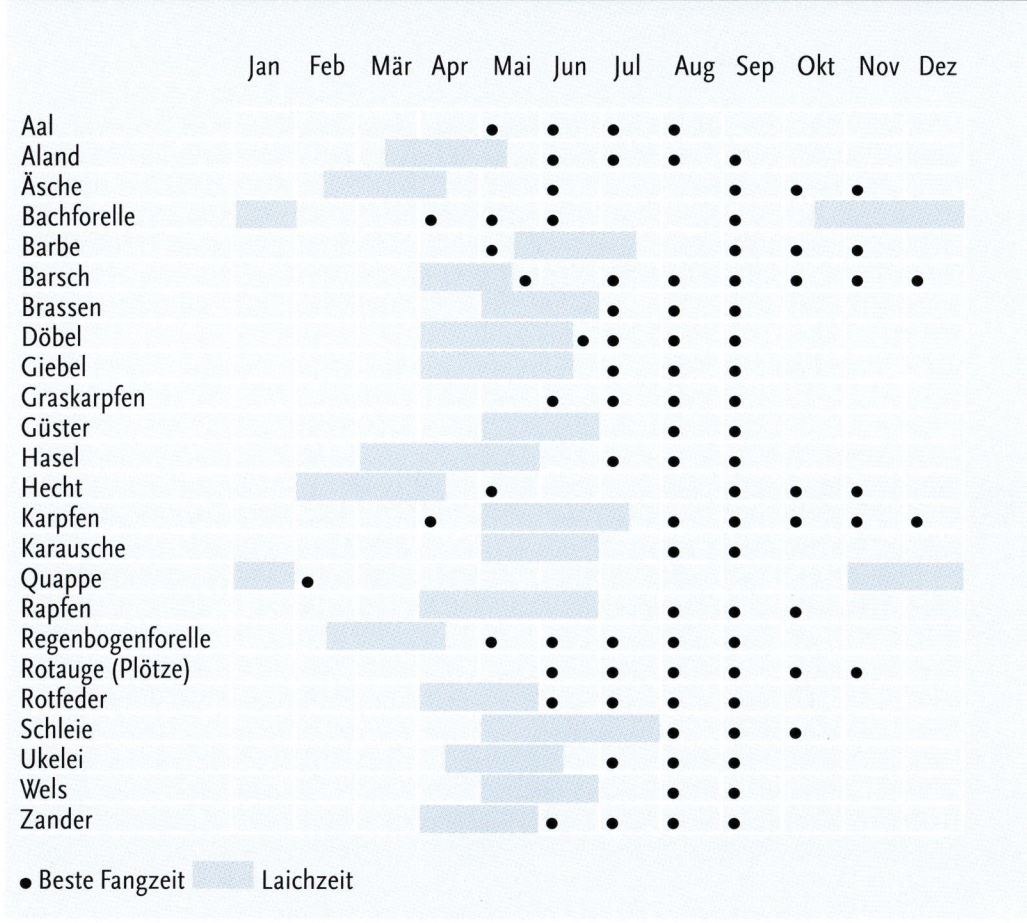

	Jan	Feb	Mär	Apr	Mai	Jun	Jul	Aug	Sep	Okt	Nov	Dez
Aal					●	●	●	●				
Aland			▒	▒	▒	●	●	●	●			
Äsche		▒	▒	▒		●			●	●	●	
Bachforelle	▒			●	●	●			●	▒	▒	▒
Barbe					● ▒	▒	▒		●	●	●	
Barsch				▒	▒ ●		●	●	●	●	●	●
Brassen					▒	▒	●	●	●			
Döbel				▒	▒	▒ ●	●	●	●			
Giebel				▒	▒	▒	●	●	●			
Graskarpfen						●	●	●	●			
Güster					▒	▒		●	●			
Hasel			▒	▒	▒		●	●	●			
Hecht		▒	▒	▒	●				●	●	●	
Karpfen				●	▒	▒	▒	●	●	●	●	●
Karausche					▒	▒		●	●			
Quappe	▒	●									▒	▒
Rapfen				▒	▒	▒		●	●	●		
Regenbogenforelle		▒	▒	▒	●	●	●	●	●			
Rotauge (Plötze)						●	●	●	●	●	●	
Rotfeder				▒	▒	●	●	●	●			
Schleie					▒	▒	▒	●	●	●		
Ukelei				▒	▒	▒	●	●	●			
Wels					▒	▒		●	●			
Zander				▒	▒	●	●	●	●			

● Beste Fangzeit ▒ Laichzeit

Kinderleicht?

Specimen Hunting Group Dortmund

Das Fischen mit der Kopfrute

Das Stippfischen gilt als das Einsteigerfischen schlechthin. Die „kinderleichte"
Angeltechnik ist schnell erlernt, birgt aber dennoch – für den Kenner – einige
interessante Finessen. Nicht von ungefähr wird diese Technik auch im Wett-
kampfangeln angewandt!

Gerät

Wasser und Kinder gehören zusammen. Der Kahnteich in unserem Wald übte stets eine riesige Anziehungskraft auf uns Kinder aus. Die ersten Stichlinge wurden mit dem Einmachglas gefangen. Großes Hallo, als einer auf die Idee kam, einen Regenwurm an Packband zu binden und ins Wasser zu werfen. Stichlinge und Molche bissen sich daran fest. Wir hofften nur, dass keiner von den riesigen Karpfen, die immer unser altes Brot fraßen, auf die Idee kam, nach dem Wurm zu schnappen. Im Urlaub in Holland begann es dann richtig. Bambusstöcke von zwei Metern Länge waren unsere ersten Ruten. Wie oft haben wir sie bei der Fahrt mit dem Fahrrad zum Gewässer zerbrochen! Meine erste dreigeteilte Stippe bestand ebenfalls aus Bambus. Sie war viel zu schwer für mich, aber die Fische, die wir fingen, entschädigten uns für alles. Welch ein Fortschritt, als ich die erste Glasfasersteckrute erhielt: leicht und „unkaputtbar". Noch heute angle ich gerne mit der Stippe in den Abzugsgräben. Nicht mehr allein, denn meine Tochter hat mir so lange in den Ohren gelegen,

dass ich ihr gestern eine Fertigangel gekauft habe. Heute ist sie mit dem Fahrrad mit ihren Freundinnen angeln gefahren ...

▶ **Ruten**

Die **Kopfrute oder auch Stippe** besteht aus zwei Hauptteilen: dem Fanggeschirr, im folgenden auch Posenmontage genannt, und der Rute. Der Name dieses Rutentyps, Kopfrute, ergibt aus der Befestigung des Fanggeschirrs, welches – ohne die sonst beim Angeln übliche Schnurrolle! – immer an der Spitze der Rute, dem Kopf, angebracht ist. Auch hier verwendet man Steck- und Teleskopruten. Kopfruten gibt es in Längen bis zu 15 Metern, wobei die längeren Ausführungen über 8 Meter in der Regel Steckruten sind. Ruten dieser extremen Länge sind jedoch ausgesprochene Spezialistenruten für das Wettkampffischen und verlangen eine Menge Erfahrung. Für den Einsteiger sind Längen bis 8 Meter noch gut zu bewältigen.

Gerade wegen der teilweise beträchtlichen Rutenlängen braucht man bei diesem Rutentyp ein möglichst geringes Gewicht. Deswegen

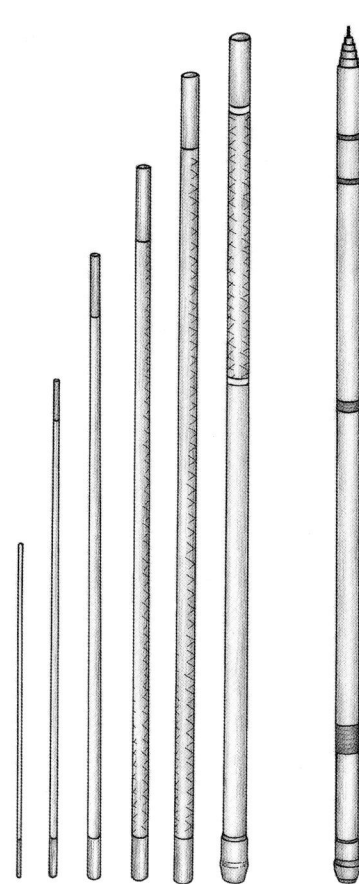

**Stipp- oder Kopfrute: links sechsteilige
Steckrute, rechts sechsteilige Teleskoprute**

Gewässer zu angeln: Die meisten Fische stehen in Grundnähe, weshalb man auch mit 5 Meter langer Schnur fischen sollte. Benutze ich dabei eine nur 3 Meter lange Rute, werde ich verständlicherweise Schwierigkeiten bei der Handhabung der Montage, vor allem auch mit der Landung der Fische haben!

Die Ruten werden im Handel, wenn überhaupt, in folgende **Kategorien** eingeteilt: sehr steif, steif, schwer, mittel und leicht. Dass eine derartige Einteilung nur eine sehr grobe Charakterisierung der Rutenaktion sein kann, dürfte klar sein. Zudem bestehen innerhalb dieser Klassen noch erhebliche Unterschiede von Hersteller zu Hersteller. Man sollte sich beim Kauf am besten bereits über den Verwendungszweck und das Einsatzgebiet der Rute im Klaren sein, um dann verschiedene Modelle im Geschäft zu testen. Dabei sollte man sich nicht von Markennamen oder farbenprächtigem Äußeren verleiten lassen. Im Eingangskapitel haben Sie bereits die wichtigsten Testverfahren kennen gelernt.

Getestet werden:

► Schnelligkeit: Wie schnell kommt die Rute aus der Biegung in die Waagerechte zurück?

► Verarbeitung: Passen alle Teile sauber ineinander, ist die Rute ohne Blasen lackiert und liegen etwaige Stützbindungen sauber nebeneinander?

► Biegeverhalten, Aktion: Biegt die Rute gleichmäßig bis ins Handteil oder hat sie eine Spitzenaktion? Beim Stippangeln ist vor allem auch der Krafteinsatz für die Biegung wichtig, weil davon die Auswahl der Angelmontagen

bestehen die Ruten in der Regel aus Kohlefaser manchmal in Verbindung mit Materialien wie Kevlar, Aramid oder ähnlichem. Kürzere Ruten sind auch als Glasfaserruten erhältlich.

Die Tiefe unseres Angelgewässers und die Angelentfernung gibt den Ausschlag für die **Rutenlänge**: Es ist einfach nicht sinnvoll, mit einer 3 Meter-Rute in einem 5 Meter tiefen

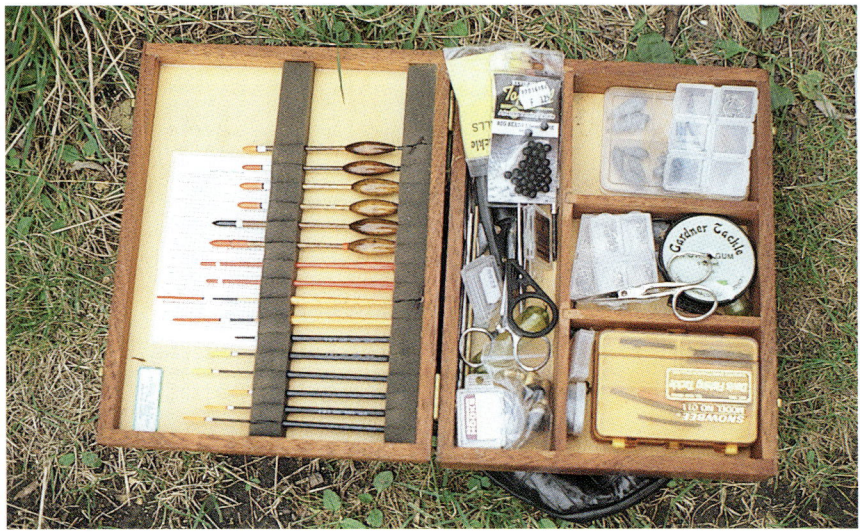

Übersichtliche und dennoch kompakte Gerätebox.

abhängt. Faustregel: Je stärker der Krafteinsatz, desto gröber die Montage.

► Technik: Kann ich die Rute und deren Dimensionen bezüglich Gewicht und Hebellänge bewältigen?

► Vertrauen: Kann ich bereits bei der ersten Begegnung ein Gefühl für die Rute entwickeln? Liegt sie gut in der Hand?

Natürlich sollte man sich vorher einen Preisrahmen abstecken. Die teuersten Ruten müssen nicht immer die besten und zweckmäßigsten sein.

► Schwimmer

Kopfruten werden ausschließlich mit Schwimmermontagen gefischt. Die **Pose** – wie der Schwimmer auch genannt wird – hat wie bei jeder Art der Posenangelei zwei Hauptaufgaben: Sie zeigt den Anbiss an und hält den Haken auf der gewählten **Angeltiefe**. Daraus ergibt sich für die Auswahl der

Posen der Grundsatz: Je stärker die Strömung in unserem Angelgewässer, desto höher muss die Tragkraft der Pose sein. Wählen wir eine zu leichte Montage, reicht die Bleibeschwerung nicht aus, um den Köder bis in die eingestellte Angeltiefe zu bringen. Die Strömung drückt dann die Montage zur Seite, weshalb sie dann in einem Bogen im Wasser verläuft].

Auf diese Weise ist zudem keine zuverlässige Bissanzeige gewährleistet, da sich Bewegungen am Haken wegen des Schnurbogens nicht exakt auf den Schwimmer übertragen.

Schwimmer werden in verschiedenen **Tragkräften** angeboten. Mit einer Auswahl in der Bandbreite von 0,5 bis 4 Gramm wird man wohl jeder Anforderung gerecht werden. Außerdem werden im Handel Fertigangeln angeboten, die einen Selbstbau der Posenmontage gänzlich überflüssig machen. Die ferti-

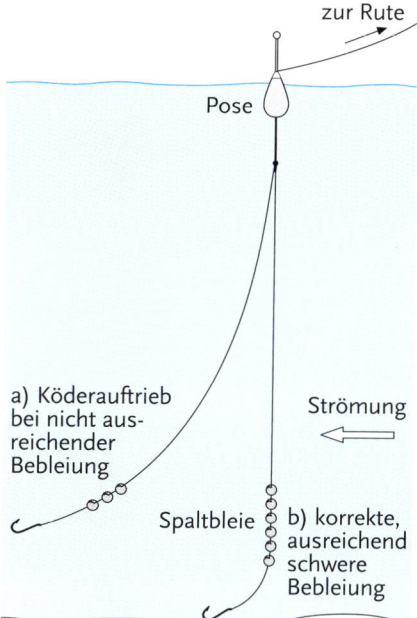

zur Rute

Pose

a) Köderauftrieb bei nicht ausreichender Bebleiung

Strömung

Spaltbleie

b) korrekte, ausreichend schwere Bebleiung

Richtige Bebleiung der Pose in der Strömung

- Sie wird an einer Öse an der Spitze der Rute verknotet;
- sie wird an zwei Ösen aufgewickelt, die am Spitzenteil der Rute befestigt sind; an der Spitze ist sie dann mit einem kleinen Spitzengummi befestigt;
- sie hängt an einem Gummizug, der im Innern der Rute verkeilt wird und durch die hohle Rutenspitze nach außen geführt wird;
- bei Ruten mit Vollglasspitze wird sie an einem Adapter befestigt, der auf die Rutenspitze gesteckt wird.

Die beiden ersten Möglichkeiten sind dem Hobbyangeln zuzuordnen; die beiden letztgenannten dagegen sind im Wettkampfangeln entwickelt worden. Sie bieten den Vorteil, dass durch den Einsatz des Gummizuges, des so genannten Wettkampfgummis, die Drillfähigkeiten der Rute verbessert werden – wir gehen noch darauf ein.

Tipp

Da Sie bei der Kopfrute keine Rolle benutzen, wickeln Sie die Schnur mit Montage am besten auf ein Wickelbrettchen. Schreiben Sie die Tragkraft des Systems jeweils auf die Wickelbrettchen! So findet man mit einem Blick immer die richtige Montage.

gen Montagen werden auf Wickelbrettchen gewickelt und können so sicher verstaut und transportiert werden.

Die Posen werden so ausgebleit, dass nur noch die Antenne aus dem Wasser ragt. So wird dem anbeißenden Fisch der kleinstmögliche Widerstand entgegengesetzt: Er braucht nur den Auftrieb der Antenne zu überwinden. Zudem stellen wir so sicher, dass auch die kleinste Köderbewegung an der Pose angezeigt wird. Die Bebleiung wird in der Regel punktförmig einige Zentimeter oberhalb des Hakens angebracht, um den Köder schnell in Fischnähe beziehungsweise auf die eingestellte Angeltiefe zu bringen.

Zur **Befestigung** der kompletten Posenmontage an der Rute gibt es verschiedene Möglichkeiten:

▶ Haken, Bleie, Schnüre

Bei der Stippangelei finden im Wesentlichen **feindrähtige Hakentypen** Verwendung. In der Regel sind dieses Plättchenhaken, die im Gewicht meist bedeutend leichter sind als Flachstahlhaken mit Öhr. Ob man zu Modellen

Hält der Knoten? Überprüfung mit John Roberts „Knotentester"

mit langem oder mit kurzem Schenkel greift, ob sie rot, blau oder brüniert sind, ist nur selten für einen guten Fang ausschlaggebend. Jeder Angler wird im Lauf der Zeit seine eigenen Vorlieben für bestimmte Hakentypen und -farben entwickeln.

Qualitätsmerkmale für gute Angelhaken sind:

- ► dauerhafte Schärfe: Der Haken muss auch nach dem Fang mehrerer Fische noch eine scharfe Spitze haben, die ein problemloses Eindringen durch den Anhieb ermöglicht;
- ► Elastizität: Der Haken darf sich unter Zug nicht sofort geradeziehen, andererseits aber auch nicht brechen;
- ► gute Verarbeitung: Er muss ein sauber entgratetes Plättchen, gleichmässige Färbung und Brünierung oder Lackierung aufweisen.

Das **Verhältnis zwischen Köder und Haken** lässt sich kurz und prägnant beantworten: Kleiner Köder – kleiner Haken; großer Köder – großer Haken.

Beim Angeln mit der Kopfrute wird fast nur mit kleinen Ködern gefischt. Deshalb kommen Haken der Größe ab Nr. 10 und kleiner zum Einsatz. Als Anfänger sollte man die sehr kleinen Haken ab Größe 18 und kleiner aber

meiden, da die Gefahr, dass der Fisch zu tief schluckt, sehr groß ist. Ein wohlbehaltenes Zurücksetzen der Fische ist dann nicht mehr möglich. Zudem ist bei nicht ausgereifter Drilltechnik die Gefahr des Ausschlitzens, also das Loskommen des Hakens aus dem Fischmaul durch zu großen Schnurdruck, sehr groß.

Die verwendeten **Schnüre** liegen je nach der gewählten Posenmontage zwischen 0,08 bis zu 0,18 Millimeter. Hier gilt, wie überhaupt bei jeder Art des Fischens mit der Pose: Je schwerer die Pose, desto dicker die Schnur. Bei der Vielfalt der angebotenen Qualitäten und Farben sollte jeder für sich seine Wahl treffen, das heißt, aus seiner eigenen Erfahrung heraus urteilen. Einige Kriterien zur Beurteilung einer Angelschnur sind im Eingangskapitel angesprochen worden. Worauf man beim Kauf einer Stippschnur besonders achten sollte, ist ihre Tragkraft: Sie liegt, bezogen auf den Durchmesser, in der Regel höher als bei anderen Schnüren vergleichbarer Stärke.

Dass bei derartig dünnen Schnüren nur ein weiches Blei, welches die Schnur nicht beschädigt, verwendet werden darf, leuchtet ein. Auch dieses gibt es, speziell für das Stippfischen, als rundes Schrotblei oder als Stiftbleie.

Bleiboxen

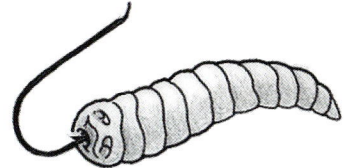

Made am stumpfen Ende nur knapp einhaken.

Köder

Der wohl am häufigsten verwendete Köder beim Stippfischen ist die **Made**. Einzeln am Haken Größe 16 bis 20 angeboten oder als Doppelmade am größeren Haken bringt sie wohl die meisten Fische an Land. Auch eine kleinere Variante, der Pinky, ist sehr beliebt. Er wird auf sehr kleinen, besonders feindrähtigen Haken gefischt.

Wichtig ist bei diesem Köder, dass die **Bewegungsfreiheit** des Köders möglichst groß bleibt: Dadurch kann man ihn so natürlich wie möglich präsentieren. Es dürfte jedem einleuchten, dass ein Fisch einer sich lebhaft windenden Made mehr Interesse entgegenbringt als einer leblos herabhängenden weißen Leiche. Optimal angeködert werden Maden, indem man den Haken ganz knapp mittig durch das breitere Ende führt. Dadurch ist sichergestellt, daß die

Made nicht ausläuft und ihre Fängigkeit und Attraktivität beibehält. Wichtig darüber hinaus: Nicht zu viele Maden auf einen Haken zu zwängen, da sonst der Anschlag nicht effektiv durchkommen kann!

Neben den Maden finden die verschiedenen Körnerköder wie **Mais**, **Weizen** und **Hanf** Verwendung. Auch bei diesen Ködern ist darauf zu achten, daß die Hakenspitze frei bleibt. Gleichfalls sehr gut geeignet sind verschiedene Teige, auch als Pasten bezeichnet. Auf diese und weitere Köder wird Kapitel zum Posenfischen noch detailliert eingegangen. Größere Köder sind bei dieser Angeltechnik nicht ratsam.

Angeltechnik

▶ **Wurftechnik**

Im Wesentlichen werden bei der Kopfrute zwei Wurftechniken angewendet: der Pendelwurf und der Überkopfwurf – letzterer allerdings seltener. Beim Pendelwurf wird das Fanggeschirr durch Auf- und Abbewegung der Rute in pendelnde Bewegung versetzt, bis Haken und Pose so weit schwingen, dass der Angelplatz erreicht wird. Nach einiger Übung wird man mit einer einzigen flüssigen

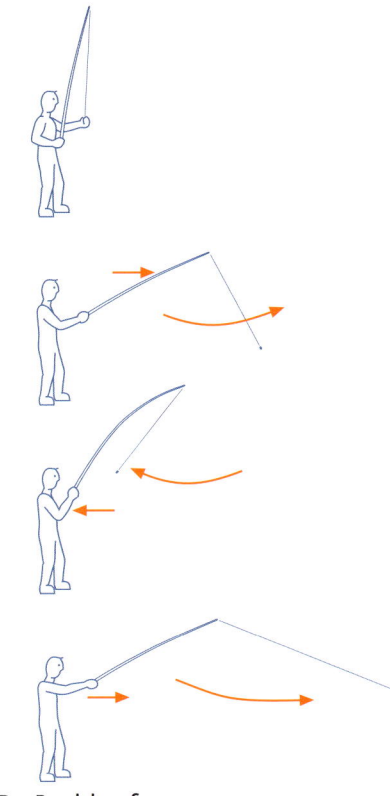

Der Pendelwurf

sieht man rasch, dass als dämpfende Elemente, also als Puffer für die Gegenwehr des gehakten Fisches, nur zwei Faktoren in Frage kommen: die **Dehnung der Schnur** und der **Rutenwiderstand**.

Der erste Faktor kann normalerweise vernachlässigt werden, denn eine kurze Schnur, wie wir sie beim Stippfischen verwenden, gibt kaum Dehnung her. Anders wird die Sache erst bei Verwendung eines Wettkampfgummis, das in verschiedenen Stärken angeboten wird. Es kann auf ein Mehrfaches seiner Länge gedehnt werden und verbessert daher das Anhieb- und Drillverhalten des Systems ganz entscheidend. Dennoch wird auch hier der Hauptteil der Pufferung durch die Aktion der Rute gewährleistet. Bereits dadurch wird deutlich, dass der Angelei mit der Kopfrute recht eindeutige Grenzen gesetzt sind: Stippfischen ist die Methode, möglichst viele kleine Fische (sei es zum Köderfischfang oder zum eigentlichen Zweck des Wettkampfangelns), und nicht gezielt kapitale Fische zu fangen.

Der **Anhieb** sollte gefühlvoll, aber ausreichend kräftig gesetzt werden, da der Haken in die je nach Fischart mehr oder weniger harte Lippenregion eindringen muss. Um das entsprechende Feeling zu bekommen, hilft nur eines: Üben, Üben, Üben. Anfänger werden sicherlich einige Schnurbrüche zu verzeichnen haben. Doch nur durch Übung und Erfahrung kann man diesen Fehler ausmerzen.

Beim **Drill** – also in der Phase zwischen dem Haken des Fisches und seiner Landung – wird der Fisch bis an die Wasseroberfläche geführt. Ein Her-

Bewegung auskommen. Herrscht Gegenwind, kann man die Rute nach hinten führen und mit einem gefühlvollen Schwung über den Kopf nach vorn den Angelplatz erreichen. Wichtig ist hier eine gewisse Weichheit der Bewegung, da man ja sehr fein fischt und die Schnüre keine sehr hohe Widerstandskraft haben.

▶ **Anhieb, Drill und Landung**

Diese drei Vorgänge sind bei der Kopfrute die kritischen Phasen. Betrachtet man den Aufbau der Angel, so

ausheben des Fisches aus dem Wasser verbietet sich beinahe von selbst: Zu groß ist die Gefahr, dass die Schnur reißt oder der Haken ausschlitzt. Deshalb wird der Fisch zur sicheren **Landung** an der Wasseroberfläche bis über den bereitgehaltenen Kescher geführt. Keinesfalls sollte man mit dem Kescher in Richtung Fisch stochern. Das würde das Tier zusätzlich erschrecken und zu unkontrollierbaren Reaktionen führen, die meist den Verlust des Fisches bedeuten. Ist der Fisch dann sicher gekeschert, wird zunächst die Rute in Ruhe abgelegt und dann der Fisch vollständig im Kescher aus dem Wasser gehoben und versorgt. Man sollte sein Augenmerk darauf richten, dass der Kescher nicht zu klein ist und einen ausreichend langen Stiel hat.

Methoden

▶ **Stillwasser**

Angeln wir in stehenden Gewässern, wird „auf den Punkt" gefischt. Das bedeutet, dass der Futter- und Angelplatz räumlich sehr begrenzt bleibt. Voraussetzung hierfür ist eine genaue Kenntnis des Gewässerbodens, die man durch exaktes Ausloten der anvisierten Angelstelle erwirbt. Ausgelotet wird mit Hilfe eines Lotbleies, welches an den Haken geklemmt wird. Sein Gewicht übersteigt die Tragkraft der Pose und zieht das Blei bis auf den Gewässerboden. So kann man mit fest eingestellter Tiefe der Montage, je nachdem, ob die Pose steht, flachliegt oder untertaucht, markante Stellen wie Rinnen, Erhebungen oder kleine Vertiefungen im Gewässer finden.

Den Fisch an der Wasseroberfläche über den bereitgehaltenen Kescher führen.

Jede **Unregelmäßigkeit des Gewässerbodens** bietet bessere Fangaussichten als eine flache Ebene, denn hier kann sich auch natürliches Futter ablagern, das die Fische anlockt. Solche Stellen können dann gezielt beangelt werden. Ebenso interessant sind immer die **Ränder von Kraut- und Seerosenfeldern**, da diese meist mit Tiefenkanten identisch sind. Außerdem sind diese Bewuchszonen eines Gewässers immer ein natürliches Nahrungsreservoir – hier sollte man also äußerst vorsichtig mit dem Einsatz von Anfutter sein, damit die Fische nicht sattgefüttert werden. Einige Ballen Paniermehl in Tennisballgröße, am besten gemischt mit einem im Fachgeschäft erhältlichen Lockfutter, reichen meist für den Angeltag aus.

Bei ruhiger Gewässeroberfläche kann die Pose so „scharf" ausgebleit werden, dass die Posenspitze gerade noch die Wasseroberfläche überragt. Auf diese Weise wird jede Veränderung leicht erkennbar, und der Angler kann entsprechend rasch darauf reagieren. In solchen Fällen ist auch die Montage eines kleinen „Anzeigebleies" in unmittelbarer Nähe des Hakens hilfreich. Beim Anbiss bewegt der Fisch unweigerlich dieses Blei: Er zieht es nach oben oder hebt es an. Beides führt zu einer Reaktion der Pose und kann mit einem Anhieb quittiert werden. Der Köder kann dabei entweder freischwebend oder aufliegend gefischt werden.

▶ **Fließgewässer**

Anders stellt sich die Situation im Fließgewässer dar. Durch die stete Strömung bildet sich ausgehend von der Einwurfstelle der Anfutterballen eine **Futterspur**, in welcher Teilchen des Anfutters abtreiben und von den Fischen aufgenommen werden. Deshalb wird in der Strömung stets nicht aufliegend, sondern über Grund gefischt, und zwar dem Verlauf der

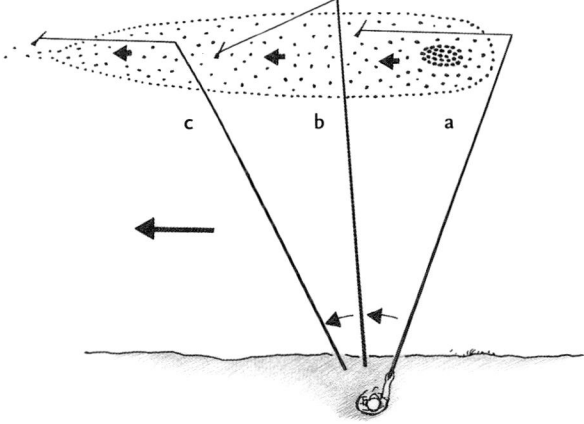

Die Futterspur wird mit der Stippmontage auf der ganzen Länge durchgefischt. a Anfang, c Ende, b kritische Phase, hier muss die Rute nachgeführt werden damit kein Schnurbogen entsteht.

Futterspur folgend. Im Stillgewässer dagegen kann der aufgelegte Köder Vorteile bringen.

Als **Anfutter** finden neben Paniermehl solche Substanzen Verwendung, die das Anfutter schwer machen. Haferflocken sind ein erprobtes Mittel, sei es in gemahlener oder ganzer Form. Bei der Verwendung ganzer Flocken sollte man bedenken, dass diese „nachziehen", das heißt, sie entziehen der Mischung ständig Flüssigkeit und machen sie somit trockener und dadurch schlechter verarbeitbar. Aber auch Gries, Polenta und ähnliche Anfuttermittel sind geeignet.

Der **Einwurf des Fanggeschirrs** erfolgt etwas stromab des Futterplatzes. Dieser befindet sich wiederum oberhalb des Standplatzes vom Angler. Aufgrund des begrenzten Einsatzradius der Kopfrute kann man in der Regel nur einen Teil der Futterspur befischen, dieses aber in hoher Frequenz und äußerst punktgenau.

Die Abbildung zeigt die einzelnen **Phasen der Posenabdrift**. Gefährlich ist Phase b, da die Distanz zwischen Rutenspitze und Pose hier am kleinsten und folglich der durch den Strömungsdruck entstehende Schnurbogen am größten ist. Setzt man hier einen schnellen Anhieb, wird die Schnur wie eine Peitschenschnur unter Belastung gestellt, was unweigerlich zum Bruch der Schnur führt. Der Kontakt zwischen Pose und Rutenspitze sollte daher immer so direkt wie möglich sein, das heißt, die Schnurführung zwischen Pose und Rutenspitze sollte stets gestreckt gehalten werden. Deshalb sollte man in Phase B der Abdrift die Rute nachführen, also hinter der Pose her. So vermeidet man einen zu großen Schnurbogen. Die Phase C markiert das Ende der befischbaren Futterspurdistanz: Die Pose und mit ihr der Köder müssen die Futterspur verlassen, weil die Maximalreichweite des Systems erreicht ist.

Beißen die Fische in einem Abstand, welcher der Rutenlänge entspricht, oder braucht man wie beim Wettkampfangeln einen sehr direkten Kontakt zum Haken, kann die Kopfrute auch mit verkürztem Fanggeschirr gefischt werden. Die Angeldistanz ist dann in der Regel gleich der Rutenlänge. Weil sich dann der Hakenköder fast immer unterhalb der Rutenspitze befindet, kann sehr direkt angeschlagen werden, allerdings verkürzt sich die befischbare Strecke der Futterspur noch stärker. Diese sehr direkte Methode setzt auch eine genaue Kenntnis des Gerätes und dessen Reaktionen voraus – und sie erfordert einige Erfahrung bei der Dosierung des Anhiebes, da die Kräfte des Anhiebes sehr unmittelbar auf den Haken übertragen werden. Zudem ist das Anlanden erschwert: Vor dem Keschern müssen erst so viele einzelne Teile abgezogen werden, bis ein problemloses Landen des Fisches möglich ist. Auch dies erfordert sehr viel Übung, weshalb es für den Einsteiger ratsam ist, sich diese Technik erst einmal von einem erfahrenen Angelkollegen demonstrieren zu lassen.

Die Fische

Die Kopfrute wird im Wesentlichen zum Fang von **Weißfischen** kleiner oder mittlerer Größe eingesetzt.

Eine der beliebtesten Fischarten beim Fischen mit der Kopfrute: das Rotauge.

Gezieltes Angeln auf eine bestimmte Fischart wird mit ihr nicht betrieben; es ist deshalb unmöglich, Tipps zum Fang einer besonderen Spezies zu geben. Man verfährt hier eher nach dem Motto: Welche Fische beherbergt das Gewässer?, Und wie kann ich möglichst viele davon fangen?

Sehr gerne wird die Kopfrute zum Fang von Köderfischen wie **Gründling**, **Ukelei** oder kleinen **Rotaugen** und **Rotfedern** eingesetzt. Ihren festen Platz hat sie bei Angel-Anfängern vor allem in unseren Anrainerstaaten wie Holland und Belgien. Dort sieht man an jedem Gewässer, sei es in Parks oder an Abzuggräben, Kinder mit der Stippe stehen und Fische fangen. So kann die Jugend bereits im frühen Alter an den waidgerechten und verantwortungsbewussten Umgang mit der Kreatur herangeführt werden.

Spinner, Blinker, Wobbler und Co.
Spinnfischen

Tom Jacob

Es „spinnen" bei weitem mehr Angler, als man vermuten würde. Dass die meisten dabei aber völlig normal im Kopf sind, zeigt dieses Kapitel: Das Fischen mit dem Kunstköder, der immer wieder ausgeworfen und für die Raubfische möglichst reizvoll wieder eingeholt wird, stellt eine spannende und gleichzeitig entspannende Angelart dar, die dem Anfänger gute Chancen bietet und auch den Könner immer noch fordert.

Gerät

▶ **Die Rute**

Die Feinnervigkeit einer Angelrute ist bei keiner anderen Angelart so entscheidend für Erfolg oder Misserfolg wie beim Spinnfischen. Besonders beim Einholen sollte jede noch so kleine Bewegung des Spinnköders in die Hand des Anglers übertragen werden, damit er den Lauf des Köders fühlen kann. Um das zu gewährleisten, sind die meisten Spinnruten heutiger Bauart gesteckt. Die ansonsten bei den meisten Anglern so beliebten Teleskopruten sind für die ausschließliche Verwendung zum Spinnfischen allenfalls eine Notlösung. – Über die geforderte Qualität der Ringe, durch welche die Schnur geführt wird, ist im einleitenden Kapitel bereits das Nötige gesagt worden. Dort finden Sie auch alles Wichtige zu den Themen Rollen und Schnüre, die beim Spinnfischen verwendet werden.

Bei den Griffen sollte man auch bei Spinnruten möglichst dem Korkgriff den Vorzug geben, da dieser auch nas-

Das Werkzeug beim Spinnfischen: drei unterschiedlich schwere Spinnruten.

se Hände warm hält. Moosgummi isoliert zwar auch, aber bei weitem nicht so gut. Außerdem sieht Kork meiner Meinung nach auch besser aus.

Spinnfischer-Ausrüstung

▶ **Wurfgewicht, Länge und Aktion**

Die für die Verwendung der jeweiligen Rute wichtigen Eckdaten, nämlich Wurfgewicht, Länge und Aktion sind meistens vor dem Griff vermerkt. Die Aktion der Spinnrute sollte auf die äußeren Umstände, die zu beangelnde Fischart, das Ködergewicht und die Ködergröße abgestimmt sein: Für einen Hecht, der sich 25 Meter weit draußen den Blinker schnappt, braucht man eine wesentlich steifere Rute, um ihm den Haken ins knochige Maul zu treiben, als für die Forelle, die im Bach keine zwei Meter vor unseren Füßen beißt.

Diese Tabelle soll nur als grober Anhaltspunkt dienen, um dem Anfänger die Möglichkeit zu geben, sich „einzuordnen". Vor allem bezüglich der Aktion in Verbindung mit der jeweils zu beangelnden Fischart ist die Tabelle sehr vereinfacht.

Klassifizierung und Einsatzbereich von Spinnruten

Merkmal	Leichte Spinnrute	Mittelschwere Spinnrute	Schwere Spinnrute
Länge	2,1 bis 2,4 Meter	2,4 bis 2,7 Meter	2,7 bis 3,3 Meter
Gewicht	unter 200 Gramm	ca. 200 Gramm	bis 350 Gramm
Wurfgewicht	bis 20 Gramm	bis 60 Gramm	bis 150 Gramm
Aktion	parabolisch/progressiv	Progressiv (Def.)/Spitzenakt.	Spitzenaktion
Einsatzbereich	Barsch, Döbel, Forellen	Großforellen/Hecht, Zander	Große Raubfische
Köder	alle Kleinköder	Blinker/Spinner/Wobbler	Alle Großköder

▶ **Vorfächer**

Vorfächer kommen beim Spinnfischen nur in Ausnahmefällen zum Einsatz – genau genommen nur beim Hecht, da er unsere einzige potenzielle Beute ist, die mit ihren außergewöhnlich scharfen Zähnen monofilen Schnüren problemlos den Garaus macht. Gerade wenn man mit einem kleinen Twister oder Blinker fischt, der ursprünglich für einen Barsch oder einen Döbel gedacht war, kann es manchmal vorkommen, dass ein Hecht nicht widerstehen kann.

Stahlvorfächer für Hechte sollten beim Spinnfischen zwischen 30 und 50 Zentimeter lang sein und eine Tragkraft von 7 bis 15 Kilogramm aufweisen.

Unten Tönnchenwirbel und oben Karabinerwirbel.

Tipp

Ist in einem Gewässer mit Hechten zu rechnen, dann ist es – selbst wenn man anderen Fischen nachstellt – nie ein Fehler, ein Stahlvorfach zu montieren. Sicher ist sicher!

▶ **Wirbel**

Wirbel haben beim Angeln verschiedene Aufgaben: Sie ermöglichen eine einfache Verbindung zwischen der Hauptschnur und dem Vorfach oder dem Spinnköder und verhindern speziell beim Spinnfischen die Übertragung des Dralls der sich drehenden Teile der Rolle und der Rotation des Köders auf die Schnur. Wirbel werden aus verschiedenen Materialien gefertigt. Die für unsere Fischerei üblichen sind aus brüniertem Eisendraht. Es gibt sie aber auch aus Messing oder rostfreiem beziehungsweise hartver-

chromtem Edelstahl für den Einsatz im Salzwasser.

Die einfachste Form, der **Tönnchen- oder Einfachwirbe**l, hat zwei Ösen, an die jeweils ein Schnurende geknotet wird. Die gleiche Aufgabe erfüllen die Karabinerwirbel, die einen kleinen Karabinerhaken in einer der beiden Ösen haben. In diesen kann der Spinnköder oder ein Vorfach eingehängt werden. Neben den Standard-Karabinerwirbeln werden für höhere Belastungen auch **Sicherheits-Karabinerwirbel** hergestellt. Diese unterscheiden sich von der regulären Bauart dadurch, dass die Enden des Stahldrahts hinter der Halterung umgebogen eingehakt werden und somit durch Zug von vorne praktisch nicht aufgebogen werden können. Für die Hochseefischerei, bei der normalerweise enorme Kräfte zum Tragen kommen, gibt es sie auch mit integrierten Kugellagern (!), die einen leichten Lauf gewährleisten. Diese **Kugellagerwirbel** sind in den kleinsten Größen auch ausgezeichnet für die Süßwasserfischerei geeignet, drehen sie sich doch um ein Vielfaches leichter als normale Wirbel.

Tipp

Lassen Sie sich nicht verwirren: Je höher die Nummer der Wirbelgröße, desto kleiner ist der Wirbel.

Die Köderpalette

Die Farben-, Formen- und Materialvielfalt bei den Spinnködern ist mittlerweile praktisch unübersehbar. Sie haben jedoch allesamt ein paar Dinge gemein: Alle besitzen einen Körper, der irgendwelche bauartbedingten Bewegungen erzeugt. Und sie sind alle mit mindestens einem (Drillings-) Haken bewehrt, den viele Angler fast genauso fürchten wie ihre Beute.

Trotz (oder gerade wegen?) der ständigen Neuerungen auf diesem Sektor gibt es noch alte, bewährte Grundmodelle, die sich ungebrochen großer Beliebtheit erfreuen. Ganze Legionen von „Soft Baits" oder Gummiködern, deren Namen sich niemand merken kann, schwappen wie in einer Welle aus Amerika zu uns herüber. Trotzdem kennt das Gros der Spinnfischer immer noch die Evergreens wie den „Mepps"-Spinner, den „Effzett"-Löffel oder den „Heintz"-Blinker.

Spinnköder lassen sich in verschiedene Kategorien einteilen – bei manchen kann schon vom Namen auf die Funktionsweise geschlossen werden.

▶ **Spinner**

Einen „sprechenden Namen" hat beispielsweise der Spinner, auch fliegender Löffel genannt: „to spin" heißt im Englischen „drehen". Bei ihm dreht sich ein Spinnerblatt um die Längsachse des Köderkörpers und verursacht dabei im Wasser Schwingungen und optische Reize, die den Fisch zum Biss verleiten. Der zweifellos berühmteste Spinner kommt aus der „Aglia"-Serie einer französischen Firma. Er hat sich bis heute fast nicht verändert und trotzdem nichts von seiner Fängigkeit eingebüßt. Spinner gibt es in den verschiedensten Ausführungen, was die Größe, die Form und die Farben angeht.

Das wichtigste Merkmal eines guten Spinners ist, dass er sehr leicht läuft. Deshalb sollte er schon beim kleinsten Zug an der Schnur, spätestens aber nach einem kleinen Ruck mit der Rute, im Wasser zu rotieren beginnen. Am besten lässt sich das überprüfen, indem man ihn, in Sichtweite parallel zum Ufer geführt, einfach einmal ausprobiert.

Unterschiedliche Strömungsgeschwindigkeiten erfordern unterschiedliche **Formen des Spinnerblatts**, um diese Forderung zu erfüllen. So benutzt man in stehenden oder langsam fließenden Gewässern Spinner mit relativ großem, ovalem Blatt, das

Spinnersortiment

auf Grund seiner großen Oberfläche sehr rasch zu drehen beginnt. Diese so genannten **Ovalspinner** können besonders langsam eingeholt werden. Das Spinnerblatt steht bei ihnen recht weit vom Körper des Köders ab und dreht sich eher langsam, wobei es, bedingt durch seine Form, starke Schwingungen (Druckwellen) abgibt. Ovalspinner sind für alle Raubfische verwendbar, ja sogar einzelne große Friedfische wie Karpfen werden hin und wieder zufällig mit ihnen gefangen.

Lanzettartiges Spinnerblatt – ideal für das Spinnangeln in der Strömung.

Weidenblattspinner dagegen haben ein dünnes, lanzettartig geformtes Spinnerblatt, das wegen seiner geringeren Oberfläche entsprechend schneller rotiert als ein ovales. Es steht weniger weit von der Längsachse ab, verursacht nicht so starke Druckwellen und braucht eine höhere Einholgeschwindigkeit – oder eine stärkere Strömung –, um ins Rotieren zu kommen. Dieser Spinnertyp ist ideal für strömendes Wasser, da er relativ schnell eingeholt werden muss, damit er sauber läuft. Außerdem eignet er sich für Räuber,

die ihre Beute schnell verfolgen, wie beispielsweise Salmoniden.

Oval- und Weidenblattspinner sind die beiden Grundformen des Spinners. Natürlich gibt es noch diverse andere Köder, an denen irgendwo ein Spinnerblatt rotiert, doch sind dies meistens Sonderformen, die hier nicht ausführlich behandelt werden können. Trotzdem: Probieren geht über Studieren!

▶ Blinker

Blinker, die auf Grund ihres hohlkehligen, konkaven Aussehens auch **„Löffel"** genannt werden, sind eine wahre Allzweckwaffe beim Raubfischfang. Ihre Lockwirkung beruht auf ihrer gewölbten, eben löffelartig gebogenen Form, die beim Einholen dazu führt, dass der Blinker in alle Richtungen unregelmäßige taumelnde Haken schlägt. Diese imitieren, so die allgemeine Meinung, die Bewegungen eines kranken Fischchens. Ob das so stimmt, kann man kaum mit endgültiger Sicherheit sagen – auf jeden Fall fangen sie Fische!

Die gängigsten **Farben** von Blinkern sind Gold, Silber und Kupfer. Inzwischen ist man auch dazu übergegangen, sie mit irisierenden, reflektierenden oder gar echte Fischhaut imitierenden Folien zu bekleben. Auch hier lässt sich über Sinn und Unsinn streiten, denn: Sobald der Blinker in Bewegung gebracht ist, verschwimmt das naturgetreue Dekor natürlich. Die Imitation des dargestellten Fisches gerät zur Farce. Zwar fangen auch diese Modelle ihre Fische (vor allem aber auch Angler), doch ist stark zu bezweifeln, dass dies eine Folge des naturalistischen Dekors ist.

Blinkersortiment

Hergestellt werden Blinker in zwei **Grundformen**: breit und schlank. Der Einsatzbereich des breiten Blinkers ist grundsätzlich eher stehendes bis langsam fließendes Wasser bei langsamer Einholgeschwindigkeit. Schlanke Formen hingegen eignen sich besser für das Strömungsfischen, beispielsweise in Flüssen, und schnellere Einholgeschwindigkeiten.

Generell „spielt" ein leichter Blinker aus dünnem Blech viel freier als einer aus dickerem – er bewegt sich also leichter im Wasser. Allerdings bekommt man ihn, vor allem in der Strömung, nicht so schnell auf Tiefe und er lässt sich mangels Gewicht auch nicht so weit auswerfen. Beim Fischen muss man also den Kompromiss zwischen Größe (für die beangelte Fischart) sowie Gewicht und Stärke des Blechs (für die gewünschte Tiefe und Wurfweite) finden. Hier gilt immer die Devise: so

Tipp

Im Notfall lieber ein Blei vor einem leichten Köder montieren, als einen zu schweren Köder benutzen, der unnatürlich plump durchs Wasser furcht!

Blinker

überstehendes Schnurende vom Knoten, nicht gekürzt

festge-klemmtes Spaltblei

Mit Spaltblei beschwerter Blinker.

leicht wie irgend möglich. Die besonders schlanken Blinker wie zum Beispiel der „Toby", der ursprünglich für den Fang von Lachs und Meerforelle konzipiert war, taumeln nicht nur, sondern drehen sich zusätzlich noch um ihre eigene Achse.

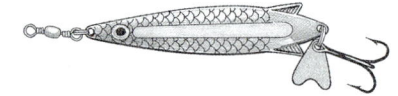

Toby-Blinker

Heintz-Blinker

Sie lassen sich wegen ihrer schmalen Form weit auswerfen und eignen sich besonders für Gewässer mit starker Strömung, da sie beim Absinken dem Wasser nicht soviel Angriffsfläche bieten wie ein breiter Löffel. Große Blinker wie der „Heintz" haben häufig einen zweiten Haken im vorderen Drittel. Das rührt daher, dass der Hecht als „Ansitzjäger" seine Beute in aller Regel nicht über längere Strecken verfolgt, sondern lauernd von der Seite

angreift. Ist am Köder bei einem solchen seitlichen Biss nur am Ende ein einziger Haken vorhanden, hakt man den Hecht an der Außenseite des Mauls, mit der Folge, dass er leichter ausschlitzen kann. Dies ist vielleicht einer der Gründe, warum man an manchen großen Blinkern mit nur einem Haken am Ende doch hin und wieder einen Hecht verliert.

▶ **Wobbler**

Wobbler sind **Fischimitationen**, die auf Angler wie Fische gleichermaßen fängig wirken. Trotz ihres teilweise enormen Preises gibt es nur wenige in der Anglerzunft, die sich ihrem Reiz entziehen können. Wobbler sind traditionell aus Balsaholz oder, moderner, aus Kunststoffen gefertigt. Es gibt sie für jeden Gewässertyp und jede gewünschte Wassertiefe. Sie sind, je nach Größe, entweder aus einem Stück oder auch

Wobblersortiment

zwei-, oder dreigeteilt und mit mindestens zwei Drillingshaken versehen.

Wobbler werden in fast jeder Farbe und Grundform hergestellt, die das Anglerherz begehrt. Eines der ältesten Modelle besteht aus zwei Kunststoffhälften, die mit ein paar kleinen Kügelchen gefüllt sind, welche beim Einholen kräftige Geräusche und Schwingungen erzeugen und offenbar so die Fische anlocken. Ihr eigentlicher Reiz liegt auf jeden Fall in der schwänzelnden Art und Weise, mit der sie sich, ähnlich einem kleinen Fischchen, durchs Wasser bewegen. Dieses Wackeln (die deutsche Übersetzung vom englischen „to wobble") wird durch eine Tauchschaufel verursacht, die jeder Wobbler besitzt, und die sich wie ein Unterkiefer an seinem Kopfende befindet. An manchen Wobblern ist diese Tauchschaufel sogar verstellbar, was recht praktisch ist, da die Stellung der Tauchschaufel (zusammen mit der Einholgeschwindigkeit) darüber entscheidet, in welcher Wassertiefe der Wobbler läuft: Je flacher die Schaufel steht und je schneller der Wobbler eingeholt wird, desto tiefer läuft er. Das ist nicht nur für den Einsteiger ins Spinnfischen etwas ungewohnt, denn jeder erwartet, dass der Köder bei starkem Zug an die Oberfläche steigt!

Schwimmende Wobbler sind für den oberflächennahen Einsatz konzipiert und mit ein wenig Übung auch recht schnell in den Griff zu bekommen. Die einfache Regel lautet auch hier: „Je schneller man einholt, desto schneller geht der Köder auf Tiefe."

Hindernisse im Gewässer kann man elegant umfischen, indem man den *schwimmenden* Wobbler anhält –

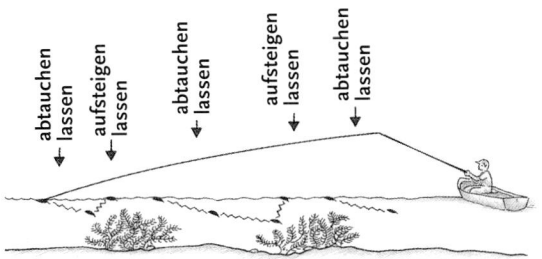

So wird der Schwimmwobbler an der Wasseroberfläche geführt.

der Wobbler steigt dann nach oben und lässt sich ohne Probleme vorsichtig über das Hindernis hinwegziehen. Dieses Prinzip kann man sich auch generell zunutze machen, indem man den Wobbler beim Einholen immer wieder kurz anhält und somit ein wenig aufsteigen lässt, bevor man weiter Schnur einholt. Diese treppenförmige Einholtechnik hat sich übrigens bei vielen Kunstködern bewährt.

Von mittleren Wassertiefen an – etwa ab zwei bis drei Meter – braucht man einen **sinkenden Wobbler**, der beim Einholen von unten nach oben gezogen wird. Er funktioniert also genau umgekehrt wie die schwimmenden Modelle. Das heißt, nach dem Auswurf lässt man den Wobbler absinken, bis dieser Bodenkontakt hat (erkennbar daran, dass er keine Schnur mehr abzieht). Anschließend beginnt man einzukurbeln, wobei der Wobbler nach oben steigt, da wir ihn vom Grund in Richtung Oberfläche ziehen. Auch mit dem sinkenden Wobbler sollte man hin und wieder Pausen einlegen, um ihn wieder einige Zentimeter taumelnd absinken zu lassen.

Der **Vorteil des sinkenden Wobblers** ist, dass man mit ihm sehr effektiv verschiedene Wassertiefen systematisch absuchen kann. Dabei leistet die so genannte Zählmethode gute Dienste: Nach dem Auftreffen des Wobblers auf die Wasseroberfläche beginnt man zu zählen, bis der Wobbler den Grund erreicht hat. Die erreichte Zahl, beispielsweise 30, dient jetzt als Anhaltspunkt für die nächsten Würfe. Durch erneutes Abzählen kann man den Wobbler ziemlich genau in einer gewünschten Wassertiefe präsentieren. Zählt man beim nächsten Auswurf beispielsweise nur bis 25, weiß man, dass der Wobbler dicht über Grund läuft. Würde man nur bis 5 zählen, bewegte sich der Wobbler nur in Oberflächennähe.

Sinkende Wobbler lassen sich vom Ufer aus bis in Wassertiefen von maximal sechs oder acht Metern noch einsetzen. In tieferen Bereichen stoßen aber auch sie an ihre Grenzen.

Vom Boot aus gibt es noch folgende Variante: Hier kann man auch für größere Tiefen einen schwimmenden Wobbler benutzen, der normalerweise – selbst bei einem weiten Wurf –, niemals auf genügend Tiefe gebracht werden kann. Wenn man ihm aber zwischen fünfzig Zentimetern und einem Meter ein Blei vorschaltet, das schwerer ist als der Auftrieb des Köders, wird er von ihm nach dem Auswerfen zu Boden gezogen. Nun wartet man, bis keine Schnur mehr von der Rolle abläuft, die Schnur wird „schlaff" – das Blei befindet sich auf dem Boden und der Köder schwimmt in Vorfachlänge über dem Grund. Zieht man nun Schnur ein, schleift das Blei auf dem Boden, in der Regel ohne sich zu verhaken. Der Wobbler hingegen schwebt einige Zentimeter über dem Blei hinterher und arbeitet dicht über Grund, ohne dass die Gefahr eines Hängers besteht: Ein kleines, mehr oder weniger rundes Blei bietet im Unterwassergestrüpp viel weniger Angriffsmöglichkeiten als ein mit zwei oder drei Drillingshaken bewehrter Angelköder. Diese Methode funktioniert jedoch nur reibungslos, wenn der Gewässergrund frei von Hindernissen ist, die unweigerlich zu Hängern führen.

Viele Angler besitzen eine Menge schöner – meist unbenutzter, vielleicht wasserscheuer? – Wobbler, die noch

Kombination von Schwimmwobbler und vorgeschaltetem Spinnblei

niemals ein Gewässer gesehen haben, weil ihr Preis so hoch war. Aber was sind zwanzig Mark verglichen mit einem strammen acht- oder zehnpfündigen Burschen, der einem, unter Wasser tobend, das Adrenalin in Schwung bringt wie eine Verkehrskontrolle an Fasching? No risk, no fun!

▶ Soft Baits

Die Familie der „Soft Baits" besteht aus einer ganzen Reihe von meist ziemlich bunten Phantasiegebilden, teils mit, teils ohne natürliches Vorbild (dem neudeutschen Namen sei der Platz hier ausnahmsweise gegönnt, da er die präzise deutsche Bezeichnung „Weichkunststoff-Köder" etwas griffiger macht). Die bei uns bekanntesten Vertreter sind die Twister und die Shads.

Twister kommt von „to twist" und bedeutet soviel wie verdrehen oder sich winden, ein Hinweis auf die eigentümlichen Bewegungen, welche die Schwänze dieser Köder vollführen. Twister bestehen gewöhnlich aus zwei Teilen: einem sehr weichen wurmähnlichen Körper mit einem abgeflachten Schwanz (dieser ist hochbeweglich und kommt selbst bei leichtem Zug sehr schnell in Bewegung) und aus einem meist bunt lackierten Bleikopf mit Öse für die Schnur, in den ein einzelner Angelhaken eingegossen wurde.

Zum Angeln werden die beiden Teile zusammengefügt: Das Kunststoffteil wird wie ein Wurm auf den Haken aufgezogen, und zwar mit dem Schwanz entgegengesetzt zum Hakenbogen. Die Tatsache, dass Twister nur einen Einzelhaken besitzen, macht manche Angler ein wenig nervös – allerdings

Die am häufigsten verwendeten „Soft Baits": Twister und Shads (teilw. auf Bleikopf montiert)

grundlos. Sie hat im Gegenteil sogar den enormen Vorteil, dass man in stark verkrauteten Gewässern weit weniger Hänger hat als mit einem drillingsbestückten Köder („Einen Hänger haben" bedeutet unter Schauspielern, auf der Bühne zu stehen und den Text vergessen zu haben. Für den Angler ist die Situation ähnlich unan-

Der Twister

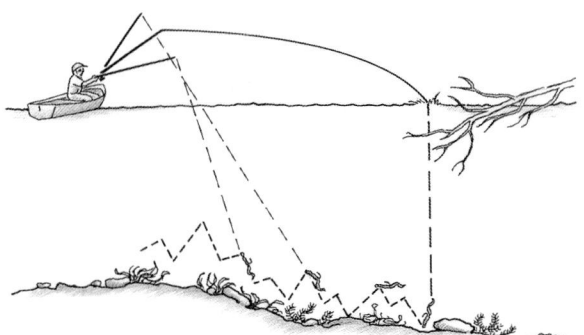

Führungstechnik des Twisters

genehm: Der Köder bleibt an einer Wasserpflanze oder einem Hindernis hängen – was manchmal zum Verlust des Köders führen kann).

Die Schnuröse am Kopf des Twisters befindet sich auf der selben Seite wie der Hakenbogen, weshalb dieser beim Fischen immer nach oben zeigt. Hat ein Twister ein paar Bisse abbekommen, sieht er normalerweise ziemlich zerfetzt aus. Oftmals wird ihm bei heftigen Attacken sogar der Wackelschwanz abgebissen. In diesem Fall tauscht man den Gummikörper aus und verwendet den Bleikopf weiter.

Einen Twister fischt man folgendermaßen: Nach dem Auswerfen lässt man ihn bis auf den Boden sinken und holt ihn, mit kleinen Zupfern, die sie

nur ein wenig vom Gewässergrund anheben sollen, langsam ein. Dazwischen lässt man ihn wieder zum Boden absinken. Vor allem in dieser Phase ist es wichtig, über die straffe Schnur den Kontakt zum Köder zu halten, denn die Bisse erfolgen fast ausnahmslos beim Absinken. Lässt man die Schnur zu locker, verschläft man meistens den Biss.

Durch das ständige Heben und Wieder-fallen-Lassen wirbelt der schwere Bleikopf des Twisters den Gewässergrund auf, was vor allem den Zander auf den Plan ruft. In den Farben Gelb und Rot ist er sogar *der* Spinnköder schlechthin für den Zander. Auch tiefstehende Barsche lieben ihn. Um die Topographie des Gewässergrundes und die in der Regel sehr vorsichtigen Zanderbisse gut wahrnehmen zu können, sollte man einer sehr feinen, aber etwas längeren Spinnrute (zirka 2,70 bis 3 Meter) den Vorzug geben. Am besten eignet sich eine progressive Aktion, um im Falle des Bisses eines ordentlichen Zanders auch mit ihm fertig zu werden. Um für den Drill genügend Reserven zu haben, ist selbstverständlich eine gut gefüllte Rolle hilfreich.

Shads sind aus dem gleichen Material wie Twister, ihre Form ist Fischen

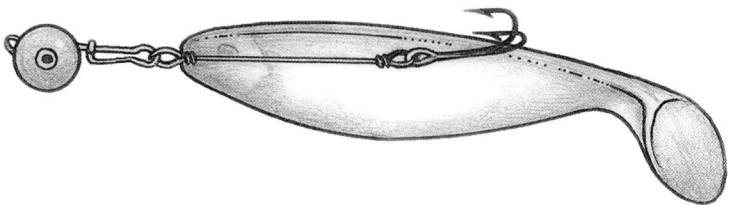

Shad, montiert am Bleikopf mit beweglichem Doppelhaken.

nachempfunden. Das Auffälligste an ihnen ist ihre stark verdickte, querstehende und fast dreieckige Schwanzflosse, die auf den ersten Blick sehr plump aussieht. Doch zieht man einen Shad durchs Wasser, fängt diese Schwanzflosse an, sich ungewöhnlich realistisch zu bewegen. Die Imitation der Ruderbewegungen eines richtigen Fisches ist fast perfekt!

Es gibt Shads in allen Größen, Formen und Farben. Die Art der Führung entspricht im Großen und Ganzen der des Twisters. Besonders beim Spinnfischen auf die Großen des Süßwassers wie Hecht und Wels, haben sich sehr große Shads bewährt. Kombiniert mit einem Einzelhaken-Bleikopf und einem zusätzlichen Drillingshaken am Stahlvorfach ist dies, langsam geführt, ein toller Köder auf Kapitale.

Die andere Möglichkeit ist, seinen Gummikörper wie einen toten Köderfisch auf ein Spinnfluchtsystem aufzuziehen – in diesem Fall fischt man den Kunstköder wie einen toten Köderfisch am System. Und was bedeuten „Spinnflucht" und „System"? Geduld – ich komme etwas weiter unten dazu.

Popper sind, abhängig von Bauart und Größe, Köder sowohl für die Fliegen- wie auch für die Spinnrute. Sie bestehen aus einem zylindrischen Körper aus Holz oder Kunststoff, der sich nach hinten verjüngt und mit einem Haken bestückt ist. Sie haben gewisse äußere Ähnlichkeit mit Wobblern, besitzen aber keine Tauchschaufel. Dafür ist ihr vorderes Ende leicht konkav ausgehöhlt, und in der Mitte dieser Vertiefung ist ein Ring zum Anknoten der Schnur montiert.

Popper schwimmen auf der Wasser-

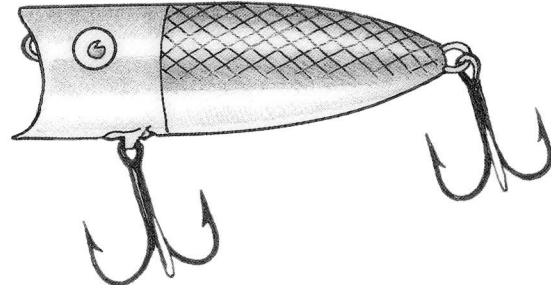

Der Popper

oberfläche und verursachen unter Zug der Schnur mit ihrem konkaven Vorderteil seltsam gluckernde Geräusche, die auf viele Raubfische (vor allem diejenigen, die sich nach oben in Richtung Wasseroberfläche orientieren, wie beispielsweise der Hecht) unwiderstehlich wirken. Entscheidend ist nur, dass man sie sehr langsam führt und ausgedehnte Pausen einhält, in denen man gar nichts macht; denn genau in diesem Moment, wenn sich nämlich auf der Oberfläche wieder fast alles beruhigt hat, kommt meist der äußerst brutale und glasharte Biss. Man erschreckt immer wieder selber dabei.

Der Popper ist der ideale Köder für stark verkrautete Gewässer, denn an der Wasseroberfläche hat man fast keine Hänger. Allerdings sollte der Rest der Ausrüstung stark genug sein, um einen gehakten Hecht auch aus dem Kraut herauszubringen.

Systeme oder **Spinnfluchten**, wie man sie früher nannte, sind Konstruktionen, mit deren Hilfe man kleine, tote Köderfische an der Spinnrute anbieten kann.

Das **Bleikopfsystem** beispielsweise ist aufgebaut wie ein Jig-Kopf, der dem

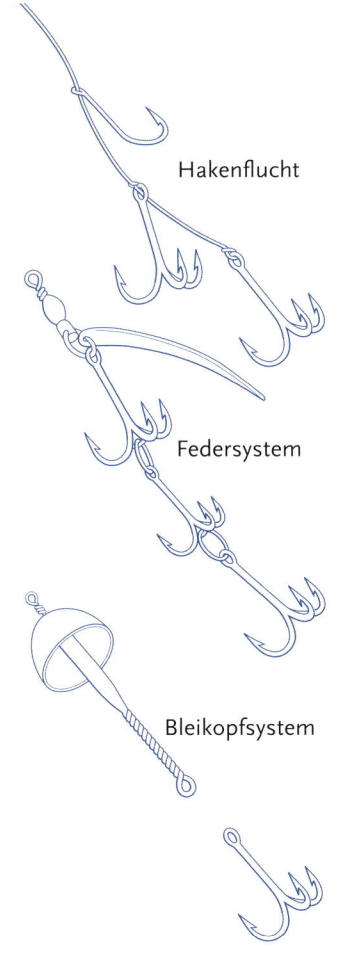

Hakenflucht

Federsystem

Bleikopfsystem

Verschiedene Hakensysteme für den toten Köderfisch

na-System. Das Stocker-System gehört zur Gruppe der wobbelnden Systeme. Wie schon der Name verrät, wird der Köderfisch an einer Konstruktion befestigt, die eine Tauchschaufel hat und somit wie ein Wobbler arbeitet.

Ich kenne nicht allzu viele Spezialisten, die sich eingehender mit diesen Systemen beschäftigen. Sie sind nun einmal etwas komplizierter zu handhaben als ein Blechköder. Einen riesigen Vorteil haben sie jedoch vor allen anderen Kunstködern, wie interessant auch immer diese aussehen mögen: Ein Fisch hat eine Menge Sinneszellen im Bereich der Lippen und der Zunge, die ihm auch bei völliger Dunkelheit oder trübem Wasser ziemlich genau darüber Aufschluss geben, was er gerade im Maul hat. Beißt er in einen Köder aus Gummi oder gar Blech, riecht er – im wahrsten Sinne des Wortes – den Braten augenblicklich. Er versucht den vermeintlichen Happen so schnell wie möglich wieder loszuwerden, was ihm jedoch, auf Grund der hässlichen Haken, nicht immer sofort gelingt. Packt er sich jedoch einen echten Köderfisch am System, braucht er mit Sicherheit länger, um den Verrat zu erkennen (was uns wiederum länger Zeit für einen erfolgreichen Anhieb gibt).

Genau diese Tatsache war der Beweggrund für eine Franzosen namens **Drachkovitch** sein inzwischen weltberühmtes System zu entwickeln. Obwohl vom Aufbau her mit seiner vorgeschalteten Bleikugel und den zwei Einzelhaken beziehungsweise zwei Drillingen sehr einfach, hat es sich im Laufe der Jahre auf die verschiedensten Fischarten in den unter-

toten Fisch durch das Maul weit in den Körper geschoben wird. Fixiert wird der Köderfisch zusätzlich mit 1 bis 2 Drillingen. Es wird wie ein Jig oder Twister knapp über dem Boden geführt. Dieses System hat, wie fast alle, mehrere Namen. Am bekanntesten ist es als Tiroler Haken und Alpi-

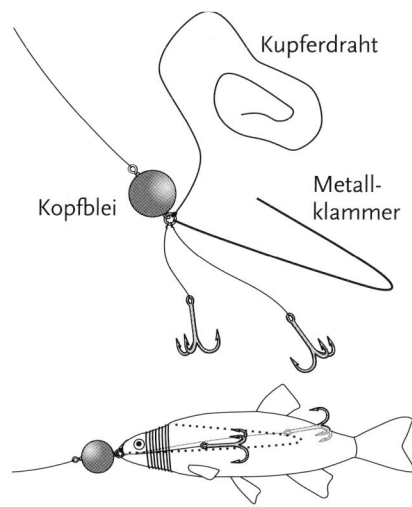

Die **Pilker** kommen eigentlich von der Meeresfischerei und wurden, im Gegensatz zu den meisten anderen Spinnködern, für die vertikale Köderführung ersonnen. Sie setzen also voraus, dass der Köder sich im tieferen Meerwasser von oben nach unten beziehungsweise umgekehrt bewegt, und nicht, wie im Süßwasser üblich, auf einer eher horizontalen Ebene. Aber selbst im Süßwasser bieten Pilker manchmal Vorteile. Sie sind Blinkern recht ähnlich, sind jedoch in der Regel dicker und schwerer als diese. Pilker wurden für das Fischen in Grundnähe konzipiert und gelten im Salzwasser als die Top-Köder für Dorsche. Sie sind oftmals kleinen Fischen nachempfunden und haben nur einen Drilling am Ende. Es gibt sie in allen Gewichten – zwischen wenigen Gramm für die Eislochfischerei und über einem Pfund für das Hochseefischen.

Das Drachkovitch-System

schiedlichsten Gewässern bewährt. Dies liegt nicht zuletzt an der Tatsache, dass sich mit dem Drachkovitch-System kranke Beutefische hervorragend imitieren lassen. Verwendet wird das System natürlich wieder in Verbindung mit toten Köderfischen, darüber hinaus aber auch mit allen Arten von Soft Baits, die ebenfalls sehr gute Erfolge bringen können. Gefischt wird das Drachkovitch-System wie ein Twister oder Shad, wobei der Kreativität des Anglers bei der Köderführung keine Grenzen gesetzt sind.

Es gibt ein verbreitetes Vorurteil, dass die Köderfische nur sehr begrenzt am System haltbar sind. Das stimmt aber nur dann, wenn sie nicht frisch gefangen aufgezogen werden: Mit gefrorenen Köderfischen kommt man in der Tat nicht weit, da diese wesentlich weicher sind und deshalb schon nach wenigen Würfen vom Haken, beziehungsweise vom System fliegen.

Normalerweise wird der Pilker von einem Boot aus ins Wasser gelassen. Man gibt soviel Schnur nach, bis man Bodenkontakt hat. Jetzt werden ein paar wenige Umdrehungen Schnur wieder auf die Rolle gespult, und die Rutenspitze abwechselnd gehoben und gesenkt, was den Köder im Parterre

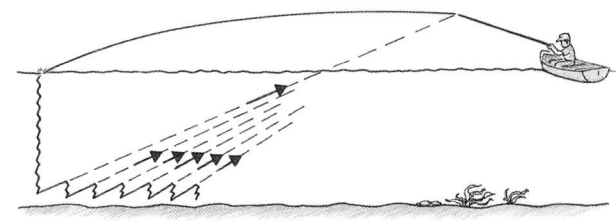

Tiefe Führung des Pilkers

knapp über dem Gewässergrund zum Hüpfen bringt.

Im Süßwasser verwendet man Pilker oder auch Zocker, wie die kleineren Modelle genannt werden, traditionell beim Eislochfischen, wobei dort, wie gesagt, nur sehr kleine Größen (meist kleiner 15 Gramm) eingesetzt werden. Wegen ihrer schlanken Form und ihres hohen Gewichts kann man sie aber auch sehr weit werfen, was sich für manche Fischarten in großen Strömen, wie zum Beispiel den Rapfen, als vorteilhaft erweisen kann. Der Rapfen jagt weit draußen, direkt unter der Wasseroberfläche. Hier ist der Pilker fast perfekt: Der Angler wirft ihn weit aus und holt ihn sehr schnell in der scharfen Strömung ein. Dies verhindert, dass er zu tief absinkt und dadurch für den Rapfen uninteressant wird. Alles in allem gesehen ist und bleibt der Pilker jedoch in erster Linie ein Köder für den Hochseefischer, der im Süßwasser nur wenige Nischen besetzt.

Turbler haben einen Körper, der die Form einer sich nach hinten verjüngenden Röhre – also in etwa einer Eistüte – hat. An seinem vorderen Drittel sind zwei kleine schräg stehende Schaufeln montiert, die den Köder dazu bringen, sich im Wasser wie ein Windrad zu drehen. Dadurch, dass sie sich nach hinten stark verjüngen, soll das durch sie hindurchströmende Wasser soll einem gewissen Düsen-Effekt unterliegen. Die Rotationsgeschwindigkeit ist abhängig von der Geschwindigkeit, mit der das Wasser vorbeiströmt. Durch die Körperhülse wird ein starker gedrehter Draht geführt, an dessen hinterem Ende sich der Haken

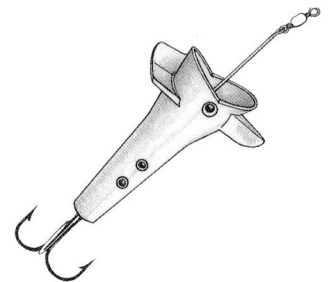

Der Turbler

befindet. Vorn endet er an einem Wirbel, an welchen die Schnur geknotet wird. Den starken Verdrallungen der Schnur begegnet man am besten dadurch, dass man ungefähr einen halben Meter vor dem Köder einen weiteren Wirbel vorschaltet. Wichtig bei der Führung ist das gleichmäßige Einholen der Schnur. Obwohl Turbler eine sehr reizvolle Köderart darstellen, sind sie von der Köderbildfläche bei uns fast gänzlich verschwunden.

Spinnerfliegen kamen in einer Zeit auf, als Fliegenruten die einzigen wirklich leichten und sensiblen Angelgeräte waren. Um deren Vorteile nicht nur für das Fliegenfischen, sondern auch für das Spinnfischen zu nutzen, wurden sie als Spinnköder entwickelt, was ihnen in der Literatur den Ruf einbrachte, sie seien ein Bastard aus Fliege und Spinner. Das ist aber nicht

Die Spinnerfliege

gerechtfertigt. Pragmatisch betrachtet und nach ihrer Funktionsweise beurteilt, gehören sie ganz klar zur Gruppe der Spinner. Zwar sind sie mit ein paar Federn „frisiert", aber bei weitem keine künstliche Fliege im Sinne einer Insektenimitation. Die Fliegenrute kam für die Spinnerfliegen nur in Ermangelung einer leichten „normalen" Rute ins Spiel. Der Erfolg gibt ihnen im Übrigen Recht: Sie fangen Fische und sind, an sehr leichtem Spinnzeug geführt, eine wahre Freude zum Fischen. Ihre „Hauptkunden" sind vor allem Forellen in sehr flachen Gewässern.

Das Werfen mit der Spinnrute

Ein guter Wurf mit der Spinnrute beginnt bereits lange vor dem Öffnen des Schnurfangbügels. Das mag etwas seltsam klingen, bedeutet aber nichts anderes, als sich bereits vor dem Wurf schon genau darüber im Klaren zu sein, wo man hinwerfen will und wie es direkt nach dem Wurf weiter geht.

Oft macht man sich diese Gedanken nicht, sondern wirft unkonzentriert aufs Geratewohl. In heiklen Situationen, in denen die schnelle Reaktion über Fang

Tipp

Die Fische stehen nicht immer nur am anderen Ufer! Man sollte den Köder immer so kurz wie möglich und nur so weit wie nötig werfen. Man fängt demnach mit wenigen Metern an und wirft immer weiter, um nicht die Fische „vor unseren Füßen" zu verscheuchen.

Tipp

Man kann das Zielwerfen auch buchstäblich auf der grünen Wiese mit einem Stückchen Blei üben!

oder Verlust des Fisches entscheidet, ist man dann nicht vorbereitet und reagiert falsch oder gar nicht. Genaues Beobachten vor dem ersten Anbieten eines Köders ist aber bei keiner Angelart ein Fehler. Ja, in der Regel entscheidet es genauso über Erfolg oder Misserfolg wie zuverlässiges Gerät. Was in weit stärkerem Maße für das Fliegenfischen zutrifft, gilt auch bei der Spinnrute: Es genügt nicht, sich auf eine Beschreibung und ein paar Zeichnungen zum Erlernen des Werfens zu verlassen. Ein Freund, der einem den Wurfablauf am Wasser erklärt und anschließend ein paar Stunden selbständiges Üben bringen bei weitem mehr. Das bedeutet nicht, dass Beschreibungen und Zeichnungen überflüssig wären – auch beim Fortgeschrittenen schleichen sich mitunter Fehler ein, die den Fangerfolg beeinträchtigen können. Ich führe deshalb hier die drei Grundtechniken des Werfens mit der Spinnrute und der Stationärrolle auf. Sie ersetzen nicht die praktische Übung am Wasser, leiten aber hoffentlich zuverlässig dazu an.

Der **Überkopfwurf** hat zwei Vorteile: Er ist am einfachsten zu lernen und deckt zudem die meisten Situationen am Wasser ab. Außerdem kann man mit ihm nicht nur weiter werfen als mit den anderen Würfen, er ist auch präziser.

Zu Beginn des Wurfes zeigt man mit der Rutenspitze auf das Ziel, der

Schnurfangbügel der Spinnrolle muss geschlossen sein und das Schnurlaufröllchen oben zur Rute hin zeigend stehen – die Schnur darf also zunächst nicht frei laufen. Der Köder baumelt ungefähr dreißig Zentimeter unterhalb des Spitzenrings an der Schnur.

Der eigentliche Wurf lässt sich dabei in fünf Schritte einteilen:

1. Schritt: Der Zeigefinger der Wurfhand wird ausgestreckt. Er nimmt die Schnur so auf seiner Kuppe auf, dass diese sich nicht von selber abspult, wenn man den Schnurfangbügel öffnet. Denn das ist der nächste Schritt, der mit der anderen Hand vorgenommen wird.

2. Schritt: Schnurfangbügel öffnen. Mit offenem Bügel und der Schnur auf der Fingerkuppe führt die Wurfhand nun die Rute seitlich am Kopf vorbei nach hinten und dann ohne Pause in einer einzigen Bewegung wieder so weit nach vorne, dass die Rutenspitze fast horizontal steht, während sie wieder aufs Ziel zeigt. Der Köder wird dabei nach vorne beschleunigt und strafft irgendwann das Stück Schnur, das sich zwischen ihm und dem Zeigefinger befindet.

3. Schritt: In genau diesem Moment gibt der Zeigefinger die Schnur frei,

die dann vom Gewicht des Köders von der Rolle gerissen wird.

4. Schritt: Kurz bevor der Köder die Wasseroberfläche erreicht hat, legt man den Finger wieder an die Spule und bremst ganz leicht den Einfall des Köders ins Wasser. Das hat vor allem den Vorteil, dass der Köder sich beim Auftreffen auf die Oberfläche nicht dreht: dabei kann ein Haken die Schnur fangen, der Köder wird dann seitwärts durchs Wasser gezogen, was jede sinnvolle Führung zunichte macht.

5. Schritt: Jetzt beginnt man mit dem Einkurbeln des Spinnköders. Ein kurzer Ruck aus dem Handgelenk an der Rute, hilft dabei den Köder in Gang zu bringen. Dies ist vor allem bei Spinnern oft vonnöten, um sie von Anfang an zum Laufen zu bringen.

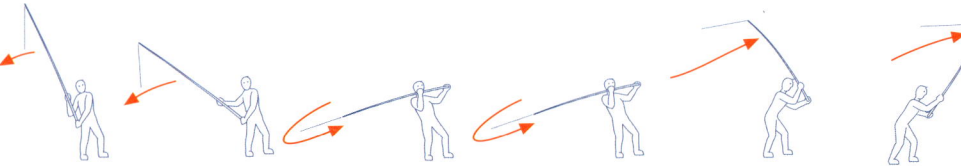

Der Überkopfwurf

  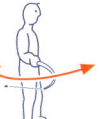 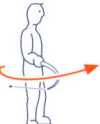

Der Seitenwurf

Der **Seitenwurf** ist dem Überkopfwurf sehr ähnlich. Der Ablauf ist genau derselbe, lediglich die Ebene, auf welcher der Arm beim Wurf geführt wird, ist um neunzig Grad versetzt: Sie bewegt sich horizontal neben dem Körper. Wichtig ist dabei, dass der Zeigefinger in dem Moment die Schnur von der Spule freigibt, in dem die Rutenspitze genau in einer (gedachten) 90-Grad-Linie zum Ziel zeigt. Den Seitenwurf benötigt man, wenn man parallel zum bewachsenen Ufer werfen will – also nicht ins Wasser hinaus, sondern am Ufer entlang, oder wenn überhängende Äste einen Überkopfwurf verhindern. Die Länge der Schnur zwischen Spitzenring und Köder sollte bei Beginn des Wurfs in keinem Fall länger als 30 Zentimeter sein, da jeder Zentimeter die Gefahr einer Richtungsabweichung erhöht; mit zunehmender Schnurlänge wird es dann einfach schwieriger, den Punkt abzuschätzen, an dem die neunzig Grad zum Ziel erreicht sind.

Der schon auf Seite 36 beschriebene **Pendelwurf** ist für die Stellen gedacht, an denen man so wenig Platz hat, dass man gar nicht mehr „normal" werfen kann. Er ist sehr zielgenau. Auch wenn seine Reichweite auf etwa zehn Meter begrenzt ist, reichen doch oftmals ein paar wenige Meter für einen guten Fisch. Beim Pendelwurf zieht man eine Rutenlänge Schnur von der Rolle. Danach legt man die Schnur wieder auf den Zeigefinger und öffnet den Schnurfangbügel. Jetzt versetzt man den Köder durch Heben und Senken der Rutenspitze in leichte Pendelbewegungen. Nachdem er ein- oder mehrmals hin- und hergeschwungen ist, gibt der Zeigefinger am vorderen höchsten Punkt der Schwingbewegung die Schnur frei, und der Köder fliegt in Richtung Ziel. Um ihn noch etwas zu beschleunigen, kann man die Rute in diesem Moment noch nach vorne schnellen lassen. Mit etwas Übung erreicht man so erstaunliche präzise Würfe!

Neben diesen (praktikablen) Techniken geistert noch der **„Katapultwurf"** durch die ältere Literatur. Er ist wie der Pendelwurf für räumlich beengte Verhältnisse gedacht, ist jedoch verhältnismäßig gefährlich: Man muss den Köder unter starker Spannung der Rute mit der Hand loslassen – und das Ganze mit offenem Schnurfangbügel. Oft genug resultiert daraus – im besten Fall – eine satte „Perücke" oder – weniger angenehm – ein im Daumen steckender Blinker. Fast überall ist der Katapultwurf durch den Pendelwurf ersetzbar. Und falls dann doch mal ein oder zwei Meter zum Standplatz des Hechtes fehlen, was soll's? Der ertrinkt bestimmt nicht, wenn wir ihn nicht fangen!

Die **Wurftechnik mit der Multiplikatorrolle** gestaltet sich ein wenig anders als die mit der Stationärrolle. Da die Multirolle bei uns ohnehin nicht sehr verbreitet ist, würde es sich nicht lohnen, hier weiter ins Detail zu gehen. Der Interessierte sollte aber wissen: Die Schleifbremse der Multirolle sollte so eingestellt sein, dass der Köder im Freilauf gerade noch in der Lage ist, Schnur von der Rolle zu ziehen. Jede andere Einstellung der Bremse bringt einen anfangs zur Verzweiflung!

Die Fische

▶ Hecht

Der Hecht ist neben dem Karpfen sicherlich der beliebteste Angelfisch der deutschen Petrijünger. Das liegt daran, dass er bei uns sehr verbreitet ist und enorm schnell wächst – oder abwächst, wie der Angler sagt. Man findet ihn von der Ostsee, im Salzwasser lebend, bis in etwa 1500 Metern Höhe in Bergseen. Zudem sind jährliche Zuwächse von über einem Pfund, sofern genügend Nahrung in Form von anderen Fischen vorhanden ist, keine Seltenheit.

Der Hecht, dessen lateinischer Name *Esox lucius* „hungriger Wolf" bedeutet, wird seinem Ruf als Räuber mehr als gerecht. Die von der Literatur so oft hervorgehobene Tatsache, dass er in der Jugend stark kannibalisch veranlagt ist, ist eigentlich nichts Besonderes – sie findet sich bei anderen Raubfischen genauso und sogar bei der angeblich so „sanften" Äsche.

Anglern wird – berechtigterweise – ein gewisser Hang zur Übertreibung

nachgesagt, was dazu führt, dass sich auch beim Hecht viele unglaubliche Geschichten um seine **maximale Körpergröße** und sein **maximales Gewicht** ranken. Eine davon besagt, dass 1832 ein Gärtner des Schlosses Portumna in Irland während der Laichzeit einen 92-pfündigen Hecht mit einem Ruder erschlagen haben soll. Geht man von englischen Pounds (2,2 Ibs = 1 kg) aus, dann wären das sage und schreibe 41,8 Kilogramm gewesen!

Wieder in Irland, nämlich am Lough Derg, jedoch dreißig Jahre später, soll ein Angler namens John Naughton ein Exemplar von 90,5 Pfund (41,1 kg) gefangen haben. Die britische Zeitschrift „Field" weiß 1927 von einem weiteren 90-Pfünder, diesmal aus dem Shannon, zu berichten. Anekdoten oder harte Fakten? Sicher ist jedenfalls, dass es heute noch belegte Fänge über 60 Pfund gibt. Ein 62,5-Pfünder (diesmal europäische Pfund: 2 pf = 1kg) wurde Anfang der neunziger Jahre in einem Schweizer See gefangen.

Um soviel an Gewicht zuzulegen, bedarf es einer erfolgreichen Technik, anderen Flossenträgern nachzustellen. Im Falle des Hechts ist es die **Lauerjagd**. Er hält sich, gut getarnt und völlig unbeweglich, an taktisch günstigen Stellen in Schilfgürteln, an Schar- und Strömungskanten, unter versunkenen Baumstämmen, ja sogar im freien Wasser schwebend unter Stegen auf und lauert. Er orientiert sich dabei, außer mit dem Seitenlinienorgan, hauptsächlich mit dem Gesichtssinn, wie seine relativ großen Augen verraten. Kommt ein Beutetier in seine Reichweite und besteht für ihn die

Zielfisch Nr. 1 beim Spinnfischen: der Hecht.

Chance, es zu fangen, zieht sich sein ganzer Körper zu einem „S" zusammen – er lädt sich förmlich auf wie eine Sprungfeder – um sich Sekundenbruchteile später auf sein Opfer zu stürzen. Dabei packt er die Beute immer von der Seite und hat sie am Ende einer erfolgreichen **Attacke** quer im Maul. Später wird sie im Maul gedreht und mit den Kopf voraus geschluckt. Bisweilen ist seine Beute so groß, dass er sie nicht auf einmal hinunter bringt. In so einem Fall schluckt er den Fisch, so weit es geht, wartet, bis ein Teil im Magensack verdaut ist, und schiebt dann den Rest nach.

Geht ein Angriff schief, verfolgt er sein Opfer nur in den seltensten Fällen. Nie muss er längere Strecken zurücklegen, denn die meisten seiner Raubzüge sind erfolgreich. Eine große Hilfe ist ihm dabei sein entenschna-belartiges Maul, welches mit winzigen Hechelzähnen übersät ist, die auf Knorpelleisten im Gaumen und auf der Zunge sitzen. Auf dem Kiefer befinden sich ober- wie unterseits eine Reihe „Hundszähne", die je nach Gesamtgröße des Fisches bis zu zwei Zentimeter messen können. Die **Zähne** des Hechts unterliegen einem periodischen Zahnwechsel. Das bedeutet, dass abgenutzte oder anderweitig geschädigte Zähne nach einer gewissen Zeit von selbst ausfallen, weil von hinten neue Zahnreihen vorrücken. Die äußerst scharfen Zähne sind auch der Grund, warum beim Hechtfischen immer ein Stahlvorfach benutzt werden sollte, da unter Spannung stehendes Monofil bei der kleinsten Berührung mit einer dieser scharfen Waffen reißen kann.

Der Hecht besitzt einen nur sehr kurzen **Darm**, aber einen vergleichsweise großen Magen: alles Indizien für einen Nicht-Vegetarier mit einem hohen Energieumsatz.

Er stellt keine besonders hohen **Ansprüche an die Wasserqualität** und kommt in stehenden wie fließenden Gewässern vor.

Um jedoch die eingangs erwähnten Zuwächse zu erreichen, darf das Wasser im gesamten Jahreslauf nicht zu kalt sein. Dies ist einer der Gründe, weshalb Irland ein „Hechtparadies" ist: Seine Küsten bieten dem Hecht, da es direkt am warmen Golfstrom liegt, ideale Voraussetzungen.

Der Hecht hat viele Gewänder, je nachdem, wo man ihm begegnet. In moorigen Weihern findet man beinahe schwarze Exemplare, während er in Fließgewässern zwischen Krautfahnen eine flaschengrüne **Grundfarbe** aufweist. Das ist übrigens schon seit fast zwanzig Millionen Jahren so, in denen er, äußerlich fast unverändert auf der Erde existiert. Seine Vorfahren, deren Skelett in Sibirien gefunden wurde, sind sicherlich der Traum eines jeden echten Raubfischanglers: *Esox lepidotus* wog an die vierhundert Kilogramm und maß fast fünf Meter.

Beheimatet ist der „hungrige Wolf" heute auf der gesamten nördlichen Halbkugel, man spricht von holoarktischer Verbreitung. Neben der Art, die bei uns vorkommt, gibt es in Nordamerika vier weitere Arten; die bekannteste ist der Muskie, der bis zu achtzig Pfund schwer wird und sich an ausgewachsenen Bibern (!) vergreifen soll.

Der **Fang eines Hechtes** mit der Spinnrute sollte auch den Anfänger nicht vor allzu große Probleme stellen. Ist ein Gewässer nicht hoffnungslos „überblinkert" – ist der Hecht also nicht allzu vielen Spinnködern ausgesetzt – interessiert ihn jeder von ihnen.

Freilich muss man ihn zuerst aufstöbern, denn kein noch so aufwendiger Blinker beschert uns einen Fisch, wo es keinen gibt. Man muss sich also Gedanken darüber machen, wann (zu welcher Jahreszeit) sich der Hecht wo (horizontal: an welcher Stelle im Gewässer; vertikal: in welcher Tiefe) aufhält.

Wobbler sind für Hechte unwiderstehlich.

Als **Ansitzjäger** ist der Hecht auf getarnte Unterstände genauso angewiesen wie auf vorbeiziehende Beute. Beides findet er im relativ flachen Wasser des Uferbereichs, wo er während der Sommermonate, in denen er am meisten Nahrung zu sich nimmt, regelmäßig anzutreffen ist. Sehr gute Stellen sind erfahrungsgemäß unterspülte Ufer, Scharkanten (an denen das Ufer unterseeisch plötzlich steil abfällt), versunkene Baumstämme oder ausgekolkte, vom Wasser ausgewaschene Wurzelstöcke, unterseeische Rinnen, dichter Pflanzenbewuchs, sowie Stellen in Fließgewässern, an denen sich verschieden schnelle Strömungen treffen, also an Zuflüssen oder Ableitungen. Auch die Grenzschichten, die sich bilden, wenn verschieden schwebstoffreiche oder unterschiedlich warme Gewässer (wie Ausläufe von Kraftwerken) zusammentreffen, sind Hot-Spots, „heiße Stellen" also, an denen sich die Fische bevorzugt aufhalten.

Wichtig ist, dass man lernt, genau zu beobachten, wo ein Gewässer abwechslungsreich ist und wo nicht. Man spricht nicht zu Unrecht davon, ein **Gewässer zu „lesen" – eine Kunst**, die nur wenige sehr gute Angler wirklich beherrschen. Man stellt rasch fest, dass ein Fließgewässer wesentlich leichter zu lesen ist als ein stehendes, weil es uns mehr „sagt". Wasserbewegungen an der Oberfläche sind beispielsweise sehr hilfreich, wenn es darum geht, ein Hindernis wie einen versunkenen Baumstamm zu erkennen. Hinter ihm kräuselt sich nämlich das Wasser: ein deutlicher Hinweis auf einen möglichen Fischstandort. – Wer

Die obenliegenden Augen verraten es, der Hecht ist ein Oberflächenjäger.

ein Gewässer begriffen hat, der fängt auch seine Fische!

Die nächste Frage ist, in welcher **Tiefe** sich die Fische aufhalten. Im Falle des Hechts ist ein recht klares, **jahreszeitliches Schema** zu erkennen, welches eng mit seinem Verhalten zusammenhängt: Im Frühjahr findet man ihn häufig in sehr flachen Uferpartien, ja sogar auf überschwemmten Wiesen, um zu laichen. Im Sommer sind es die bereits angesprochenen Standplätze, denen er dann sehr treu ist. Man findet ihn in diesen ufernahen Einständen bis in den Spätherbst, bevor er sich im Winter in die tieferen Wasserschichten zurückzieht, um den dann sehr kalten Wasserschichten an der Oberfläche zu entgehen.

Die meiste Zeit des Jahres interessiert sich der Hecht in besonderem

Der Hecht packt seine Beute oft von der Seite, Haken in der Ködermitte verhindern Fehlbisse.

Maße für **Oberflächenköder** wie Wobbler oder Popper. Sieht man sich einmal die Lage seiner Augen an, wird das verständlich: Anders als bei vielen anderen Fischen befinden sich seine Augen in der oberen Hälfte des Schädels, was ihm zu einer hervorragenden Sicht nach oben verhilft und darauf schließen lässt, dass wenigstens ein Teil seines Beutespektrums aus dieser Richtung kommen muss. Die Entenküken, die unter einem Schwall von der Wasseroberfläche verschwinden, sind eine alltäglichere Beute für den Hecht, als wir vermuten.

Für den hoch geführten **Wobbler** gilt, wie übrigens für alle Hechtköder, dass er möglichst langsam geführt werden sollte. Schwimmende Modelle haben, wie bereits angedeutet, den Vorteil, dass man mit ihnen während des Einholens Hindernisse „überspringen" kann. Grundsätzlich sollte der Wobbler groß genug sein (als Anhaltspunkt: größer als 10 Zentimeter) und mindestens zwei Haken besitzen, von denen einer ungefähr in der

Mitte des Körpers sitzt (wir erinnern uns: Der Hecht packt von der Seite zu). Ob der Haken ein-, zwei- oder gar dreiteilig ist, spielt höchstwahrscheinlich keine Rolle; sie fangen alle.

Popper sollte man nach dem ersten Wurf an einer „heißen" Stelle erst einmal einige Sekunden unbewegt verharren lassen. Bereits beim Auftreffen auf die Wasseroberfläche fallen sie unserem „Kunden" auf. Danach sollte man ihm Zeit geben, sich genauer damit zu beschäftigen. Geschieht nichts, holt man den Popper durch einen sanften Ruck mit der Rutenspitze schrittweise, in 20- oder 30-Zentimeter-Schritten ein. Dazwischen sollte immer einige Sekunden liegen, in denen nichts passiert; genau in diesen Momenten schlägt Esox normalerweise zu. Tut er das, ist der Biss meist brutal. Manchmal schießt er mit dem Popper zwischen den Zähnen komplett aus dem Wasser.

Für die traditionellen Köder wie den **Blinker** und den **Spinner** gelten traditionelle Regeln ihrer Führung: Der **Blinker** sollte so abwechslungsreich wie möglich gefischt werden. Dies erreicht man durch unterschiedlich schnelles Einholen und Richtungswechsel durch die Rutenspitze – zwischendurch kann man den Schnureinzug auch stoppen, um ihn abtaumeln zu lassen (wenn man tief fischt und es der Gewässerboden vom Bewuchs her zulässt, kann er auch ruhig hin und wieder Bodenkontakt bekommen und dort etwas Sediment aufwirbeln).

Beim **Spinner** gilt genau das Gegenteil. Seine Reizwirkung beruht auf dem kleinen, rotierenden Blatt, welches eine gewisse Mindesteinholgeschwindigkeit voraussetzt, um tadellos zu funktionieren. Das heißt aber nicht, dass man den Spinner völlig gleichförmig Wurf für Wurf langsam durchs Wasser zieht und nur von der Hoffnung lebt. Welcher Fisch dieser Größe würde schon zehn oder zwanzig Meter schnurgeradeaus durchs Wasser schwimmen? Keiner!

Die Abwechslung beim Spinner wird dadurch erreicht, dass man während des Einholens mit der Rutenspitze den Winkel und die Richtung zur Schnur verändert. Dadurch wird auch der Lauf des Köders beeinflusst, wobei man, gleich wie beim „Blinkern" auch den Spinner unterschiedlich schnell einholen kann, um ein krankes Beutefischchen zu imitieren. Natürlich muss man dabei darauf achten, dass der Spinner nicht zu langsam wird und sein Blatt aufhört, sich zu drehen.

Eine interessante Variante für kunstködererfahrene Hechte ist das **Spinnen mit Systemen**. Diese Art der Fischerei ist bei uns bei weitem nicht so verbreitet wie die üblichen Kunstköder, wohl wegen des größeren Aufwandes, der damit verbunden ist. Trotzdem ist das Spinnen mit dem System, wie beispielsweise dem Drachkovitch-System, eine der „tödlichsten" Methoden überhaupt. Vier verschiedene sind im Kapitel Spinnköder vorgestellt.

In den meisten Fällen genügt für die Spinnfischerei auf Hechte eine **mittelschwere Spinnrute** mit leichter Spitzenaktion und einem Wurfgewicht von 20 bis 60 Gramm. Die **Schnurstärke** sollte mindestens 0,30 Millimeter betragen. Und das Stahlvorfach nicht vergessen: Hier sollte man auf jeden Fall auf beste Qualität achten, denn

Wild kämpfender Hecht im Drill, ohne Stahlvorfach ist da nichts zu machen.

hochwertige Vorfächer sind nicht nur wesentlich dünner und damit unauffälliger für den Fisch, sie sind darüber hinaus auch widerstandsfähiger. Die besten Stahlvorfächer sind die aus sieben (beispielsweise „Seven Strand") oder 49 Fäden. Letzere sind sehr weich und teilweise sogar knotbar, was ihre Verwendung vereinfacht. Für alle anderen Vorfächer sollte man Klemmhülsen verwenden, die im Fachhandel erhältlich sind. Gerade auch bei fertigen Spinnvorfächern aus Stahldraht sollte man auf eine sauber gemachte Klemmverbindungen achten, denn sonst ist der Fisch schnell einmal auf Nimmerwiedersehen mitsamt dem Köder verschwunden.

Überholt sind heutzutage die meist grüngefärbten, nylonüberzogenen Stahlvorfächer, die wahrscheinlich jeder kennt. Diese sind zwar etwas billiger, im Vergleich zum modernen „Seven Strand"-Material aber qualitativ wesentlich schlechter. Daher am besten Hände weg davon! Verzichten sollte man auch auf den Einsatz von Kevlarvorfächern, die zwar leicht zu knoten sind, aber sicher schon unzähligen Angler einen guten Fisch verwehrt haben. Sie sind für scharfe Hechtzähne schlichtweg ungeeignet!

▶ Barsch

Es mag sich seltsam anhören, ausgerechnet einen Fisch als „drollig" zu bezeichnen, aber wer sich eine Weile mit dem Flussbarsch beschäftigt hat, merkt schnell, dass er diese Eigenschaft tatsächlich zu besitzen scheint. Freilich ist die für uns unterhaltsame Art und Weise, wie er sich im Wasser durchs Leben schlägt, beileibe kein Spieltrieb. Es ist ein **Verhalten**, welches auf dem Gesetz des Schwarms basiert, von dem er die meiste Zeit seines Lebens ein Teil ist. Und was für uns oft als ungewöhnlich gieriges Verhalten beobachtet wird, ist der Zwang des Futterneids innerhalb des Schwarms. Lediglich die alten großen Exemplare sind Einzelgänger, die sich nicht ganz so stürmisch gebärden.

Barsch im Drill.

Barsche sind das fahrende Volk unter den Fischen: Fast überall vorhanden, ziehen sie stets neugierig, immer hungrig, oft launisch (mal extrem angriffslustig, ein andermal fast phlegmatisch) in Trupps oder größeren Schwärmen rastlos in allen Wassertiefen umher. Und das selbst im Winter, was sie zur begehrten Beute während der kalten Jahreszeit, beispielsweise beim Eislochfischen, macht. Sie haben sogar die Fähigkeit zu einer gewissen Mimik, indem sie ihre erste Rückenflosse, auf der sich ein auffälliger schwarzer Punkt befindet, umlegen oder aufstellen können.

Diese **Rückenflosse** ist, wie auch die Kiemendeckel, mit harten Stacheln versehen, die empfindlich schmerzen können, wenn man sich an ihnen sticht. Aber spätestens nachdem einem das beim Schuppen des ersten Dutzends kleiner Barsche ein paarmal passiert ist, merkt man sich die Stellen automatisch. Diese passive Abwehr, die, wie auch die sehr harten, kleinen Kammschuppen an eine Ritterrüstung erinnern, haben ihm den Spitznamen „Stachelritter" eingebracht.

Die **durchschnittliche Körpergröße** einer Barschpopulation in einem Gewässer hängt, neben dem Nahrungsangebot, vor allem von der Besatzdichte ab – also davon, wie viele Barsche sich auf welchem Raum tummeln. Beherbergt ein Gewässer mehr Einzelindividuen einer Art, als es eigentlich verträgt, kommt es zur „Verbuttung", also zur Kleinwüchsigkeit innerhalb der Art. Der Barsch ist eines der prägnantesten Beispiele für dieses Phänomen. Dies scheint leider bis heute vielen Gewässerpächtern nicht bekannt zu sein, was die oft lausigen Fänge trotz (oder gerade wegen!) überdurchschnittlicher Besatzmaßnahmen erklärt. Erschwerend kommt hinzu, dass sich der Barsch sehr rasch vermehrt und diese Entwicklung noch beschleunigt.

Er ist ein schön gezeichneter Fisch, mit bauchseits roten Flossen und sechs bis neun dunklen Querbinden auf den dunkelgrünen Flanken, die nach unten messingfarben auslaufen.

Seine **Jagdmethode** unterscheidet sich von der des Hechts. Beim Barsch ist, mit Ausnahme der großen Einzelgänger, die gute Zusammenarbeit im Schwarm für erfolgreiches Beutemachen entscheidend. Dies geht soweit, daß jagende Barschschwärme zu einem wahren Kesseltreiben auf Köderfische ansetzen, was sich manchmal durch das Geplätscher der Gejagten an der Oberfläche bemerkbar macht.

Im Gegensatz zum Hecht ist er kein Sprinter, sondern verfolgt seine Beute auch einmal über längere Strecken. Der Barsch ist übrigens auch als Egli, Kretzer oder Bürschling in verschiedenen Gebieten des deutschen Sprachraums bekannt und als Speisefisch – zu Recht – beliebt wie wenige andere Flossenträger aus dem Süßwasser.

Seine **Neugier** und der erwähnte **Futterneid** gegenüber seinen Artgenossen im Schwarm machen ihn, sofern er zum Beißen aufgelegt ist, zur beliebten Beute vieler Angler. Aber nur die wenigsten haben sich intensiver mit ihm beschäftigt oder sich gar auf ihn spezialisiert. Für die meisten bleibt er ein eher zufälliges Ereignis beim Blinkern auf Hechte. Der Barsch nimmt alle **Kunstköder** willig, beson-

ders liebt er jedoch allerlei „Soft Baits" (Weichgummiködcr) wie Twister oder Shads. Gerade beim Barsch hat es sich übrigens bewährt, die Kunstköder mit **Fischfetzen** zu „frisieren".

Tipp

Will man seinen Händen etwas Gutes tun, schneidet man mit einer starken Küchenschere die stacheligen Flossen ab, bevor man einen Barsch schuppt und ausnimmt. Noch besser: sich von einem „alten Hasen" zeigen lassen, wie man sie abzieht.

Denkt man noch einmal an seinen ausgeprägten Futterneid, wird klar, warum uns auch kombinierte Köder stets guten Erfolg bescheren. Eine interessante Variante ist zum Beispiel ein hakenloser Blinker, an dessen Ende ein Stück Monofil-Schnur mit einem großen Streamer angeknotet wird. Oder der Streamer wird durch einen Einzelhaken ersetzt, auf den ein Wurm aufgezogen wird. Der Futterneid wird dem Barsch so zum Verhängnis!

Es ist immer wieder verwunderlich, wenn man beim Blinkern auf Hecht versehentlich einen Barsch an großen Blinkern oder Wobblern erwischt, die fast seiner eigenen Körperlänge entsprechen. Vor allem kleinere Exemplare zeigen dieses Verhalten. Doch so einfach man ihn an manchen Tagen erbeutet, so hartnäckig verweigert er an anderen Tagen den Biss.

In jedem Fall sollte man versuchen, ihn, wenn irgend möglich, sofort beim ersten oder zweiten Service des Köders zum Anbiss zu verleiten. Packt der

Barsch nicht rasch zu, sinken die Chancen von Mal zu Mal drastisch, dass er sich's doch noch überlegt. Fischt man auf Sicht, wird das besonders deutlich. Oft sieht man die Barsche dem Köder interessiert aber unentschlossen hinterherlaufen. In einem solchen Fall ist es das Klügste, die Einholrichtung (durch Richtungsänderung mit der Rute) und die Einholgeschwindigkeit augenblicklich zu ändern. Aber nicht langsamer werden! Kein Gejagter in der ganzen Tierwelt würde auf der Flucht freiwillig langsamer werden. Im Gegenteil: Die Fluchtgeschwindigkeit des Köders wird erhöht, und entweder packen sie dann beherzt zu oder sie lassen ab. In diesem Fall wechselt oder frisiert man den Köder und befischt dieselbe Stelle nochmals.

Die Barschfischerei ist gewöhnlich ein ständiges **Probieren und Improvisieren**, aber das macht gerade ihren Reiz aus. Hat man den Barsch an der Angel, merkt man, dass er nicht besonders hart kämpft. Aufpassen muss man aber trotzdem, da er ein ausgesprochen weiches Maul hat und Haken relativ oft ausschlitzen. Da der Barsch selten über einen halben Meter lang oder über drei Kilogramm schwer wird, genügt eine sehr leichte bis maximal mittelschwere Spinnrute mit einem Wurfgewicht bis 20 Gramm. Eine Stationärrolle, auf die eine Schnur um die 0,20 Millimeter aufgespult ist, komplettiert die Ausrüstung. Ein Stahlvorfach ist nicht notwendig.

▶ **Zander**

Zander schmecken am besten mit Butternudeln. Jedenfalls ganz offenbar

im Elsass, wo man überdurchschnittlich vielen Anglern begegnet, die sich auf diesen geheimnisvollen und launischen Räuber spezialisiert haben. Viele Angler, vor allem ältere, behaupten steif und fest, dass er ein Bastard aus Hecht und Barsch sei. Obwohl das taxonomisch mitnichten der Fall ist – er gehört zwar zur Ordnung der Barschartigen, ist aber aus einer völlig eigenständigen Familie – hat er mit den beiden anderen gewisse Ähnlichkeit.

Redet man mit den erwähnten Zanderspezialisten, wird nach kurzer Zeit klar, dass der Zander die Primadonna unter den heimischen Raubfischen darstellt. Es erfordert große Ausdauer, ein kapitales Exemplar an den Haken zu bekommen. Sogar die Kleinen machen sich zeitweise so rar, dass es manchmal zum Verzweifeln ist.

Der Zander ist ein schöner Fisch, der von seinem Äußeren – wie gesagt – an den Barsch erinnert: Er hat wie dieser dunkle Querstreifen. Seine erste Rückenflosse und die Kiemendeckel sind, wie beim Barsch, stachelbewehrt und verhelfen dem erfolgreichen Fänger regelmäßig zu blutigen Fingern. Wie die letzte Rache nach dem Tod, will es manchmal scheinen.

Besonders auffällig sind seine **Augen**. Die Pupille wirkt auf Grund einer matt glänzenden, aber leicht irisierenden Schicht auf den ersten Blick trüb. Man kann sich manchmal des Eindrucks nicht erwehren, einem Blinden ins Auge zu blicken. Aber weit gefehlt! Denn die besondere Fähigkeit des Zanders ist sein überragendes Sehvermögen bei schlechtem Licht, trübem Wasser oder gar Dunkelheit. Die irisierende Schicht, das so genannte

Tapetum lucidum, wirkt dabei wie ein Restlichtverstärker. Nicht umsonst liebt der Zander daher trübe, schwebstoffreiche Gewässer, in denen er sich mit seinem Gesichtssinn besser zurechtfindet als die meisten seiner flossentragenden Kollegen.

Der Zander meidet weitgehend verkrautete und verschlammte Gewässer, harten bis sandigen Untergrund zieht er allem anderen vor. Am liebsten sind ihm größere Gewässer, an deren Grund er im Rudel mit Artgenossen umherzieht und jagt. Zander halten sich mit Vorliebe an steilen Scharkanten und unter versunkenen Wurzeln und Baumstämmen auf, allerdings an tieferen Stellen als der Hecht. Die beiden besetzen zwar nicht exakt die gleiche ökologische Nische, ein erfolgreiches fischereiwirtschaftliches Miteinander im gleichen Gewässer ist aber, wenn überhaupt, nur bei ausreichender Größe der Wasserfläche möglich.

Die **Raubfisch-Primadonna** nimmt den Köder außerordentlich vorsichtig und ist, alles in allem, relativ schwer an den Haken zu bekommen. Das gilt vor allem beim Spinnfischen in größeren Fließgewässern, bei dem sie den Angler vor so manches Problem stellt. Einerseits nimmt der Zander nur den sehr langsam, ganz dicht über Grund geführten Köder. Andererseits will er kleine, natürlich wirkende Köder, die in keinem Fall zu plump wirken dürfen. Um diesem Widerspruch gerecht zu werden, gibt es bei den traditionellen Ködern wie Blinker oder Wobbler nur die Möglichkeit, die Schnur vor ihnen ausreichend zu bebleien, um ihr Spiel nicht zu beeinflussen und sie trotzdem auf Tiefe zu bekommen.

Kopfstudie eines Zanders: deutlich zu erkennen ist die restlichtverstärkende (irisierende) Augenhaut.

Eine kleine Revolution beim Spinnfischen auf Zander war Anfang der siebziger Jahre die Einführung der **Twister**, die exakt in sein Jagdschema hineinpassen: Sehr langsam direkt am Boden auf und ab gezupft, wirbeln sie sogar kleine Staubwolken auf und bewegen sich dabei trotzdem noch auf für ihn betörende Weise.

Hat man dann einen Zander an der Angel, stellt man fest, dass selbst große Exemplare keine besonders harten und ausdauernden Kämpfer sind. Zander werden ungefähr bis zu 10 oder 15 Kilogramm schwer, etwas über einen Meter lang und um die zwanzig Jahre alt. Sie sind hauptsächlich dämmerungsaktiv und gegen Störungen, vor allem grelles Licht, sehr empfindlich. Sie sind recht gesellig, was den Vorteil hat, häufig gleich mehrere auf einmal fangen zu können, wenn man den ersten erwischt hat.

Der Zander hat ein sehr stark bezahntes **Maul** mit Hechel- und Hundszähnen aus welchem Beutefische nur sehr schwer wieder entkommen. Seine Maulspalte ist aber bei weitem nicht so groß wie die des Hechts, was zur Folge hat, dass seine Beute zum allergrößten Teil aus kleineren Fischen besteht.

Der Zander laicht gewöhnlich zwischen Anfang März und Mitte Mai, wobei er mit der Schwanzflosse ein Nest schlägt, welches er, nach Ablage der klebrigen Eier, einige Tage bewacht.

Beim **Spinnen auf Zander** sollte man die Aktion der Rute wie üblich dem Köder anpassen. Tendenziell wird man insgesamt in Richtung progressive Aktion gehen. Ein klassisches Wurfgewicht fürs Zanderangeln ist der Bereich von 10 bis 40 Gramm. Beim Fischen mit großen Löffeln oder Wobblern ist eine Spitzenaktion mit entsprechend höherem Wurfgewicht (bis maximal 80 Gramm) hilfreich. Je nach Hindernissen, die uns im Wasser „auflauern" können, kommen beim Zanderangeln Schnüre zwischen 0,22 bis über 0,30 Millimeter zum Einsatz. Da wir auf den Zander meist mit Ködern fischen, an denen auch einmal ein Hecht gefallen finden kann, ist es ratsam (falls in ihrem Gewässer viele Hechte vorkommen) ein dünnes Stahlvorfach von 5 bis 7 Kilogramm Tragkraft zu verwenden. Doch egal wie man ihn fängt, der Zander gehört auf jeden Fall zu den reizvollsten Raubfischen unserer Gewässer.

▶ **Wels, Waller**

Von kaum einem anderen Fisch geht soviel gruselige Faszination aus wie vom Waller, der in vielen Gebieten auch als Wels bekannt ist. Das liegt mit Sicherheit daran, dass nur verhältnismäßig wenige Petrijünger das Glück haben, überhaupt eines dieser Urviecher zu landen. Trotzdem scheint sich im Moment, wohl wegen des vermehrten Aufkommens des Wallers und der deutlich verbesserten Angelmethoden, eine regelrechte Waller-Welle zu entwickeln: Selbst von ehemals Unbedarften wird immer häufiger der Wunsch geäußert, einmal einen Wels zu fangen.

Er entspricht nicht unbedingt dem Bild eines klassischen Fisches, wie ihn ein Kind malen würde. Am ehesten ähnelt er vielleicht der Quappe, wäre da nicht seine gigantische **Größe**. Es wird gemunkelt, dass er in Osteuropa und Asien bis zu fünf Meter lang und bis zu 300 Kilogramm schwer werden kann. Exemplare von knapp 2 Metern Länge und um die 50 Kilogramm Gewicht sind aber auch bei uns durchaus keine Seltenheit.

Der Wels hat einen dunklen, schuppenlosen **Körper**, der in verschiedenen grauen, grünen und braunen Farbtönen meliert ist. Ein auffälliges Merkmal sind die sechs **Barteln** an seinem flachen, endständigen Maul, von denen die beiden längsten am Oberkiefer sitzen. Die Kiefer des gewandten Raubfisches, der im Alter als Einzelgänger lebt, sind mit winzigen, schmirgelpapierähnlichen Zähnchen besetzt. Er wird wohl bis zu hundert Jahre alt und vergräbt sich während des Winters im Schlamm, um zu ruhen.

Neben den Barteln weisen ihn seine kleinen **Augen** als nachtaktiven Zeitgenossen aus, der sich hauptsächlich anhand seiner extrem sensiblen Wahrnehmung über die Seitenlinie orientiert. Das Hörvermögen des Wallers ist phänomenal, weil seine Schwimmblase mit dem Gehör verbunden ist. Sie ist quasi eine riesige Funkantenne für das Gehör. Darüber hinaus verfügt er über einen ausgezeichneten Geruchssinn, der ihm zusätzlich hilft Beute aufzuspüren. Geht er nachts auf Beutezug, trifft man ihn jagend in allen Wasserschichten bis an die Oberfläche an. Der Waller ernährt sich in erster Linie von kleinen Wirbeltieren wie Fischen und Fröschen, in Ausnahmefällen nimmt er jedoch auch Entenküken, sofern er sie erwischt. Der Wels laicht im frühen Sommer, und das Männchen betreibt, bis die Jungen geschlüpft sind und ihr Dottersack aufgebraucht ist, Brutpflege.

Lange Barteln und kleine Augen zeichnen den Wels als nachtaktiven Räuber aus.

Obwohl die meisten Welse wahrscheinlich mit einem **Wurmbündel** oder **Köderfisch** erbeutet werden, spricht nichts dagegen, ihnen mit der schweren Spinnrute nachzustellen. Im Gegenteil: An geeigneten Gewässern ohne Hindernisse hat sich das Spinnfischen als Topmethode auf Waller durchgesetzt, da man so in relativ kurzer Zeit eine große Gewässerfläche absuchen kann. Zudem senden große Blinker deutliche Druckwellen-Signale aus, die viele Waller zum Biss reizen.

Am meisten Erfolg versprechend scheint das in den Sommermonaten direkt vor einem Gewitter zu sein. Man sagt Wallern nämlich eine gewisse Wetterfühligkeit nach, die sie in gewitterschwüler Luft „auf die Flossen bringt". Auch an bewölkten Sommertagen, vor allem gegen Abend, werden sie gefangen.

Da man es hier mit einem äußerst zähen und harten Gegner zu tun hat, ist die Ausrüstung so zu wählen, dass man nötigenfalls Reserven hat: Die Schnüre müssen eine Tragkraft von 10 bis 15 Kilogramm aufweisen, was eine entsprechend große, tadellos funktionierende Rolle voraussetzt, die über eine ebenso einwandfreie Bremse verfügt. Ebenso sollten die verwendeten Haken den Belastungen gewachsen sein, weshalb vornehmlich sehr starke Drillinge in Frage kommen.

Als **Köder** kommen vor allem große Shads, Blinker und Spinner, sowie Systeme mit dem toten Köderfisch zum Einsatz. Da der Wels wegen seiner guten Wahrnehmung ausgesprochen sensibel auf Störungen reagiert, ist darauf zu achten, dass man sich während des Angelns sehr leise und vorsichtig verhält, um ihn nicht zu vergrämen.

▶ **Weißfische**

Sieht man von den zufälligen Fängen (wie dem Karpfen, der auf einen kleinen „Mepps" beißt) einmal ab, kommen für die Spinnfischerei hauptsächlich zwei Vertreter der „Karpfenartigen" (Cypriniden) in Frage:

Der **Rapfen** wird nicht allen Anglern ein Begriff sein. Bis vor kurzem genoss er etwa auf dem Fischereischein von Baden-Württemberg ganzjährige Schonung. Er ist der einzige echte Raubfisch der Karpfenfamilie,

Ein Rapfen, der Räuber unter den Karpfenartigen.

was bereits sein großes, oberständiges und sehr tief gespaltenes Maul signalisiert. Der Rapfen bewohnt mit Vorliebe schnelle, tiefe Züge großer Ströme. Er kann bis zu 15 Kilogramm auf die Waage bringen und erreicht eine maximale Körperlänge von etwas über einem Meter. Wie viele seiner karpfenartigen Kollegen laicht er im späten Frühjahr bis Frühsommer. Er ist spindelförmig und hat an den Flanken kleine, silbrig glänzende Schuppen, die auf seinem Rücken ins Blaugrüne gehen. Er ist ein

Oberflächenjäger und ernährt sich, außer von Amphibien, hauptsächlich von kleineren Fischen wie Schneidern und Haseln, in deren Schwärme er unter großem Geplatsche hineinschießt.

Stellt man ihm mit der Spinnrute nach, kann man sich unter Umständen auf einiges gefasst machen. Der Drill eines großen Rapfens ist, nach Aussage erfahrener Fischer aus der Donauregion, wo der Räuber hauptsächlich vorkommt, mit nichts Anderem in unseren Breiten vergleichbar. Er stellt außergewöhnliche Ansprüche an Mensch und Gerät. Der Drill eines großen Fisches kann sich über etliche Minuten hinziehen.

Der **Schied** – so wird der Rapfen auch genannt – hat als Mitglied der Cypriniden keine Hundszähne wie der Hecht oder der Zander; dafür hat er aber Schlundzähne, mit denen er seine Nahrung zerkleinert. Um sie diesen zuführen zu können, saugt er seine Beute regelrecht ein, und das ist auch der Grund, warum man ihn selten verliert: Der Haken sitzt fast immer bombenfest im Hinterzimmer seines knochigen Mauls. Verliert man ihn während des Drills dennoch, dann ist meist ein Schaden an der Ausrüstung, die wegen der außergewöhnlichen Belastung in die Knie geht, daran Schuld.

Am besten ist es, „Hot Spots" am Wasser, wie Buhnenköpfe, Zuflüsse, Strömungskanten und ähnliches über längere Zeit zu beobachten. Erkennt man dann nach einer Weile die typischen Zeichen, wenn die Kleinfische in blinder Panik aus dem Wasser springen oder es ungewöhnlich laut platscht, gilt es keine Zeit zu verlieren. Mit einem relativ großen (zirka 7 bis 10 Zentimeter), schlanken und schweren Blinker oder einem Rapfenblei wird nun versucht, die raubenden Fische direkt anzuwerfen. Wichtig ist, dass die Ausrüstung dem eventuell nachfolgenden Drill gewachsen ist: Eine **mittelschwere Rute** mit einem Wurfgewicht bis zirka 60 Gramm und progressiver Aktion, kombiniert mit einer gut arbeitenden Rolle (Schnurfassung mindestens 200 Metern 30-er Schnur) leistet gute Dienste. Mit diesen relativ großen Rollen, die übrigens bis an den Spulenrand gefüllt sein sollten, lässt sich sehr weit auswerfen, da der Reibungswiderstand der abziehenden Schnur beim Wurf wesentlich geringer ist als bei kleineren Rollen.

Bespulen sollte man die Rollen mit mindestens 150 Metern 0,30-er Schnur (bei kleineren Rapfen reichen auch schon 0,25 Millimeter), denn der Haupt-Spinnköder auf Rapfen, das Rapfenblei fliegt weit, sehr weit!

Rapfenbleie haben einen birnenförmigen Bleikörper, an dessen dickem Ende der Haken und dünnen Ende die Schnur montiert wird. Dann nämlich hinterlässt das dicke Ende eine Spur kleiner Luftblasen, wie bei einer Schiffschraube. Wichtig ist vor allem, dass der Köder sehr schnell eingeholt wird, je schneller desto besser! Als besonders gut haben sich auch große Shads erwiesen, die teilweise aber, trotz ihrer Größe (in einem Fall satte 15 Zentimeter Länge!) komplett im Rapfenmaul verschwinden und fast nicht mehr tierschutzgerecht zu entfernen sind. In einem solchen Fall kommt man nicht darum herum, den Fisch abzuschlagen.

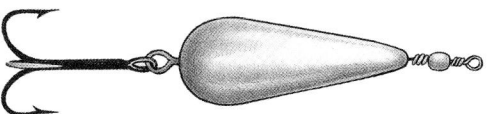

Das Rapfenblei.

Der zweite spinnangelfreundliche Karpfenfisch ist der **Döbel** oder Aitel. Er ist ein Allerweltsfisch, der fast überall vorkommt und entsprechend viele regionale Namen hat. Manche nennen ihn auch liebevoll „Dickkopf", die Übersetzung seines lateinischen Namens *Leuciscus cephalus*. Rein äußerlich sieht er aus wie das ichthyologische Grundmodell, die Mutter aller Fische. Schon auf den Mosaiken der alten Römer meint man ihn zu erkennen, wann immer ein Fisch auftaucht: Er hat einen spindelförmigen, im Alter aber fast beleibten Körper, der mit großen Netzschuppen bedeckt ist. Der Döbel wird bis zu 60 oder 80 Zentimeter lang und vielleicht 4 oder 5 Kilogramm schwer. So genau weiß das aber niemand, da sich nur sehr wenige Leute genauer mit ihm befassen.

Trotzdem hört man immer wieder von großen Zufallsfängen, selbst beim Spinnfischen. Am häufigsten vergreift er sich im Spätsommer an kleinen Spinnködern. Will man ihn gezielt verfolgen, braucht man nur eine leichte Ausrüstung, da selbst die großen Kandidaten sich nicht besonders hart wehren: Man hat manchmal das Gefühl, dass sie sich nach der ersten, langen Flucht im Drill immer ein wenig selber im Weg stehen. Aitel nehmen eigentlich die meisten **Spinnköder**, sofern sie nicht zu groß (zirka 6 Zentimeter und kleiner) oder zu schnell geführt werden. In manchen Gewässern laufen sie dem Köder über weite Strecken hinterher und schnappen nach ihm, ohne richtig zuzupacken. In einem solchen Fall lohnt es sich, die Fliegenrute auszupacken und ihn mit einer großen Trockenfliege zu „erschrecken" (siehe auch das Kapitel „Fliegenfischen").

Döbel vermehren sich sehr stark und gelten als Konkurrenten der Forelle, wenn die beiden Arten das gleiche Wasser bevölkern. Aus diesem Grund unterliegt der Döbel in manchen (Tageskarten-)Gewässern einer Anlandepflicht, die es dem Angler verbietet, gefangene Exemplare jeder Größe wieder auszusetzen.

Dieser sicher gut gemeinten Maßnahme muss man jedoch äußerst kritisch gegenüberstehen. Es ist der einzelnen Kreatur gegenüber nicht gerecht, wahllos alle Vertreter einer vom Menschen als unerwünscht deklarierten Art abzuschlagen. Diese wenigen betroffenen Exemplare, im Höchstfall ein paar Hundert pro Jahr, haben höchstwahrscheinlich keinerlei Einfluss auf die Populationsdynamik einer Massentierart wie dem Döbel. Die Verantwortlichen sollten sich eher überlegen, warum sich diese Art so stark vermehrt und ob die Forelle überhaupt eine so starke Daseinsberechtigung in dem betreffenden Flußabschnitt hat.

▶ Salmoniden

Zu den Salmoniden, also den Lachsartigen, gehören folgende Arten, die für die Spinnfischerei in Betracht kommen:

Über die **Äsche** kann an dieser Stelle nicht viel gesagt werden, sie wird eingehender im Kapitel „Fliegenfischen" behandelt. Die Äsche ist neben der Bachforelle *der* Fisch für die Fliege und mit der Spinnrute außerdem nur relativ schwer zu erbeuten.

Die **Bach-** und die **Regenbogenforelle** dagegen erfreuen sich seit jeher bei den Spinnfischern großer Beliebtheit. Leider – denn an allererster Stelle sollte bei diesen beiden Arten, wie auch ganz besonders bei der Äsche und dem Lachs, die Fliege als Köder stehen. Das hat nichts mit dem vermeintlichen Snobismus der Fliegenfischer zu tun, sondern mit der oft genannten und selten verstandenen **„Waidgerechtigkeit"**.

Die meist ungeschriebenen Gesetze, die sich hinter diesem Begriff verbergen, besagen unter anderem, dass der Kreatur beim Fang möglichst wenig Schaden zugefügt werden soll. Das gilt ganz besonders, wenn ein untermaßiger Fisch an der Angel zappelt: Hat er den Drilling des Blinkers richtig genommen, besteht nur selten eine Chance für ihn, mit den erlittenen Verletzungen zu überleben (Eine Studie aus dem Westen der Vereinigten Staaten hat belegt, dass 90 Prozent der Fische, die beim Fang eine blutende Wunde im Maulbereich erlitten, innerhalb von 48 Stunden verenden).

Die Konsequenz daraus wäre eigentlich, anstatt eines Drillings einen Einzelhaken zu verwenden. Obwohl man mit Einzelhaken nicht weniger Fische fängt, konnte sich dieses Prinzip leider, trotz seiner eindeutigen Vorteile in punkto Fischschonung, noch immer nicht durchsetzen. Auch wenn man mit der Fliege fischt, lässt sich der Einzelhaken, meist ohne den Fisch

Da kommt Freude auf: vier schöne Regenbogenforellen.

überhaupt aus dem Wasser heben zu müssen, mit einer kleinen Zange fast immer problemlos entfernen. Für die nachfolgenden Hinweise gehe man daher einfach davon aus, dass der Spinnköder mit einem Einzelhaken statt mit einem Drilling bestückt ist, um diesem Umstand gerecht zu werden.

Große, alte Raubforellen, vor allem Bachforellen, erwischt man beim Spinnfischen am besten im zeitigen **Frühjahr**. Sie stehen dann in aller Regel in den tieferen Zügen eines Fließgewässers, wo es ruhiger ist. In dieser Zeit versuchen sie, sich vom Laichgeschäft zu erholen und wieder ein wenig Speck auf die Rippen zu bekommen. Sie nehmen in dieser Zeit besonders die langsam geführten Köder, wie beispielsweise kleine Wobbler um 6 Zentimeter. Vom frühen Sommer an, wenn sie wieder bei Kräften sind, suchen sie Standplätze auf,

die in der schnelleren Strömung liegen. Beliebte Plätze sind dann oftmals die ruhigen Zonen direkt hinter größeren Steinen. Die Forelle ist jetzt auch durchaus mit einem Spinner zu überlisten, den sie manchmal über größere Distanzen geradezu jagt und vehement nimmt.

Zum Fang eignet sich relativ **leichtes Spinngeschirr**, wobei die Rute nicht zu kurz sein sollte (am besten länger als 2,10 Meter). Denn wenn man tatsächlich einmal einen Fisch von ein paar Pfund Gewicht und der Kampfkraft der Forelle gehakt hat, ist man froh um jeden Zentimeter Hebelarm! Eine universelle Schnurstärke ist 0,25 Millimeter.

Die besten Spinnköder sind **kleine Wobbler und mittlere Spinner**, deren Farbe jeweils der Sichtigkeit des Wassers angepasst sein sollte. Bei klarem Wasser sollten eher dunkle Farben wie Schwarz, Blau oder Grün zum Einsatz kommen, bei trübem Wasser hingegen sind grelle Reizfarben wie Rot, Gelb oder Silber eher erfolgreich.

Bei Hochwasser im Frühjahr sind leicht steigende, ganz besonders aber fallende Wasserstände zum Fang einer großen Forelle am erfolgversprechendsten.

Stellt man **Forellen in Seen** nach, gelten etwas andere Regeln: die Ausrüstung kann ein wenig schwerer sein, ebenso wie die Köder, um entsprechend auf Tiefe zu kommen. Vom Ufer aus fischt man die Wasserfläche fächerförmig ab, während man um den See läuft.

Im Sommer ist es in vielen Flüssen oftmals beinahe unmöglich, mit dem Spinner *keine* Forellen zu fangen, egal wie schlecht er geführt wird. Den Anhängern dieser „Sternstunden am Wasser" sei aber noch einmal ganz herzlich das Fliegenfischen ans Herz gelegt!

Für den **Bachsaibling** gilt im Großen und Ganzen das Gleiche wie für die Bachforelle. Er kommt nur im Gebirge häufig vor und verträgt recht niedrige ph-Werte, also relativ saures Wasser. Auch ihm gebührt die Fliege statt dem Blinker. Er ist im Kapitel „Fliegenfischen" näher beschrieben.

Beim **Seesaibling** liegen die Dinge etwas anders. Exemplare aller Größen bewohnen kalte, klare Bergseen, die manchmal sehr tief sein können. Beliebt ist der Fang dieser wunderbar gezeichneten Fische mit dem toten Köderfisch am System. Besonders hervorzuheben ist in dem Zusammenhang das **Plansee-System** oder auch das **Drachkovitch-System**, mit dessen Hilfe der Köderfisch wie ein Twister

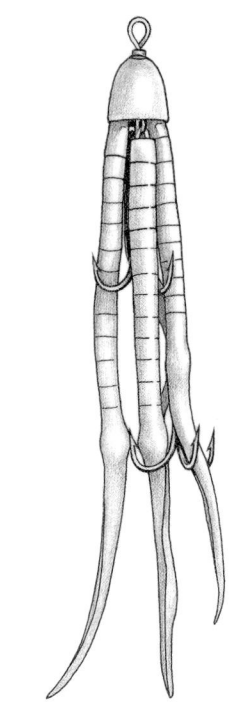

Der Huchenzopf

oder Pilker geführt wird. Der Köderfisch wird dabei, meistens vom Boot aus, bis ganz auf den Gewässergrund hinabgelassen und dann mit mehr oder minder starken Zupfern zum „Leben" erweckt. Wichtig ist zu wissen, dass der Biss in fast allen Fällen nicht beim Heben des Fischchens, sondern im Abtaumeln erfolgt und die Schnur daher immer gespannt sein sollte.

Der **Huchen** ist bei uns durch die zunehmende Gewässerverschmutzung und -verbauung leider selten geworden. Er ist ein Bewohner des Donau-Systems, sein zweiter Name deswegen auch Donaulachs.

Tipp

Der jeweils erste Wurf, nachdem man die Stelle gewechselt hat, sollte den Uferbereich abdecken, der letzte, bevor man weitergeht, kann weit ausgeworfen werden. Umgekehrt überwirft man ständig die am Ufer stehenden Fische und bringt sich um viele Bisse.

In den Genuss, einen Huchen zu fangen, kommen nur die Wenigen, die ihn im Gewässer vor der Haustüre haben und sich auf seinen Fang konzentrieren können. Er wird praktisch nur im **Winter** befischt und gefangen, was die ganze Sache noch erschwert. Leichte Minusgrade und richtiges Sauwetter sind für den Fangerfolg nicht unwichtig. Er findet hier trotz seiner Seltenheit Erwähnung, weil er praktisch ausschließlich mit Spinnködern gefangen wird. Neben großen Löffeln, Wobblern und Systemen kommt auch heute noch der Huchenzopf zum Einsatz, allerdings in abgewandelter Form: Wurden früher echte Neunaugen, Leder und Gummischläuche zur Herstellung dieses Köders benutzt, sind die heutigen Huchenzöpfe meist mit mehreren Twistern bestückt. Neunaugen sind heute streng geschützt, was ihre Verwendung selbstverständlich verbietet. Auch große Shads werden mit nicht unerheblichen Erfolg bei der Jagd nach diesem wohl seltensten der heimischen Salmoniden verwendet.

In jedem Fall muss der Spinnköder sehr langsam und tief geführt werden, um Erfolg zu haben.

Der Huchen soll bis zu 50 Kilogramm schwer und bis zu 1,5 Metern lang werden. Allerdings wurden schon viele Jahrzehnte lang keine so großen Exemplare mehr bei uns gefangen. Er meidet auch starke Strömungen nicht und ist auf gute Bestände von Beutefischen, oftmals Nasen, Barben oder Äschen, angewiesen, von denen er sich hauptsächlich ernährt.

Die beiden letzten hier zu behandelnden Salmoniden sind der **Lachs** und die **Meerforelle**. Beide sind in den letzten fünfzig Jahren in den europäischen Gewässern immer seltener geworden, obwohl sich das Blatt langsam wieder zum Besseren gewandt hat. Vor allem in Skandinavien und Großbritannien werden enorme Anstrengungen unternommen, um die Bestände schonend zu bewirtschaften und wieder zu festigen. Aus diesem Grund wird das Fischen mit Spinnködern auf diese Arten nur wenig praktiziert. An manchen Flüssen Schottlands beispielsweise ist der Blinker nur im Frühjahr bei hohen Wasserständen erlaubt, und es sind Überlegungen im Gange, ihn ganz zu verbieten – zu Recht. Eine andere Sache ist die Fischerei auf Meerforellen an der Küste im Salzwasser. Der Spinnköder hat dort, wegen der erforderlichen Distanzen und des oft auflandigen Windes, einen wahren Boom erlebt. Technik und Taktik dieser Fischerei würden an dieser Stelle den Rahmen sprengen, weshalb weiterführende Fachliteratur für den Interessierten zu empfehlen ist.

Gerade bei den Bewohnern des mittleren und nördlichen Deutschlands erlebt die Spinnfischerei auf Meerforellen einen wahren Boom, da die Küste innerhalb weniger Stunden zu erreichen ist.

Vom rechten Gleichgewicht

Specimen Hunting Group Dortmund   **Posenfischen**

Wer mit der Posenrute zu fischen beginnt, bekommt recht bald ein gutes Gefühl für das Gerät, den Anhieb und die Fische. Wer auch noch das „rechte Gleichgewicht" findet, genauer das richtige Verhältnis zwischen dem Bissanzeiger – eben der Pose – und dem Bebleiungsmuster, hat ideale Voraussetzungen, um schnell zum Erfolg zu kommen. Er muss nur einige wichtige Grundregeln beachten.

Gerät

▶ **Ruten**

Grundlage für das Posenfischen – für jedes Angeln überhaupt! – ist eine Ausrüstung, auf die man sich verlassen kann: Nichts ist frustrierender, als einen gehakten Fisch durch ungeeignetes oder falsch dimensioniertes Gerät zu verlieren. Die Angelrute muss so gewählt werden, dass sie das Auswerfen auch von sehr leichten Posenmontagen erlaubt, andererseits muss sie aber in der Lage sein, einen erfolgreichen Anschlag zu setzen und den gehakten Fisch sicher zu landen. Ruten mit einer Endlänge zwischen 3 und 5 Metern sind für alle Einsatzgebiete des Posenfischens zu bekommen.

Beim Posenfischen werden sowohl **Teleskop-** als auch **Steckruten** verwendet, wobei die Steckruten – wie bereits im Eingangskapitel betont – leichter sind und eine ausgewogene Aktion haben. Neben den normalen Posenruten werden beim Posenfischen so genannte **Matchruten** benutzt. Es gibt sie in Längen zwischen 12 Fuß (3,65

Meter) bis 14 Fuß (4,26 Meter), von manchen Herstellern sogar von 15 (4,56 Meter) bis maximal 20 Fuß (6,08 Meter). Für die meisten Situationen sind jedoch die kürzeren Modelle ausreichend. Die gängigste und am universellsten einsetzbare Länge ist dabei 13 Fuß (3,96 Meter). Matchruten haben in den meisten Fällen ein sehr geringes Gewicht, so dass man auch nach stundenlangem Angeln die Rute ohne große Ermüdung halten kann. Wer seine Ausrüstung erweitern will, sollte sich zusätzlich noch ein 12 Fuß-Modell zulegen, mit dem man vor allen Dingen an kleinen Flüssen optimal angeln kann: Mit ihr kann man vom Ufer oder vor allem im Wasser stehend die Pose gut führen. Zudem ermöglicht es uns das nochmals geringere Gewicht, lange Zeit trotz recht hoher Bewegungsintensität ermüdungsfrei zu angeln.

Die erste Wahl zum Posenfischen sind heute natürlich **Kohlefaserruten**, die es inzwischen von jedem Hersteller zu kaufen gibt. Qualität macht sich auch hier auf Dauer gesehen bezahlt. Haben wir vor, auf größere Fische wie Aal, Schleie, Karpfen, Barben oder Dö-

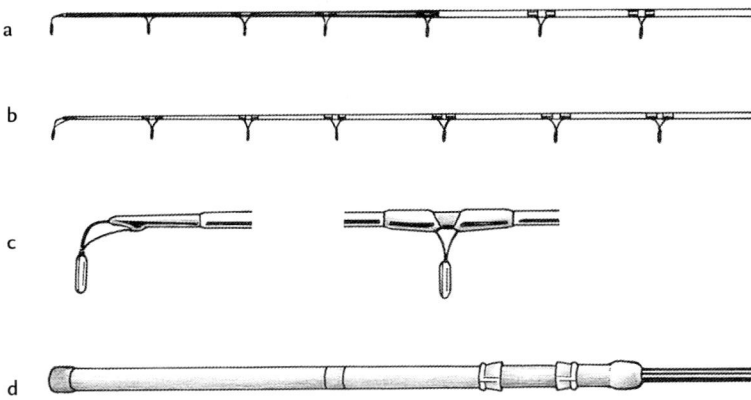

Matchrutendetails:
a Spitze einer Stick-Rute; der vordere Teil besteht aus Vollmaterial,
b Waggler-Ruten haben eine durchgehende Hohlspitze,
c typisch für Matchruten sind die sehr leichten und hochstehenden Ringe,
d der lange Parallelkorkgriff mit Schubringen ermöglicht den individuellen Rollensitz

bel zu angeln, müssen wir unsere Rute den gewichtigen Herausforderungen natürlich anpassen. In unserer Gruppe sind Glasfasermatchruten älterer Bauart hier die erste Wahl für stationäres Angeln – allerdings sind die Klassiker wie Hardys „Matchmaker", Edgar Sealeys „Blue Match" oder Modern Arms „Robin Harris Match" heutzutage nur noch sehr schwer zu bekommen.

▸ **Rollen**
Die Rollenauswahl kann heutzutage wirklich zur Qual werden – der Markt ist mit einer Vielzahl von Rollen geradezu überschwemmt. Leider lässt die Qualität oftmals sehr zu wünschen übrig. Gegossene Antriebszahnräder anstelle von gefrästen, Kunststoffgehäuse mit billigsten Schraubverbindungen oder mangelhafte Bremsmechanismen machen in der Praxis wenig

Freude. Gute Rollen dagegen kosten zwar eine Menge Geld, sind aber meistens so konstruiert, dass sie ein Leben lang halten und – vorausgesetzt, sie werden nicht überlastet – jeder Situation am Wasser gewachsen sind.

Ob man eine **Stationärrolle** oder eine **Kapselrolle** benutzt, ist dabei Geschmackssache. Bei der Kapselrolle treten Verwicklungen äußerst selten auf. Diese Eigenschaft macht sie sehr geeignet zum Posenfischen in der Strömung, da sie die Schnur sehr schnell und sicher einfangen. Zum leichten Posenfischen eignen sich demnach Stationär- und Kapselrollen bespult mit etwa 150 Metern Schnur.

Stationärrollen müssen, um damit einwandfrei werfen zu können, bis zum oberen Spulenrand mit Schnur gefüllt werden. Dazu geht man folgendermaßen vor:

Tipp

Zum leichten Fischen reichen in der Regel 100 bis 150 Meter Schnur aus! Man spult daher zunächst diese Schnurmenge auf. Dann verbindet man diese Schnur mit einer „Backingschnur" und füllt die Spule bis zum oberen Rand. Jetzt spult man die Schnur von der ersten auf eine zweite Spule, die man zum Angeln verwendet: Die letzten 100 bis 150 Meter in der gewünschten Schnurstärke befinden sich dann oben auf der Spule. Als Backingschnur kann man eine alte, aber noch tragfähige Schnur oder eine billige Schnur dickeren Durchmessers verwenden, spätestens nach einem Jahr harten Einsatzes sollte man die Hauptschnur wechseln.

Gerade beim Fischen mit feinen Schnüren bis 0,18 Millimetern muss die Rollenbremse einwandfrei in jeder Stellung arbeiten können. In nahezu allen Bereichen der Fischerei hat sich daher die Kopfbremse durchgesetzt.

Über die **Bremseinstellung** der Rollen wurde schon viel geschrieben. Dabei ist die Sache ziemlich einfach, wenn man sich von vornherein darüber im Klaren ist, was passiert, wenn ein großer Fisch das Weite sucht, und wenn man weiß, wo und wie die Bremse einzustellen ist. Genau in dem Moment, wenn ein Fisch gehakt wird, muss die Bremse eingestellt werden! Das ist keine Hexerei, man muss nur sofort nach dem Anhieb reagieren – schon ist die Situation gemeistert,

gleichgültig, wie groß der Fisch ist. Auch eine voreingestellte Bremse muss beim Anhieb neu eingestellt werden; und während des Drills muss man diese Bremseinstellung immer wieder korrigieren. Natürlich darf die Bremse nicht festgezogen werden, wenn die Rute abgelegt wird! Ein ungestüm beißender Fisch, der nicht einmal besonders groß zu sein braucht, ist ohne weiteres in der Lage, eine abgelegte Rute auf Nimmerwiedersehen verschwinden zu lassen. Worauf es ankommt: Die Voreinstellung sollte so vorgenommen werden, dass man bei geschlossenem Bügel leicht Schnur abziehen kann. Wer unsicher ist, kann auch die Rute ablegen und durch die Ringe in einem Winkel von zirka 45 Grad zur Rute Schnur abziehen. Auch jetzt muss die Bremse Schnur frei geben.

▶ Schnur

Wir verwenden beim Posenfischen ausschließlich monofile Schnüre. Eine gute Schnur muss weich sein, sehr gute Nassknotenfestigkeit und eine hohe Abriebfestigkeit haben.

▶ Haken

Auch den Haken sollten wir unbedingt unsere Aufmerksamkeit schenken. Sie entscheiden oft, ob ein Angeltag für uns gut oder schlecht ausgeht. Wir empfehlen für die Grundausstattung Flachstahlöhrhaken in den Größen 2 bis 20, die wir meistens direkt an die Hauptschnur binden. Nur für die Größen 14 bis 20 sollte man sich zusätzlich Plättchenhaken besorgen, weil sie in Verbindung mit leichten Ködern besser harmonieren.

Öhrhaken   Plättchenhaken

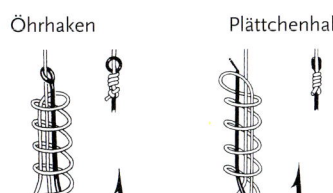

**Hakenschaft-Knoten für Öhrhaken: Haupt-
schnur stets durchs Öhr führen. Hakenschaft-
Knoten für Plättchenhaken: Hauptschnur und
Plättchen dürfen einander nicht berühren.**

Wie stabil ein kleiner Öhrhaken ist, haben wir vor einigen Jahren erlebt, als wir an der mittleren Ruhr auf Rotaugen fischten. Gegen Mittag hatten wir schon einige schöne Plötzen gefangen, als Bernd einen Fisch hakte, der gewaltigen Widerstand bot und sich erst nach zehn Minuten geschlagen gab. Es war ein Döbel von über 4 Pfund, den die einzel-ne Made am Haken Größe 16 verführt hatte. Der kleine Peter Drennan-Haken hat den Drill so gut überstanden, dass er ohne Nachfeilen oder -richten weiter eingesetzt werden konnte.

▶ **Posen**

Über die Posen, die dieser Angel-technik den Namen geben, haben wir bereits im Kapitel über das Stippfi-schen einiges gesagt: Sie dienen als Bissanzeiger und halten den Haken auf der gewünschten Tiefe. Zu ihrer Verwendung in der Montage gehört neben dem Haken unabdingbar die Bebleiung: Zwischen der Pose und dem Haken werden zusätzlich Schrot-bleie montiert, welche die Pose austa-rieren. Die für die Beschwerung der Posen verwendeten Schrote sollten un-bedingt genormt, von weicher gleich-bleibender Qualität und mit einem mittigen Einschnitt versehen sein.

Strömungsposen, rechts Chubber, links Loafer

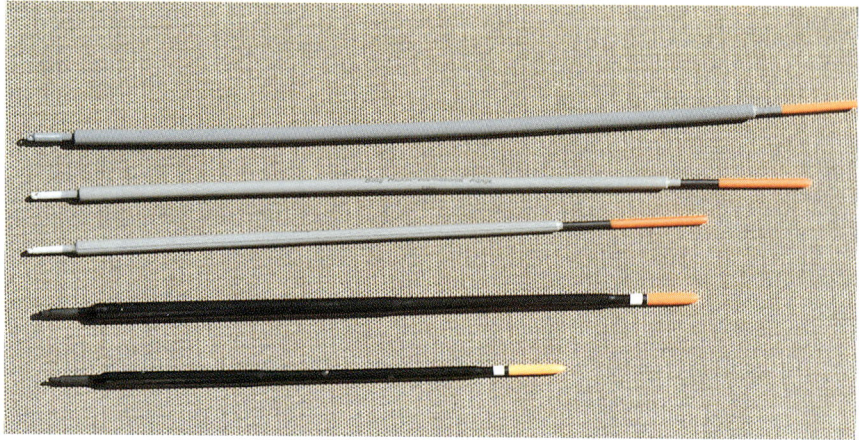

Waggler, typische Stillwasserpose

Tipp

Die einzelnen Schrote können nach folgendem Verhältnis gegeneinander ausgetauscht werden:

2 AAA = 1 SSG
2 BB = 1 AAA
3 No. 1 = 1 AAA

Einfacher geht es mit einer Shotting Guide-Karte, auf der man sämtliche Umrechnungen einfach ablesen kann (zu bekommen in Angelgeschäften, die englische Artikel führen).
In der Praxis kommt es manchmal vor, dass die angegebene Bebleiung nicht exakt ist, so dass man mit kleinen Bleien nachtarieren muss.

Es gibt allerdings für Bebleiungsmuster kein „Universalrezept" – wir werden daher weiter unten je nach Fischart und Situation die notwendi-gen Hinweise geben, welcher Posentyp und welches Bebleiungsmuster jeweils zu wählen ist. Schwimmer englischer Herkunft haben sich seit über vierzig Jahren bewährt. Diese Posen sind in den meisten Fällen sehr genau und präzise gearbeitet, so dass man einen Schwimmer auch nach Verlust leicht wieder ersetzen kann, ohne sofort das ganze Bebleiungsmuster ändern zu müssen. Außerdem sind die Posen mit einem Aufdruck versehen, welcher die Tragkraft relativ genau angibt. Um die Bebleiung zu variieren und die englischen Normen SSG, AAA, BB, No. 1, No. 4, No. 6 und No. 8 nicht umständlich umrechnen zu müssen, benutzen wir eine Shotting Guide-Karte (Bebeleiungsübersichts-Karte).

Die Posen können wir in zwei Grundformen einteilen, und zwar in **Strömungsposen**, zu denen zum Beispiel Avons, Chubber, Pacemaker und Sticks gehören, sowie **Stillwasserposen** wie Stillwater Blue, Waggler, Darts, Windbeater und Missiles.

Welche Pose brauche ich für welchen Fisch?

Fischart	Posen
Aal	Leuchtposen (elektrisch oder mit Knicklicht)
	Große Waggler, Antennenposen mit hoher Tragkraft
Barsch	Ducker, kegelförmige Korkposen, Chubber, Waggler
Hecht	Schwere Hechtposen mit großer Tragkraft aus Kunststoff oder Kork
Zander	Antenna Slider, schwere Antennenposen, Chubber
Barbe	Avon Chubber, schwere Pacemaker
Brassen	Driftbeater, Federkielposen, Antennenposen, Stillwater Blue, Waggler
Döbel	Avon, Chubber, Pacemaker, Sticks, Wire stem Sticks
Karausche	Ducker, Darts, Waggler,
Karpfen	Große Waggler, Antennenposen
Rotauge	Sticks, Pacemaker, Avon, Waggler, Stillwater Blue, Darts
Rotfeder	Ducker, Federkiele
Schleie	Federkiele, Waggler, Stillwater Blue, Driftbeater

Die Posen der Profis, von links nach rechts: Pacemaker, Waggler, Wire Stem Stick, Stick.

Drei Avons.

► **Nützliche Ergänzungen**

Ein oft vernachlässigtes Zubehörteil, das in keiner Angelbox fehlen sollte, ist der so genannte **Grundsucher**. Hiervon sollte man immer eine kleine Aus-wahl mit sich führen. Da man die weit-aus meisten Fische am Gewässerboden oder kurz darüber fängt, müssen wir unseren Schwimmer so einstellen, dass der Grundsucher an unserer

Angelstelle auf dem Boden aufliegt und die Posenspitze nur wenig über die Wasseroberfläche hinausragt. Erst jetzt bringt man die letzten Schrote oberhalb des Hakens an. Im Verlaufe des Angelns kann man nun die Tiefe geringfügig variieren, um den Köder optimal zu präsentieren

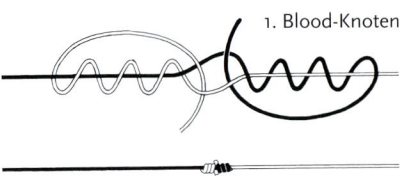

1. Blood-Knoten

2. verbesserter Clinchknoten

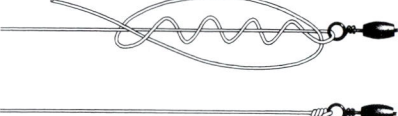

3. Überhandknoten-Stopper

4. 2-Schlingenknoten-Stopper

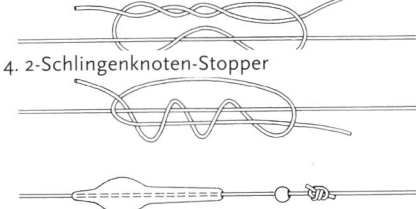

1. **Blood-Knoten zum Verbinden zweier Schnüre,**
2. **verbesserter Clinchknoten, wichtig: Schnur zweimal durch die Öse ziehen,**
3. **Überhandknoten-Stopper,**
4. **2-Schlingenknoten-Stopper**

Wie die Abbildung zeigt, braucht der Angler nur einige wichtige **Knoten** zu beherrschen. Diese sollte er aber in jeder Situation absolut sicher binden können. Um eine gute Verbindung .zweier Schnüre zu gewährleisten, sollte man auf eine saubere Schnurverlegung der einzelnen Windungen ach-

Tipp

Haben wir die beste Beißtiefe gefunden, merken wir uns diese Einstellung am besten so: Wir halten den Haken an den Rollenfuß und können dann die Position der Pose an der Rute, beispielsweise am 3. Ring, genau definieren. Mysteriöse Beißpausen haben übrigens manchmal simple Erklärungen: Die Pose kann sich auf der auf der Schnur verschieben!

ten. Der Knoten sollte, bevor er zusammengezogen wird, unbedingt angefeuchtet werden und dann gefühlvoll festgezogen werden. Das richtige Gefühl dafür erwirbt man im Laufe der Zeit – im Zweifelsfall sollte man den Knoten lieber zu fest ziehen: Man riskiert dann, die Schnur zu zerreißen und bindet sie dann gegebenenfalls wieder neu. Gerade den Einsteigern sei es gesagt: Wie immer in solchen Situationen ruhig bleiben und weitere Versuche starten!

Einen geeigneten **Landungskescher** sollte der Angler immer mit sich führen. Auch wenn in vielen Fällen die Fische mit der nassen Hand gelandet werden können, gibt es immer wieder Situationen, in denen man ein Lan-

Hakenlöser

dungsnetz benötigt. Kescher sind in verschiedenen Größen und Formen erhältlich, wobei die kreisrunde Ausführung mit tiefem Netz und einem Durchmesser von mindestens 50 Zentimeter für die meisten Situationen ausreichen dürfte. Auf Klappkescher sollte man dabei verzichten. Sie sind zu klein und im Vergleich mit den so genannten Specimen-Keschern, bei denen die Glasfiber-Arme in ein Kescherkreuz eingesteckt werden, sehr kurzlebig. Ein **Kescherstiel** aus Glasfaser oder Carbon von etwa zwei Metern Länge ist den meisten Situationen gewachsen.

Setzkescher – mit denen man gefangene Fische im Wasser lebendig „hältern" kann – sind in der Bundesrepublik umstritten. Es gibt Gerichtsurteile, die ihre Verwendung als „Tierquälerei" untersagen, weil der gefangene Fisch sich am Draht oder am Netz verletzen kann. Leider haben es auch die Anglerverbände bislang nicht vermocht, eine ausreichende Rechtssicherheit für die Verwendung des Setzkeschers zu erwirken. Im gesamten europäischen Ausland jedoch wird der Setzkescher

benutzt und ist auch vom Gesetz her abgesichert. Dort, wo wir selbst den Setzkescher benutzen konnten, waren unsere Erfahrungen durchweg positiv. Viele Fische, die wir gehältert hatten, wurden nach dem Zurücksetzen des öfteren wiedergefangen und erfreuten sich bester Gesundheit. Natürlich behandeln wir alle Fische äußerst schonend und verwenden nicht nur für Karpfen, sondern für alle Fische eine **Abhakmatte** – eine im Fachhandel erhältliche gepolsterte Matte zum schonenden Ablegen des Fisches während des Abhakens – und **Arterienklemmen** zum Lösen des Hakens. Da man durchaus auch mal längere Zeit auf einen Biss warten muss, oder es die besondere Angelmethode erfordert, muss die Rute abgelegt werden können. Die **Rutenhalter** und **Auflagen** müssen immer einen sofortigen Anhieb ermöglichen, aber gleichzeitig das Gerät sicher halten. In jedem Fall sollten sowohl vorderer als auch hinterer Rutenhalter teleskopierbar sein, so dass die Rute in der gewünschten Neigung abgelegt werden kann. Als hintere Auflage benutzen wir eine V- oder U-förmige Auflage. Die vordere Auflage muss auf jeden Fall breiter sein, damit sich die Schnur nicht in Uferbe-

Bevorzugte Rutenauflage der SHGD: der „Coathanger"

Zwei Posenkästen eines Profis.

wuchs oder an der Schraube des Rutenhalters fängt. Wir bevorzugen einen so genannten „Kleiderbügel" (Coathanger).

Um die umfangreichen Angelutensilien geordnet mit ans Wasser zu nehmen, bieten sich **Plastikboxen** in den unterschiedlichsten Ausführungen an. Diese sind im Fachhandel und in verschiedenen Ausführungen auch im Baumarkt erhältlich. Achten sollte man beim Kauf auf Bruchfestigkeit und variable Einteilung der einzelnen Fächer. Auch Holzkisten in verschiedenen Modellen sind geeignet, jedoch wesentlich teurer. Die gesamte Ausrüstung verstaut man am besten in einer umfangreichen **Angeltasche** oder noch besser einem **Rucksack**. Größen von 30 bis 50 Litern Fassungsvermögen sind für das Posenfischen ideal. Die Ruten sowie Schirm, Rutenhalter und Kescherstock transportiert man in

Quiver (Rutentaschen) in verschiedenen Ausführungen.

einem speziellen Futteral, dem so genannten **Quiver**. Diesen Quiver benutzen wir für fast alle Angelarten. Er wird von verschiedenen Herstellern in guter und vor allen Dingen durchdachter Qualität angeboten.

Angeln wir vom Ufer aus, sollten wir unsere Ausrüstung unbedingt um einen zuverlässigen **Angelstuhl** bereichern. Auch hier sind viele verschiedene Modelle auf dem Markt. Entscheidend für einen guten Sitz sind die stufenlose Verstellbarkeit der vier Füße, um sich den Gegebenheiten des Geländes anpassen zu können, die Polsterung, das Gewicht und die Stabilität.

Sehr wichtig für den Komfort am Wasser ist auch ein guter **Schirm**. Er schützt nicht nur vor Regen, sondern auch vor Wind oder Sonne und ist daher für jeden Ansitz unverzichtbar. Gängige Modelle sind mit PVC oder Nylon bespannt, wobei Nylonschirme wesentlich leichter aber auch etwas weniger robust sind. Für die meisten Angelbedingungen genügt ein Schirmdurchmesser von 2,30 oder 2,50 Metern. Wichtig ist weiter: der Schirm sollte über ein Knickgelenk oder eine andere Vorrichtung zum Abwinkeln verfügen, um ihn so universeller ausrichten zu können.

Köder

▶ **Maden, Würmer und Co.**

Die Köder Nummer Eins im Friedfischbereich sind schon seit Jahren **Maden**. Sie können überall gekauft werden, und man kann mit ihnen fast in allen Gewässern Fische fangen. Um ihre Fängigkeit zu erhöhen, sollte man

die Maden am Tag bevor man fischen geht, säubern. Zuerst siebt man sie mit einem Madensieb, um die unbrauchbaren, das heißt toten Maden zu entfernen. Danach überstreut man sie mit Paniermehl und lässt sie darin krabbeln. Diesen Vorgang wiederholt man nach einiger Zeit und erhält saubere, gebrauchsfertige Maden, die auch ihren vorherigen Ammoniakgeruch verloren haben. Nun können die Maden bei Bedarf mit einem Duftstoff wie Vanille oder einem Gewürz wie Curry versehen werden. Speziell im Winter, aber auch im Hochsommer können besonders kleine Maden, so genannte Pinkys, in Verbindung mit sehr kleinen Haken (Nr. 18 bis 24) den Erfolg bringen. Die Vorbereitung ist dieselbe wie bei den normalen Maden.

Mais, Caster, Maden und Weißbrot

Ein in Deutschland zwar bekannter, aber relativ wenig benutzter Köder sind Madenpuppen, **Caster** genannt. Bei richtiger Handhabung sind mit diesem Köder auch dann noch Fische zu fangen, wenn alles andere versagt. Leider kann man hierzulande nur in

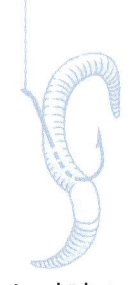

Angeköderter Tauwurm

sehr wenigen Geschäften fangfertige Caster kaufen – in England gehören sie in jedes Angelgeschäft. Caster erhält man, wenn sich Maden verpuppen. Diese Puppen kann man mit einem Madensieb von den unverpuppten Maden trennen. Dabei ist zu beachten, dass die Caster in den unterschiedlichen Entwicklungsstadien verschiedenes Gewicht haben. Helle Puppen sind am schwersten, sinken daher rasch ab und eignen sich am besten, wenn sie eine Bronzefärbung haben. Schon einige Nuancen dunklere Caster sind wesentlich leichter und können deshalb nur noch in stehenden oder langsam fließenden Gewässer eingesetzt werden. Schwarze Caster sind so leicht, dass sie schwimmen. Außerdem ist ihre Haut so spröde, dass sie nicht auf den Haken gebracht werden können; gute Dienste leisten sie aber zerquetscht im Anfutter. Als Kombiköder inbesondere mit lebendigen Maden, Weißbrotflocke und Rotwurm sind die beiden erstgenannten Castersorten ausgezeichnet geeignet.

Ein Allroundköder, den man immer dabei haben sollte, ist der **Mistwurm**, auch Rotwurm genannt. Gerade wenn auf Maden nur kleine Fische beißen, bringen Rotwürmer die größeren Exemplare an den Haken. Man findet diesen Wurm in Komposthaufen. Sie sollten erst kurz vor dem Angeln gesammelt werden, da sie Hitze und auch Frost nicht gut vertragen. Gelagert werden die Mistwürmer am besten in einer Köderdose mit feuchtem, nicht zu nassem Moos oder Gras. Wichtig ist eine gute Durchlüftung der Dose durch ausreichend viele Lüftungslöcher im Deckel. Nach dem

Angeln kann man die restlichen Würmer im Kühlschrank noch einige Tage aufbewahren, wobei man täglich kranke (solche, die sich kaum noch bewegen) oder tote Exemplare aussortieren sollte.

Der **Tauwurm** ist ein weiterer wichtiger Köder für die größeren Exemplare unter den Friedfischen. Interessanterweise gibt es Gewässer, in denen man mit diesem Köder alle Fischarten fangen kann, während er in manchen Gewässern überhaupt keinen Erfolg bringt. Den Tauwurm sucht man am besten in warmen, regenreichen Nächten auf kurzgeschnittenen Rasenflächen. Zweckmäßig ist es, eine Taschenlampe mit Rotlicht zu verwenden, da die Würmer bei größerer Helligkeit sofort in den Boden verschwinden. Man ergreift den Wurm direkt über dem Erdloch, wartet, bis seine Kräfte erlahmen und zieht in dann vorsichtig heraus. Hier ist Geduld gefordert, denn bei zu großem Krafteinsatz zerreißen die Würmer innerlich und verenden in kurzer Zeit. Die Aufbewahrung der Würmer ist nicht ganz unproblematisch. Sie sind noch empfindlicher als Mistwürmer, und ein einziger kranker oder verletzter Wurm kann in einer Köderbox den ganzen Bestand ruinieren.

Die große Zeit der **Maiskörner** als Köder liegt schon einige Zeit zurück. Trotzdem werden auch heute noch schöne Fische mit diesem Köder gefangen. Ob in der Dose oder im Glas, ist dieser Köder immer verfügbar, relativ preiswert und auch zum Anfüttern sehr geeignet. Es gibt mittlerweile speziell für das Angeln zubereiteten Mais in verschiedenen Geschmacksrichtungen und Farben. Normaler getrockneter Futtermais, der in jedem Landhandel erhältlich ist, muss vor dem Einsatz eine Nacht in Wasser eingeweicht und anschließend 30 bis 60 Minuten gekocht werden, damit er weich wird. Diese Vorbehandlung entfällt bei den Dosenprodukten, diese können sofort eingesetzt werden.

Ein weiterer preiswerter Köder ist der **Weizen**. Auch er kann sowohl als Hakenköder als auch zum Anfüttern verwendet werden. Hier ist allerdings eine Vorbehandlung erforderlich. Weizen sollte man über Nacht in einem ausreichend großen Gefäß quellen lassen, um ihn dann am nächsten Tag bis zum Aufplatzen der Körner zu kochen. Hierbei kann das Kochwasser zusätzlich mit einem Aromastoff versetzt werden.

Eine ähnliche Vorbereitung erfordert der **Hanf**. Auch hier wird nach dem Wässern gekocht, bis der weiße Keim sichtbar wird. Hanf ist wesentlich fetthaltiger als die anderen bisher genannten pflanzlichen Köder. Ihm werden ungeheure Fangeigenschaften nachgesagt. Dem Märchen vom „Süchtigmachen" der Fische, welches vermutlich aus der Verbindung Hanf = Cannabis = Marihuana entstanden ist, sollte man aber keinen Glauben schenken.

Ein absoluter Universalköder ist das **Weißbrot**. Diesen Köder sollte man nach Möglichkeit immer bei sich führen. Er bietet eine Vielzahl von Einsatzmöglichkeiten. Flocken aus dem weichen Inneren des Brotes, die man um den Haken drückt, sind ein echter Leckerbissen für viele Fischarten. Die Flocke quillt im Wasser auf und wird dadurch fast genauso schwer wie das Wasser. Dadurch bewegt sie sich bei der kleinsten Bewegung verführerisch. Auch die Kruste lässt sich als schwimmender Köder auf viele Fischarten einsetzen. Älteres Weißbrot kann am Wasser eingeweicht werden. Presst man dann das Wasser heraus, kann man die Masse als Anfutter einsetzen. Sie löst sich schnell in unzählige kleine Teilchen auf und lockt insbesondere Döbel und Rotaugen an.

Brotwürfel

Weißbrot kann auch als Grundlage für **Pasten** dienen. Diese gibt es in unzähligen Variationen. In der Praxis haben sich die Folgenden als fängig erwiesen:

Haferflocken-Vanille-Paste für sie benötigt man 250 Gramm Haferflocken, Wasser, 1 Esslöffel Speisestärke, etwas Speiseöl, 2 Esslöffel Margarine, 1 Esslöffel Honig und 5 Päckchen Vanillezucker. Zunächst werden die Haferflocken in einer Kaffee- oder Kornmühle zu feinem Pulver zermahlen. Von einem Viertelliter Wasser schütten wir ein wenig in ein gesondertes Glas, um darin die Speisestärke anzurühren. Der Rest des Wassers wird erhitzt. Nach dem Aufkochen wird die angerührte Stärke dazugegeben. Die entstandene Masse schütten wir in eine Schüssel und lassen sie etwa 10 Minuten abkühlen. Anschließend werden Öl, Margarine, Honig und der Vanillezucker dazugegeben. Das Ganze gut verrühren und die gemahlenen Haferflocken unterziehen – dabei unbedingt darauf achten, dass eine weiche Konsistenz erhalten bleibt. Diese Haferflocken-Vanille-Paste hat sich besonders beim Angeln auf Rotaugen, Brassen, Schleien, Güstern und Karpfen bewährt.

Eine weitere fängige Paste ist die so genannte **Proteinpaste**. Zu ihrer Herstellung werden 100 Gramm Casein (spezielles Milcheiweiß erhältlich in Angelgeschäften), 100 Gramm gemahlene Haferflocken, 100 Gramm Sojamehl, 50 Gramm Hartweizengrieß sowie ein Aroma nach Wahl benötigt. Die Zutaten geben wir in eine Schüssel und vermischen sie gut miteinander. Bei der Zugabe des Aromas sollte man unbedingt den Vorgaben des Herstellers folgen und auf keinen Fall überdosieren. Auch wenn für unsere Sinnesorgane nur ein ganz schwacher Geruch wahrnehmbar ist, kann dieses für den Fisch schon abschreckend sein. Weniger ist in diesem Fall oft mehr! Bei der hier beschriebenen Rezeptur werden die Zutaten mit Eiern angerührt. Je nach Größe werden 3 bis 5 Stück benötigt. Hier sollte man die Eier nach und nach zusetzen, bis die gewünschte Festigkeit erreicht ist. Wird die Masse zu klebrig, kann man sie mit etwas Öl geschmeidiger machen. **Käsepaste** stellen wir aus einem mindestens eine Woche abgelagerten Weißbrot her. Frisches Weißbrot neigt zum Klumpen und lässt sich nicht gut verarbeiten. Zunächst entfernt man die Kruste des Brotes, schneidet es in Scheiben und knetet jede einzelne Scheibe, nachdem man sie in Wasser eingeweicht hat, über einer sauberen Schüssel gut durch. Die entstandene Teigmasse wird mit dem vorher feingeriebenen Käse vermengt. Nun wird das Ganze unter Hinzugabe von etwas Speiseöl oder geschmolzener Margarine geschmeidig geknetet. Die Endkonsistenz sollte so beschaffen sein, dass die Paste das Auswerfen gerade noch

übersteht, sich aber beim Einholen der Angel bereits vom Haken löst.

Wer seine **Pasten** noch **farblich verändern** will, hat heute pulverförmige Futterfarbstoffe in jeder Farbvariante im Fachhandel zur Verfügung. Darüber hinaus lassen sich Pasten sehr gut mit aktuellen „Flavours" (englisch für Geruchs- oder Aromastoffe) auf einen bestimmten Geruch beziehungsweise Geschmack einstellen. Diese „Flavours" wurden ursprünglich in England zum Karpfen- und Schleienangeln entwickelt, werden heute aber bei fast allen Angelarten und Zielfischen eingesetzt. Lassen Sie also das altbewährte Bittermandel und Vanillearoma im Supermarktregal stehen und machen Sie einen Versuch mit den insgesamt billigeren und speziell fürs Fischen entwickelten Flavours beim Fachhändler. Der Experimentierfreude sind dabei keine Grenzen gesetzt!

Als weitere Ausgangsbasis für fängige Pasten werden statt Weißbrot **Forellipellets** oder **Katzenfutter** wie Brekkies benutzt. Auch die müssen natürlich gemahlen werden. Als Zuschlagsstoffe verwenden wir hier Sojamehl, Grieß und Eier. Die Zugabe eines Aromas entfällt, da die Grundsubstanzen bereits über ein äußerst fängiges Eigenaroma verfügen.

▶ ... und was es sonst noch in der Speisekammer gibt

Ein Köder, der in der Regel bisher nur von Spezialisten eingesetzt wird, ist **Wurst**. Insbesondere Döbel und Barben schätzen diese Leckerbissen aus dem Metzgerladen. Doch auch andere Fischarten wie Aale, Brassen Rotaugen oder auch der Karpfen mögen durchaus mal ein fleischiges Häppchen. Die Wurst wird in kleine Würfel geschnitten und auf einem entsprechend großen Haken angeboten. Zum Einsatz kommen vorzugsweise Fleischwurst mit oder ohne Knoblauch, Schinkenwurst oder auch Blutwurst. Zu beachten ist, dass Wurst je nach Fettgehalt schwimmt. Man verhindert dies, indem man die Wurst kocht.

Der wohl bekannteste fleischliche Köder ist in England das **Frühstücksfleisch**. Bei uns fristet es leider, trotz seiner Fängigkeit und leichten Verfügbarkeit, immer noch ein Randdasein. Es kann in jedem Supermarkt erworben und aus der Dose gebraucht werden. Unzählige Barben und Döbel sind auf diesen Köder schon gefangen worden, und es waren oftmals die großen Exemplare, die darauf hereinfielen. In den Anfängen des modernen Karpfenangelns galt Frühstücksfleisch lange als Geheimtipp. Heute haben ihm Köder wie beispielsweise Boilies oder Mais den Rang abgelaufen. Dennoch lohnt nach wie vor ein Versuch mit Frühstücksfleisch gerade auf die verschiedenen größeren Weißfischarten. Als Variation kann Curry oder auch Knoblauchsalz übergestreut werden. Man sollte jedoch darauf achten, dass durch eine derartige Behandlung das Frühstücksfleisch auf die Dauer sehr weich wird und nicht mehr am Haken hält. Gleiches gilt bei hochsommerlichen Temperaturen.

Käse gilt von Alters her als ausgezeichneter Köder für Barben und Döbel, jedoch lassen sich auch Aland, Rotaugen, Güstern und Karpfen mit diesem Köder fangen. Sehr harte Käsesorten wie Schweizer, Parmesan oder ältere Edamer finden nur in geriebener Form in Verbindung mit Zusatzstoffen in Pasten Verwendung. In die Kategorie der mittelharten Sorten gehören junger Gouda, französischer und deutscher Butterkäse, Dillkäse, englischer Cheddar und Babybel. Diese Käse werden bereits zu Hause fangfertig gemacht und beim Ansitz auf größere Fischarten wie Döbel, Karpfen und Barben in Würfel von etwa einem Zentimetern Kantenlänge geschnitten. Für Rotaugen, Karauschen und Güster benutzen wir zur Köderherstellung einen Kartoffelausstecher, mit dem wir

Köder aus der Speisekammer: Kirsche, Käse, ausgestochene Kartoffel

zylinderförmige Stücke aus dem Käse stechen können, die sehr gut an den kleinen Haken halten. Weichkäse wie Camembert, Brie oder Schmelzkäse können in manchen Situationen anderen Ködern gegenüber entscheidende Vorteile bieten. Nur in sehr stark strömenden Gewässern und beim Angeln auf große Distanzen sind sie nicht einzusetzen. Allgemein ist bei der Verwendung von Käse zu beachten, dass dieser Köder im Wasser insbesondere bei niedrigen Temperaturen nachhärtet. Lassen wir den Köder zu lange im Wasser, kann es beim Anschlag und Haken des Fisches Probleme geben. Unter solchen Bedingungen sollte man besser auf Käsepaste zurückgreifen die weich bleibt. Die Unsitte im Friedfischbereich, dann auf Drillinge zurückzugreifen, ist unbedingt abzulehnen.

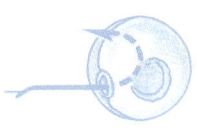

Angeköderte Kirsche

Vor etwa zwanzig Jahren war die **Kartoffel** hierzulande der Karpfenköder Nummer Eins. Heutzutage wird sie hauptsächlich von Anglern benutzt, die ihre große Zeit miterlebt haben und von ihrer Fängigkeit überzeugt sind. Kartoffeln werden ausschließlich gekocht zum Angeln verwendet. Da es viele verschiedene Kartoffelsorten gibt, sind die einzelnen Garzeiten durch Ausprobieren zu ermitteln. Was ist nun die ideale Härte? Fische fressen lieber weiche als harte Köder. Harte Köder finden nur Verwendung, um kleine Fische von unseren Ködern fernzuhalten oder beim Angeln in extremen Entfernungen. Beim Angeln mit ganzen Kartoffelknollen können wir Kleinfische von vornherein abhalten, wenn wir etwa hühnereigroße ungeschälte Kartoffeln verwenden. Grundsätzlich sollten die Kartoffeln nach dem Garen einige Stunden abkühlen, damit sie ihre Endzähigkeit erreichen können und nicht schon beim Wurf vom Haken fliegen oder beim Anködern aufspalten. Kleine Kartoffelstückchen werden mit einem Kartoffelausstecher aus einzelnen Kartoffelscheiben gewünschter Dicke ausgestochen und auf Haken der Größe 10 bis 18 angeboten. Selbstverständlich ist auch die Verwendung von kleinen Würfeln möglich.

Je nach Jahreszeit können verschiedene **Obstsorten** unsere Köderpalette bereichern. Ein Top-Sommerköder ist zum Beispiel die Süßkirsche. Gerade Döbel und Barben beißen auf diesen Köder. Neben diesen beiden Fischarten kann man aber auch Rotaugen, Hasel, Aland und Karpfen mit Obstködern fangen. Neben der Kirsche eignen sich noch Weintrauben, Holunderbeeren, Erdbeeren, Brom- und Himbeeren zum Angeln. Diese Früchte werden ohne jegliche Vorbehandlung auf einem ausreichend großen Haken gefischt.

▸ **Anködern**

Generell gilt für das Anködern aller oben erwähnten Köder, dass die Hakenspitze, entgegen alter Lehrmeinung, unbedingt frei bleiben sollte! Schon weiche Käse- oder Kartoffelköder können selbst auf kurze Entfernungen einen erfolgreichen Anschlag verhindern, wenn der Haken vom Köder komplett bedeckt ist.

Nur mit freier Hakenspitze ist es möglich, den Anschlag so zu setzen, dass der Haken ausreichend tief eindringt. Die Auffassung, dass Fische in der Lage seien den Haken zu erkennen und aus diesem Grund den Köder zu verschmähen, gilt inzwischen bewiesenermaßen als überholt.

Methoden und Technik

▸ **Fließgewässer**

Der **Standplatz** zum Angeln in Fließgewässern ist immer so nah wie möglich am oder besser noch im Wasser zu wählen. Nur so ist man in der

Lage, die Pose an einer leichten, kurzen Rute einwandfrei in einer angelegten Futterspur (darüber mehr im Abschnitt „Fischarten") zu führen.

Haben wir Pose, Bleie und Haken montiert, können wir auswerfen. Wegen der geringen Entfernung, in der wir angeln, reicht ein **Unterarmwurf** vollkommen aus. Dazu wird der Rollenbügel geöffnet und die Schnur mit dem Zeigefinger gehalten. Die andere Hand hält die Schnur im Bereich des Hakens. Jetzt ziehen wir die Rute aus der Waagerechten in Richtung Senkrechte und lassen den Haken und die Schnur los. Wenn wir alles richtig gemacht haben, landet unsere Montage gestreckt im Wasser. Sofort geben wir Schnur, so dass die Pose in der von uns angelegten Futterspur abtreiben kann. Heben wir die Rute leicht an und bremsen den Schnurablauf mit dem Mittelfinger an der Spule, wird das Abtreiben verzögert, was oftmals zum Biss führt. Beim Fließwasserangeln kann die Pose wegen der besseren Sichtbarkeit – insbesondere wenn wir den Schwimmer weit abtreiben lassen – ruhig etwas weiter aus dem Wasser ragen als beim Fischen in stehenden Gewässern.

Eine etwas andere Technik brauchen wir, wenn wir das gegenüberliegende Ufer beangeln. Hier reicht hier der Unterarmwurf nicht mehr aus. Die Montage wird deshalb mit dem **Überkopfwurf** an die Angelstelle gebracht. Dazu schwingen wir die Rute bei geöffnetem Rollenbügel zurück in die 15 Uhr-Stellung, um dann die Rute mit Schwung in die 9 Uhr-Stellung, also vor den Körper zu bewegen. In dieser Position gibt der Zeigefinger die Schnur frei, und die Montage fliegt auf den Angelplatz.

Typische Strömungsposen sind außer den Wagglermodellen in fast allen Ausführungen mit einem oben liegenden Schwimmkörper ausgestattet, in den unten ein Hartholz- oder Metallstab eingearbeitet ist.

▶ **Stillwasser**

Das Stillwasserfischen mit der Pose erfordert wesentlich mehr Sensibilität als das Fließwasserangeln. Unser **Angelplatz** befindet sich direkt am Ufer, wobei jede mögliche Deckung genutzt werden muss, um die Fische nicht zu erschrecken – es sei denn, wir fischen weit draußen. Zudem muss beim Stillwasser-Posenfischen sehr genau ausgelotet werden, da die Fische manches Mal den am Gewässergrund aufliegenden Köder nehmen oder knapp über dem Grund beißen. Man muss sich vor allen Dingen vergegenwärtigen, dass sich die Fische in ste-

Angeln im Stillwasser

henden oder leicht fließenden Gewässern unendlich viel Zeit mit der Köderaufnahme lassen können. Aus diesem Grund ist genaues Ausloten der Angelstelle und eine möglichst sensible an die Verhältnisse angepasste Posenmontage unbedingt notwendig.

Beißen die Fische in unregelmäßigen Abständen, kann die Rute ohne weiteres am Ufer auf **Rutenhaltern** abgelegt werden. Wichtig ist dabei, dass die Rutenspitze ins Wasser eintaucht: Man verwendet folglich eine sinkende Schnur und kann trotz abgelegter Rute einen sofortigen Anschlag setzen, wenn die Pose abtaucht. Die Bisserkennung kann anfänglich einige Schwierigkeiten bereiten, da die Beißvarianten der einzelnen Fischarten stark voneinander abweichen und auch nicht in allen Gewässern identisch sind. Beim typischen **Biss** wird der Schwimmer wie im Fließgewässer sofort unter Wasser gezogen. Bei einer zweiten Variante fängt der Schwimmer an zu zittern, taucht etwas ab, kommt wieder hoch, um schließlich seitlich wegzuziehen. In diesem Augenblick wird der Anhieb gesetzt, indem man entgegen der Posenrichtung die Rute zügig anhebt, bis Kontakt zum Fisch hergestellt ist.

Beim Angeln mit aufliegendem Köder – wenn der Köder also auf dem Gewässerboden abgelegt wird, wie zum Beispiel mit der Liftmethode – kann es passieren, dass sich die Pose bei einem Anbiss aus dem Wasser heraushebt! Während dieser Steigphase erfolgt der Anhieb. Legt sich die Pose zu schnell flach, warten wir auf das seitliche Wegziehen der Pose und setzen erst dann den Anhieb.

Posen zum Stillwasserangeln sind wesentlich sensibler, haben also eine geringere Tragkraft als Strömungsposen. Sie sind mit sehr feinen Antennen und meistens einem untenliegenden Schwimmkörper ausgestattet. Typische Vertreter dieser Posenart sind Stillwater Blue, auch Waggler und Zoomer.

Die Fische

▶ Rotauge

Jeder kennt es, fast jeder schätzt es – das Rotauge. Für viele Angler war es der erste Fisch, den sie gefangen haben. Trotzdem sind Rotaugen oder Plötzen, wie sie mancherorts genannt werden, keinesfalls immer so leicht zu fangen, wie es oft den Anschein hat. Dem Verhalten des Anglers am Ufer oder im Boot kommt dabei außerordentliche Bedeutung zu. Wegen der geringen Entfernung zwischen Fisch und Angler können unbedachte Bewegungen oder „nur" das Zuklappen einer Sitzbox empfindliche Konsequenzen nach sich ziehen und Rotaugen, aber auch andere Fische vom Futterplatz vertreiben.

Zunächst aber muss man die Fische in einem Gewässer orten, was bei dieser Spezies nicht besonders schwer fällt, da die meisten Gewässer einen sehr guten Rotaugenbestand haben und sich die Fische entsprechend verteilen. In großen Naturseen beispielsweise braucht man nur die Schilfkanten zu befischen und mit etwas Anfutter, bestehend aus Paniermehl und Haferflocken, wird man sicherlich Erfolg haben.

Sind die Wasserverhältnisse ruhig, bestücken wir unsere sehr sensible

Matchrute von 12 oder 13 Fuß mit 0,15-Millimeter-Schnur und einer leichten Wagglerpose (beispielsweise 3 AAA). Die Beschwerung durch Bleischrote befindet sich in diesem Fall in der Nähe der Pose. Diese Montage bewirkt, dass der Köder langsam zum Grund sinkt und auch von Fischen wahrgenommen wird, die sich im Mittelwasser oder unmittelbar über dem Grund aufhalten. Bewegt sich die Pose seitlich oder wird sie unter Wasser gezogen, muss sofort ein **Anhieb** gesetzt werden. Allerdings muss man hier zwischen Probieren und echtem Anbiss unterscheiden können. Oftmals spielen die Rotaugen nur mit dem Köder, um erst etwas später richtig zuzupacken. Ist dies über längere Zeit der Fall, hilft oft das Umsteigen auf kleinere Haken (zum Beispiel Größe 18 bis 24) und einzelne sehr kleine Köder wie zum Beispiel eine Pinky-Made. Mit der Zeit lernt man die Bewegungen der Pose richtig einzuschätzen und im richtigen Moment den Anhieb zu setzen. Als Köder kommen Maden, Caster, Rotwürmer, Brotflocke, Pasten und an sehr warmen Tagen Weißbrotstückchen zum Einsatz. Dieser Köder bringt oft noch gute Rotaugen, wenn alle anderen versagen.

Ein lockeres **Anfutter** aus hellem Paniermehl und einer Handvoll Haferflocken, welches zunächst trocken vorgemischt wird und dann mit Wasser vermischt wird, verbessert die Fangchancen erheblich. Dabei darf das Anfutter nicht zu fest geknetet werden, da es sonst als ein fester Klumpen zu Boden sinkt, der sich nur sehr langsam auflöst. Optimal ist es, die Futterballen in Walnussgröße zu formen. Sie sollten sich bereits beim Aufprall an der Wasseroberfläche auflösen und als feine Teilchen unter Wolkenbildung zu Boden sinken. Hier empfiehlt es sich, in regelmäßigen Abständen nachzufüttern.

Um in etwas tieferen Wasser zu angeln, eignen sich gut die **Stillwater Blue** oder ähnlich gebaute Posen. Diese Posen haben einen Körper aus Balsaholz mit oben eingesetzter Antenne aus unterschiedlichen Materialien wie Tonkin oder auch Kunststoff. Die Hauptbebleiung wird zirka 10 bis 15 Zentimeter unterhalb der Pose angebracht und bewirkt, dass sich die Pose nach dem Auswerfen sofort aufrichtet.

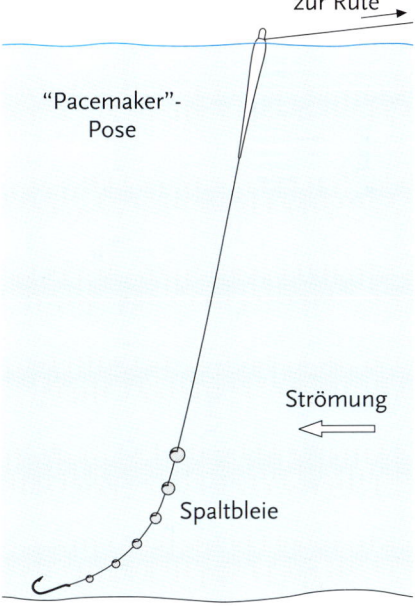

Die Anordnung der Bleie verhindert ein Verheddern der Montage beim Wurf.

Wenn die Restbebleiung einschließlich des obligatorischen Dustbleis (Blei Nr. 8) durchgesunken ist, sollte die Antenne weniger als ein Zentimeter aus dem Wasser ragen.

Mit dem Stillwater Blue kann auch auf Grund gefischt werden, allerdings besteht der einzige Haltepunkt der Montage auf dem Gewässerboden wieder aus einem Dustblei Nr. 8. Schwerere Bleie würden diese äußerst sensible Methode beeinträchtigen.

Da auch schon während des Absinkens Bisse erfolgen können, sollte man bei jeder Unregelmäßigkeit, das heißt bei zitternden oder zupfenden Bewegungen an der Pose, den Anhieb setzen können.

Zum **Casterangeln** muss die Montage verändert werden, da man hier von vornherein den Effekt des langsamen Absinkens braucht und die Fische oft „on the drop" (während des Absinkens) fängt. Jetzt wird das gesamte Blei unterhalb der Pose angeordnet und nur ein Dustkorn zirka 30 Zentimeter vom Haken entfernt angeordnet. Damit wird auch während des Absinkens des Köders eine optimale Bissanzeige gewährleistet.

Beim **Flussfischen** auf Rotaugen haben wir es mit völlig anderen Bedingungen zu tun als im Stillwasser. Gerade dem Einsteiger kann es anfangs schwer fallen, die Umstellung zu meistern. Obwohl dieses Angeln etwas unruhiger und aktiver als der Ansitz im Stillwasser ist, gehört es sicherlich zu den spannendsten Angelarten überhaupt.

Der **Pacemaker** ist ein typischer Rotaugenschwimmer und an vielen Flüssen und unter den unterschiedlichsten Bedingungen einsetzbar. Wir bevorzugen Modelle, die anstatt der Öse am unteren Ende eine eingespließte Tonkinspitze (Tonkin = Bambus) besitzen. Dadurch lässt sich die Pose unter ungünstigen Bedingungen wie zum Beispiel bei leichtem Wind in Stromrichtung besser führen als ein Modell, das ganz aus Balsa besteht. Durch seine auch bei den kleinsten Modellen beträchtliche Tragkraft und die dadurch erforderliche entsprechende Bebleiung, lässt er sich geradezu ideal bei leicht windigem Wetter einsetzen. Die Bleischrote werden bei dieser Pose im unteren Drittel des Abstandes zwischen Haken und Pose angebracht. Sie erhalten die Form einer Kette, bei der das größte Schrot am höchsten sitzt und das kleinste am nächsten in Richtung Haken. Die richtige Anordnung der Bleie sowie ein gekonnter Unterarmwurf verhindern auch bei einer Bleikette Verhedderungen.

Zweckmäßigerweise wirft man etwas stromaufwärts ein. Kurz vor dem Auftreffen der Posenmontage auf die Wasseroberfläche wird die ablaufende Schnur mit der Hand blockiert. Bei richtiger **Wurftechnik** landet die Montage gestreckt auf der Wasseroberfläche. Es dauert nun einen kurzen Moment, bis die Bleie den Köder auf Tiefe und die Pose in Position gebracht haben. Wenn die Pose schließlich senkrecht im Wasser steht, beginnt die eigentliche Abdrift des Köders in der Futterspur. Der Schnurfangbügel der Stationärrolle bleibt auch weiterhin geöffnet. Sobald die Pose in der Abdrift unseren Standpunkt erreicht hat, legen wir den Zeigefinger leicht auf den Spulenrand. Jetzt streckt sich die Schnur, die Pose wird angehalten und der Köder treibt der Pose voraus den Fluss hinunter.

Ist die Schnur ganz gestreckt, verfolgt die Rutenspitze die Abdrift der Pose. Haben wir einen Winkel von etwa 60 Grad zwischen Rute und Uferlinie erreicht, gibt der Zeigefinger Schnur frei und die Rute wird in die 90 Grad-Position zurückgeführt. Dort beginnt der Vorgang von neuem. Die Pose muss während aller oben beschriebenen Phasen genau beobachtet werden. Gerade beim Anhalten gibt es oft unerwartete Bisse. Beim Anhieb muss der Zeigefinger fest auf den Spulenrand gepresst werden, um die Schnur zu blockieren, da der Schnurfangbügel ja offen ist. Erst wenn wir einen erfolgreichen Anschlag gesetzt haben und mit dem Fisch auf Fühlung sind, wird der Bügel geschlossen und der Fisch ausgedrillt.

Strömungsangeln ist sehr anstrengend und alles andere als ein Erholungsurlaub. Man muss kurze Ruten einsetzen, die leichter zu handhaben sind – gerade deshalb muss man aber so nah wie möglich an die Anfutterspur heran. Oft stehen wir bis zu den Oberschenkeln im Wasser, um eine möglichst gute Köderführung zu erreichen. Um die Wassertiefe in einem Fluss festzustellen, ist ein Grundsucher nicht geeignet. Wir lassen stattdessen unsere Montage mit verschieden eingestellten Tiefen über den Angelplatz treiben, bis wir Grundberührung haben: Die Pose „bleibt stehen" und wird dann von der Strömung unter Wasser gedrückt. Die endgültige Einstellung der Angeltiefe sollte dann

so sein, dass der Köder knapp über dem Grund entlang läuft: Das heißt, die Pose darf nicht mehr, wie oben angedeutet, „stehen bleiben" und untergehen, sondern vielmehr gerade noch ungehindert in der Futterspur abtreiben.

Nicht in jedem Fall ist diese Standardtiefeneinstellung auch die beste. Die letztendliche „fängigste" Tiefeneinstellung wird immer durch die Rotaugen selbst bestimmt. Hier muss man unbedingt variabel bleiben und verschiedene Tiefeneinstellungen ausprobieren, denn viele gute Rotaugenfänge wurden schon mit weit über dem Gewässerboden treibenden Köder gemacht. Übrigens sollte man unbedingt die gesamte Länge der Futterspur ausnutzen, denn gerade da, wo die Rotaugen aufhören zu beißen, können oft ein paar gefräßige Döbel auf den Köder lauern.

Ein Rotauge der Sonderklasse, über zwei Pfund schwer.

Als **Anfutter** kommen an relativ flachen Abschnitten bis zu 2 Metern Maden zum Einsatz, die mit einem entsprechenden Katapult möglichst immer wieder an der gleichen Stelle in Intervallen eingebracht werden. Ansonsten mischen wir ein Anfutter bestehend aus hellem und braunem Paniermehl als Basis, geröstetem Hanfschrot, Haferflocken und etwas Rotaugen-Lockstoff trocken vor. Unter Zusatz von Wasser knetet man danach mittelfeste Anfutterkugeln in Tischtennisballgröße, die wie oben bereits erwähnt beim Auftreffen auf die Wasseroberfläche auseinanderbrechen sollten. Ziel des Anfütterns auf Rotaugen ist es – da man nicht weiß, in welcher Tiefe sich die Fische aufhalten –, sie über den gesamten Tiefenbereich anzulocken und schließlich zum Biss zu verleiten. Auch hier ist kontinuierliches punktgenaues Anfüttern ein Garant für gutes Beißen.

▶ **Döbel**

Der Döbel gehört sicherlich zu den Fischen, die am schwersten zu fangen sind – obwohl er durchaus als Allesfresser bezeichnet werden kann. Ein Schatten, der aufs Wasser fällt, eine schnelle Bewegung am Ufer oder ein lauter Ruf, und der Döbel verschwindet unauffällig von unserer Angelstelle.

Um diesen schlauen Gesellen beizukommen, bietet sich das Angeln mit der dickbauchigen **Chubberpose** oder dem **Loafer** an. Diese Schwimmer haben teilweise bis zu 7 Millimeter dicke Antennen und können auch noch in 30 bis 40 Metern Entfernung gesehen werden.

Ebenso entscheidend sind die Wasserverhältnisse. Wenn diese den Einsatz eines Avon nicht mehr zulassen, da die Strömung zu stark ist oder die

Ein Satz Loafer von 1 SSG bis 5 SSG.

Wassertiefe zu groß, greift man ebenfalls auf den Chubber zurück. Dieser wird oben und unten mit jeweils einem Silikongummi an der Schnur befestigt. Die Bebleiung besteht aus den üblichen weichen Schrotkörnern und wird als Punktbebleiung zirka 40 Zentimeter vom Haken entfernt angebracht.

Das Angeln in extrem weiter Entfernung vom Standplatz des Anglers hat den unschätzbaren Vorteil, dass lediglich die Pose auf den Fisch zutreibt und etwaige Bewegungen des Anglers sich nicht so gravierend wie oben beschrieben auswirken.

Man sollte allerdings mindestens drei verschiedene Posengrößen mit sich führen, um Änderungen der Strömung Rechnung tragen zu können. Der Einsatz dieser verschiedenen Modelle richtet sich nach der vorhandenen Wassertiefe, und zwar nach der Regel: Je tiefer das Wasser, desto schwerer die Pose. Die 2 Swanshot-Pose (1 Swan = 1,9 Gramm) reicht etwa bis 2 Meter Wassertiefe, das 4 Swan-Modell bis ca. 2,80 Meter und der 6 Swan tragende Schwimmer etwa bis 4

Meter. Chubber werden gebraucht, wenn mit größeren Ködern geangelt wird.

Die geeignete **Rute** für dieses Angeln sollte 12 oder 13 Fuß (3,60 oder 3,90 Meter) lang sein und ein starkes Rückgrat besitzen – Döbel sind nämlich sehr harte Kämpfer, so mancher Fisch ist schon wegen zu leichten Geräts verlorengegangen.

Für die Wahl der richtigen **Schnur** sind mehrere Faktoren zu beachten. Zum einen sollte sie so stark sein, dass die gehakten Fische auch sicher gelandet werden können, zum andern muss sie fein genug sein, damit die Posenmontage ihre Funktion nicht verliert. In vielen Fällen reicht eine Schnur zwischen 0,18 und 0,20 Millimeter völlig aus.

Der **Standplatz** für diese Angelart sollte direkt am Ufer oder besser noch im Wasser sein, denn hier steht man unauffälliger als an einer Stelle hoch am Ufer, und die Pose kann besser geführt und kontrolliert werden.

Hat sich die Pose nach dem Einwerfen aufgerichtet, wird die Schnur sofort gestrafft, um Fühlung zur Pose zu bekommen. Das Abtreiben der Pose sollte aber nicht beeinträchtigt werden, damit der Köder möglichst natürlich auf und über dem vermuteten Standplatz des Döbels treibt. Von Zeit zu Zeit serviert man einige Kostproben des verwendeten Köders an der Angelstelle. Punktgenaues Anfüttern ist hier sehr wichtig, da die Döbel konzentriert auf einen Platz gelockt werden sollen.

Wir beginnen mit dem Angeln, indem wir den Köder frei über Grund treibend anbieten. Bleiben Bisse aus, so wird die Angeltiefe um 10 Zentimeter verringert oder vergrößert. Diese Veränderungen nehmen wir solange vor, bis wir die Fische gefunden haben. In der meist starken Strömung zeigen sich die Bisse oft sehr deutlich und sind gut und sicher anzuschlagen. Bei der weiten Angeldistanz ist aber darauf zu achten, eine Rute mit einer solchen Aktion zu wählen, die es ermöglicht, dass der Anschlag auch bis zum Haken durchdringt. Die Fische haben in der starken Strömung nicht viel Zeit, sich für oder gegen den Köder zu entscheiden.

Als **Köder** kommen Hähnchenleber, Parmesanpaste, Fleischwurst, Frühstücksfleisch sowie Weißbrotflocken zum Einsatz. Ein Flachstahlhaken der Größe 6, direkt an die Hauptschnur gebunden, ist für diese Köder die richtige Größe. Zum Angeln mit kleinen Ködern wie Maden, Caster, Wespenmaden oder kleinen Flocken verwenden wir je nach Wasserverhältnissen Posen wie Pacemaker, Avon oder auch Waggler.

Ein weiterer Topköder im Sommer ist die **Kirsche**, insbesondere wenn Kirschbäume das Ufer säumen.

Ein 3,5-pfündiger Döbel.

Während dieser Jahreszeit beißen die Fische bevorzugt frühmorgens oder in der Dämmerung. Zu berücksichtigen ist dabei, dass die Fische während der warmen Jahreszeit in unterschiedlichen Tiefen bis kurz unter der Wasseroberfläche stehen, während sie im Winter in der Regel in Grundnähe stehen.

Manchmal ignorieren die Döbel jeden Köder oder weichen der auf sie zutreibenden Pose sogar aus. Dann ist es an der Zeit, es einmal ganz „bleifrei" zu versuchen. Wir entfernen die komplette Posenmontage und knoten den Haken direkt an die Schnur. Nach dem Anködern und Auswerfen bleibt der Schnurfangbügel geöffnet und man verfolgt das Ablaufen der Schnur. Bei einem Biss wird die Schnur ruckartig abgezogen, oder der Schnurablauf stoppt sogar. Durch einen sofortigen Anhieb werden auch diese Fische gehakt.

▶ **Barsch**
Auch der Anfänger auf dem Gebiet des Angelns hat rasch ersten Kontakt mit diesen schönen Fischen, die in vielen Gewässern zu Hause sind. Sie lassen sich, unter Beachtung einiger Regeln, auch recht einfach fangen. In Seen finden wir kleine Barsche entlang der Schilfkanten und an den Rändern von Seerosenfeldern. Die größeren Fische halten sich in großen Seen und Talsperren meist an so genannten Barschbergen auf – das sind Erhebungen des Gewässerbodens, die in manchen Gewässern bis kurz unter die Wasseroberfläche ragen. Hier finden nicht nur die Barsche Deckung vor Fressfeinden, sondern darüber hinaus

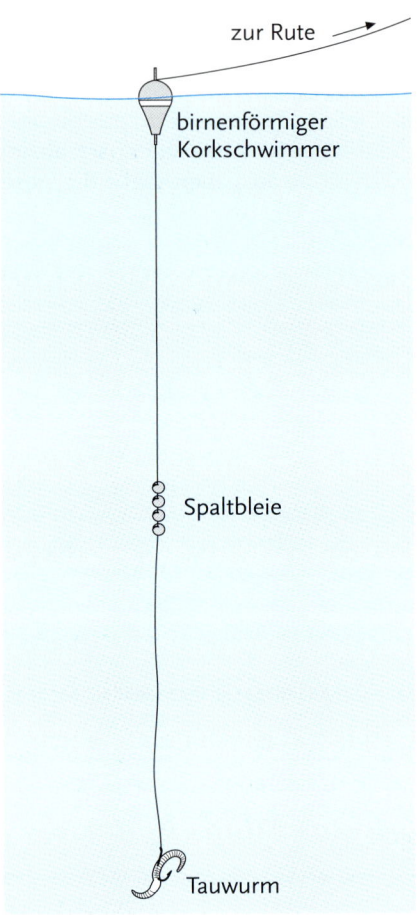

Einfache Montage zum Barschangeln.

(Beschriftungen: zur Rute; birnenförmiger Korkschwimmer; Spaltbleie; Tauwurm)

auch deren Beutefische. Einläufe von kleinen Bächen, Sandbänke hinter Flussbiegungen, Faschinenufer (mit Reisig befestigte Üferböschung) und vor allem Buhnen sind markante Stellen, wo wir den Barsch in Flüssen antreffen.

Zum Posenfischen auf Barsch verwenden wir eine **12 Fuß-Matchrute** sowie eine mittlere **Stationärrolle** mit 0,20 bis 0,25 Millimeter starker

Schnur. Die Haken werden wie immer der Ködergröße angepasst. Barsche, und hier insbesondere kleine und mittlere Fische, spielen einige Zeit mit dem Köder, bevor sie energisch abziehen. In vielen Fällen zieht die Pose seitlich weg, ohne abzutauchen. Hier muss sofort ein Anhieb in Gegenrichtung gesetzt werden. Für das Angeln an Schilfkanten eignen sich kleine Chubberposen und birnenförmige Korkschwimmer, vor auch allem dann, wenn wir mit sehr großen Ködern wie Tauwurm, totem Köderfisch oder Fischfetzen angeln. Bei kleinen **Ködern**, wie Maden oder Mistwürmern, kommen wieder Waggler oder Ducker zum Einsatz. Zu beachten ist dabei, dass die Barsche sich häufig im Mittelwasser aufhalten und ein statisch auf Grund angebotener Köder keine Beachtung findet.

Fischen wir in Flüssen, so ist die **Treibangel** mit dem Chubber erste Wahl (wie auch beim Döbel). Mit dieser Methode können große Bereiche abgesucht werden, wir können so auch Standplätze finden, die für folgende Angelausflüge wichtig sind.

Barsche greifen wie Döbel auch bei einem vorbeitreibenden Köder recht schnell zu. Die Bisserkennung ist daher im Fluss recht einfach. Während des Drills muss unbedingt beachtet werden, dass nicht zu viel Druck gemacht wird, da der Haken sonst im weichen Barschmaul sehr schnell ausschlitzt und wir den Fisch verlieren.

▶ **Zander**

In den letzten fünfzehn Jahren hat sich der Zander von Osten kommend immer weiter in Europa verbreitet.

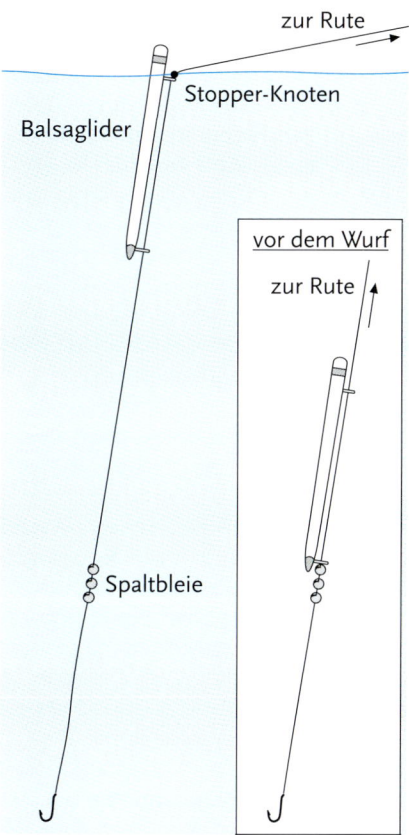

Montage der Specimen Hunting Group Dortmund zum Zanderangeln.

Heute ist er in fast allen Gewässern präsent. In großen Seen und Talsperren findet man ihn an steil ins Wasser fallenden Steinhängen, in tiefen Rinnen sowie an Barschbergen. Auch in Strömen und Flüssen lassen sich die bevorzugten Aufenthaltsorte der Zander relativ leicht herausfinden. Einen Versuch lohnt meistens der Abfluss hinter Wehren. Hier im ruhigeren Randbereich sind oft viele Fischchen unterwegs, die dem Zander als Nahrung dienen. Das undurchsichtige Wasser kommt ihm auf Grund seiner hervorragenden Sehfähigkeit zusätzlich entgegen. Auch in Buhnenfeldern und auf ausgedehnten Sand- oder Kiesfeldern hinter Flussbiegungen findet man diesen Räuber. Bei Schifffahrtskanälen sollte man unbedingt die Bereiche unterhalb von Schleusen und die Übergänge von Spundwandufern zu Steinschüttungen betrachten.

Das **Posengerät** zum Zanderangeln muss wegen der Größe der Fische etwas kräftiger ausfallen als beim Barschangeln. Eine Flussrute ist in Verbindung mit Schnüren von 0,20 bis 0,30 Millimeter genau richtig. Um die in einigen Fällen tief stehenden Zander mit dem Posengerät zu erreichen, verwenden wir große Balsa-Glider (Beschwerung bis 6 SSG), mit denen man in Verbindung mit einem Stopperknoten je nach Beschwerung fast jede Tiefe erreichen kann. Als Köder kommen Fischchen (5 bis 10 Zentimeter) oder auch Tauwürmer und Rotwürmer zum Einsatz.

▸ **Hecht**

Diese Fischart hat von jeher die Phantasie der Angler beflügelt, doch meistens waren die sagenumwobenden Hechte viel kleiner als in den Geschichten der erzählenden Angler. Nur aus diesem Grund kann man sich erklären, warum jahrelang mit überdimensionalem und grobem Gerät auf Hecht gefischt wurde. Eine **Steckrute** mit einer Länge von 11 bis 12 Fuß (zum Bootsangeln der besseren Handlichkeit wegen eher eine 10 Fuß-Rute) bei einer Testkurve von 2 bis 2,5 Pfund reicht für die meisten Situa-

tionen des Posenfischen auf Hecht völlig aus. Für Köderfische, die größer als 20 Zentimeter sind, und auf weite Entfernungen sollte man auf Ruten mit stärkerer Testkurve zurückgreifen, um besser auswerfen und den Anschlag besser durchbringen zu können.

Unsere **Stationärrolle** bestücken wir mit 0,30 Millimeter-Schnur und eine zweite Spule mit 0,35 Millimeter-Schnur für hindernisreiches Gewässer. Die **zigarrenförmige Pose** sollte nur so tragfähig sein, dass sie den von uns verwendeten Köder (Rotauge, Makrele, Sardelle oder Hering) gut tragen kann. Für Tiefen bis zu etwa Dreiviertel der Rutenlänge setzt man feststehende Posen ein, für größere Tiefen Laufposen mit Innenschnurführung. Als **Haken** kommen Drillinge in der Größe 6 bis 10 zum Einsatz, die über ein Stahlvorfach mit einem Wirbel und der Hauptschnur verbunden sind. Die Beschwerung der Pose wird direkt über dem Wirbel angeordnet.

Das **Aufspüren von Hechten** bereitet gerade auf großen Seen, wegen der verhältnismäßig geringen Anzahl an Hechten im Vergleich zur Seefläche, immer wieder Probleme. Hat man jedoch die Fische oder deren Standplätze einmal gefunden, wird man sie auch ziemlich sicher fangen. Hier gilt wie bei vielen Fischarten: Ohne Gewässerkenntnis wenig Bisse! In großen Seen sollte man mit einem Echolot oder auch mit einem konventionellen Lot die Untiefen in einem größeren Bereich etwa einer Bucht herausfinden. Auch Uferbereiche mit dichtem Seerosenbestand, überhängenden Bäumen oder Büschen, aber auch die Ränder schilfbestandener Ufer sind immer einen Versuch wert. In Flüssen lassen sich die Unterstände auch gut mit bloßem Auge ausfindig machen: Die tiefe Rinne hinter einem Wehrschuss, der Abzweig zu einem Altwasser, der versunkene Baum im Uferbereich, das drehende Wasser in einer Flusskurve sind Hotspots, die wir nicht vernachlässigen sollten.

Tipp

Es gilt die Faustregel: Im Frühjahr und im Sommer stehen die Hechte eher flach (je nach Gewässer in 0 bis 4 Meter Tiefe), im Herbst und im Winter eher tief (je nach Gewässer ab 3 Meter Tiefe).

▸ Brassen

Brassen sind – unverständlicherweise – für viele Angler immer noch Fische zweiter Klasse. Dabei erfordert der Fang einer kapitalen Brasse (über 3 Pfund) eine ganze Menge Können, Naturverständnis und Einfühlungsvermögen. Insbesondere in großen Seen gehören Brassen sicherlich zu den Fischen, die am schwierigsten zu lokalisieren und damit auch am schwierigsten zu fangen sind. Entgegen landläufiger Meinung ist es bei weitem nicht damit getan, Anfutter zu versenken und zu hoffen, dass es dann richtig losgehe und die Brassen nur so beißen. An manchen Gewässern kann dieses Vorgehen Rotaugen, Güster und eventuell kleine Brassen bringen, die größeren aber müssen wir erst suchen und können sie erst dann gezielt befischen.

Posologie, von links nach rechts: Antenna Slider, Driftbeater, Stillwater Blue

Brassen sind im Allgemeinen Freiwasserfische, die in einigen Seen die Uferzonen total meiden. Eine Gewässertiefenkarte – die man für manche Seen im Angelfachgeschäft oder auch bei Fremdenverkehrsämtern bekommen kann – leistet hier gute Dienste. Hier kann man die Untiefen erkennen und gezielt abangeln. Seen mit steil abfallender Scharkante (Unterwasserkante: der Grund fällt hier steil ins tiefe Wasser ab) sind ideal, um gezielt auf Brassen zu angeln.

Der **Drift Beater**, eine Pose, die in den Jahren 1977/78 von Peter Stone und Peter Drennan entwickelt wurde, ist ideal, wenn man Brassen bei etwas rauem Wetter, das diese Fische geradezu lieben, fangen will. Er wird nur unten im Öhr am Posenende befestigt. Die Hauptbebleiung wird so angebracht, dass der Sight Bob (Sichtspitze) und zirka 1 Zentimeter der Antenne aus dem Wasser ragen. Nun wird ungefähr 10 Zentimeter vom Haken entfernt ein kleines Schrotkorn angebracht, das so schwer sein muss, dass die Tragkraft der Pose überschritten wird. Richtig auf Gewässertiefe eingestellt, ragt jetzt nur der Sight Bob aus dem Wasser.

Nach dem Auswurf legen wir die Rute auf zwei teleskopierbaren **Rutenhaltern** ab. Wichtig bei dieser Angelmethode ist die Verwendung einer sinkenden Schnur; nur so wird gewährleistet, dass die Pose auf unserem Futterplatz stehen bleibt. Bei windigem Wetter wird die Rutenspitze zirka 10 Zentimeter ins Wasser eingetaucht, so dass die Schnur nun ausschließlich unter Wasser verläuft.

Bei einem **Biss** beginnt die Antenne zu steigen, denn der Brassen braucht nicht wie bei der normalen Liftmethode das gesamte Blei, sondern nur das Bissanzeigeschrot über dem Gewässergrund zu bewegen. Beißen die Brassen sehr vorsichtig, wird das Bissanzeigeschrot bis zu 1,5 Zentimeter an den Haken heran verschoben.

Um auch an Stellen zu angeln, für welche die Länge der Rute nicht ausreicht, kann der Drift Beater auch als **Laufschwimmer** eingesetzt werden. Den möglichst reibungslosen Schnur-

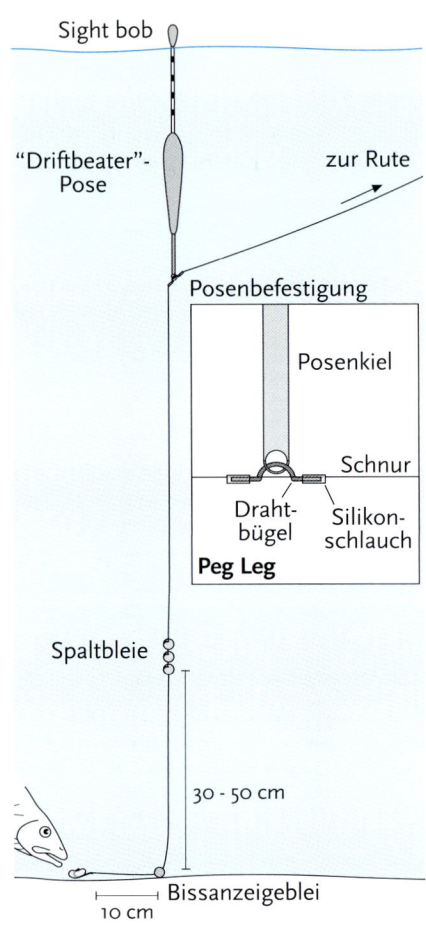

Montage zum Brassenangeln mit Befestigungssystem „Peg Leg" zum schnellen Posenwechseln.

durchlauf an der Posenöse am unteren Ende des Schwimmers kommt bei diesem Vorgehen besondere Bedeutung zu. Oft sind diese Ösen mit Farbe oder Lack verklebt und verhindern ein freies Durchlaufen der Schnur. Entweder säubert man die Öse, bis sie völlig frei von Farbe ist, oder man verwendet einen kleinen Wirbel mit Karabiner, den man in die Öse einhängt. Die Stärke der für dieses Angeln verwendeten Schnur sollte nicht größer als 0,18 Millimeter sein. In hindernisfreien Gewässern reichen hingegen auch 0,15 Millimeter.

Als **Köder** kommen zum Brassenangeln Maden, Maiskörner, Weizen, Rotwürmer, Kartoffelstückchen und Weißbrotflocken zum Einsatz. Anders als bei anderen Fischarten sollte beim Brassenangeln nur zu Beginn des Angelns gefüttert werden. Brassen mögen es gar nicht, wenn wir ihnen möglichst noch harte Futterkugeln auf den Kopf werfen. Ein gutes Futter zum Fischen im Nahbereich besteht aus gekochten Kartoffeln, Bollmehl (gemahlene Kleie), weißem Paniermehl und etwas Trockenmilchpulver. Die Kartoffeln werden zerdrückt, die Kleie, das Paniermehl und das Milchpulver mit etwas Wasser dazugegeben und alles gut durchgemengt. Danach formen wir aus dem Futter hühnereigroße Brocken und werfen diese per Hand an unsere Angelstelle.

Müssen wir weiter draußen füttern, stellen wir ein **Anfutter** aus weißem und braunem Paniermehl her und bringen es mit einem großen Katapult an die gewünschte Angelstelle.

▶ **Schleien**

Das Posenfischen auf Schleien gehört seit jeher zu den reizvollsten Angelmethoden. Leider sind Stellen, wo die Schleien mit einfachsten Mitteln zu fangen sind, relativ selten, so dass man sich intensiv mit dem Beißverhalten sowie den Eigenheiten dieses Fisches vertraut machen muss.

Bernd Steffen mit einem Brassen von 8 Pfund.

Schleien haben gerade in den Hauptfangmonaten im Sommer die Angewohnheit, fast ausschließlich sehr früh morgens oder in der Dämmerung zu beißen. Kommt man also morgens zu spät und kehrt nachmittags zu früh enttäuscht vom Gewässer zurück, hat man die **Beißzeit** der Schleien verpasst. Man sollte zudem immer so fischen, dass man den Wind im Gesicht hat, was sicher nicht ganz angenehm ist, uns aber an vielen Gewässern einen guten Fang beschert hat. Grund dafür ist unter anderem der Umstand, dass der Wind das Wasser an diesen Stellen aufwühlt und auf diese Weise undurchsichtig macht; außerdem werden gerade hier Nahrungsteilchen angetrieben, welche die Schleien anlocken.

Die Schleie und die **Liftmethode** gehören schlechthin zusammen. Seit die Taylor Brothers in England mit dieser Methode überdurchschnittliche Schleienfänge erzielten, wurde diese Technik auch bei uns immer populä-

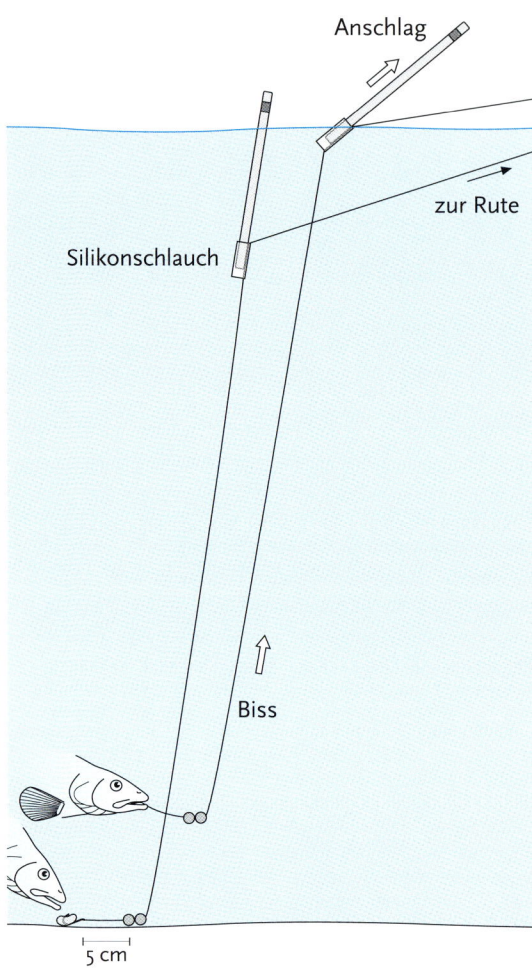

Anschlag

zur Rute

Silikonschlauch

Biss

5 cm

Eine Möglichkeit zum erfolgreichen Schleienangeln – die Liftmethode.

konzentriert in einer Entfernung von 5 Zentimetern vom Haken angebracht. Verwendet man anstelle des Federkiels einen Waggler, wird dieser ebenfalls überbleit gefischt.

Zunächst wird die Tiefe der von uns zum Angeln ausgewählten Stelle grob ermittelt. Dann stellen wir die Pose etwa 20 Zentimeter tiefer ein als die tatsächlich vorhandene Tiefe. Sie wird also um 20 Zentimeter in Richtung Rutenspitze verschoben, sodass sich der Abstand vom Haken zur Pose vergrößert. Nachdem wir ausgeworfen haben, wird die Rute auf zwei teleskopierbaren, nach oben offenen Rutenhaltern mit der Spitze auf die Pose zeigend abgelegt. Diese Technik ist von elementarer Bedeutung, da nur so ein gezielter Anhieb zu setzten ist. Bei anderen Methoden ist es durchaus angebracht, die Rute in der Hand zu halten – hier jedoch würde dies zur Folge haben, dass feinste Vibrationen auf die Schnur, die Pose und somit auch zum Haken und Köder übertragen werden. Da Schleien sehr **schnurempfindlich** sind und auf Schnurberührungen in den meisten Gewässern sehr erschreckt reagieren, muss die Schnur aus einer senkrechten in eine Schräglage gebracht werden. Jetzt kann die Schleie, die bei der Nahrungsaufnahme fast auf dem Kopf steht, den Köder aufnehmen, ohne sich zu erschrecken, und wir können den Biss sehr gut anschlagen.

Fischen wir in einem Gewässer mit schlammigem Untergrund, wird unser Köder – insbesondere wenn es sich um Maden, Rotwürmer oder einen Tauwurm handelt – unweigerlich im Boden versinken; oftmals bleiben die

rer. Die Pose besteht in ihrer einfachsten Form aus einem rohen Federkiel. Sie wird nur unten mit einem Silikonschlauch befestigt und überbleit gefischt – das heißt, man klemmt mehr Blei auf die Schnur, als der Federkiel tragen kann. Das Blei wird

Bisse der Fische dann aus. Der **Antennenschwimmer** mit umliegendem Auftriebskörper wird hier nicht selten zum Erfolgsgaranten. Die Bebleiung wird direkt unter der Pose angeordnet und nur ein BB oder No. 1-Bleikorn 20 Zentimeter vom Haken ent-fernt angebracht. Das hat zur Folge, dass der angebrachte Köder langsam zu Boden sinkt. Er verschwindet aber nicht vollkommen im Schlamm, sondern wird, sofern die Gewässertiefe vorher korrekt ausgemessen wurde, kurz über dem Gewässerboden gehalten.

Neben Schleien lassen sich übrigens auch Rotaugen, Brassen, Güster und Karauschen unter ähnlichen Bedingungen überlisten. Neben den schon erwähnten Würmern und Maden gehören Mais, Weizen und Pasten sowie Kombiköder wie Mais/Made,

Petri Heil! Eine schöne Schleie.

Caster/Brotflocke zu den Top-Ködern beim Schleienangeln. Anfüttern sollte man sehr gezielt und dabei unbedingt Kostproben des verwendeten Köders einwerfen. Ein Futterteppich schreckt die Schleien meistens ab, lockt aber andere Fische wie Rotaugen und Brassen an.

Die Aufenthaltsorte der Schleien sind relativ einfach zu finden. Man braucht kein Echolot oder Lotblei, sondern eher eine polarisierende Brille oder ein Fernglas, um das Wasser zu beobachten. Dichte Seerosenfelder, Schilfbestände, überhängende Bäume, Schilf- oder Seeroseninseln mitten im Gewässer sind markante Punkte, wo man Schleien suchen und finden wird.

▸ **Karpfen**
Die meisten Karpfen werden heutzutage ohne Zweifel auf dem Grund mit Hilfe von elektrischen Bissanzeigern gefangen. Das ist eine sicherlich bequeme und oftmals auch erfolgreiche Methode, dem Karpfen nachzustellen. In einigen Situationen und an manchen Gewässern bringt das Posenfischen jedoch bessere Ergebnisse.

Auch zum Karpfenfischen lässt sich die **Liftmethode** in Verbindung mit **Weißbrotflocken** ganz hervorragend einsetzen. Zu beachten ist natürlich, dass wir es mit einem kräftigen und ausdauernden Gegner zu tun haben. Entsprechend muss unser Gerät angepasst werden. Eine kräftige Matchrute, eine mittlere Stationärrolle mit einer ausreichend dimensionierten Bremse sowie Spulen mit 0,25 und 0,30 Millimeter-Schnur vervollständigen die Ausrüstung.

Die Pose darf ruhig etwas größer als zum Brassen- oder Schleienfischen gewählt werden. Zum Angeln mit Brotflocken verwenden wir Flachstahlöhrhaken in den Größen 6 bis 10. Zum **Anfüttern** verwenden wir zwei etwa eine Woche alte Weißbrote, die wir in einem Eimer mit Wasser einweichen, später ausdrücken und mit etwas

Die Taktik war erfolgreich, der Karpfen ist am Haken.

ken knapp über dem Grund schwebt. An manchen Tagen kann ein langsames Schleifen des Köders über den Gewässerboden, hervorgerufen durch Drift, die Karpfen zum Biss verleiten. Gerade in Gewässern, wo der Tauwurm ein bewährter Köder ist, ist dies eine zu empfehlende Methode.

▶ **Rotfedern**

Rotfedern lassen sich insbesondere in größeren Seen nicht so ohne weiteres finden wie zum Beispiel Rotaugen. Wenn wir Glück haben, treffen wir auf herumschwimmende Fischschulen, die es meistens aber sehr eilig haben und sich nur schwer überlisten lassen.

weißem Paniermehl und Milchpulver anreichern. Dann formen wir weiche hühnereigroße Bällchen, die gerade eben den Wurf bis zu unserem vorgesehenen Angelpunkt überstehen. Beim Aufschlagen auf die Wasseroberfläche bröseln sie sofort auseinander und schweben in einer Wolke langsam dem Boden entgegen. Natürlich können für dieses Fischen auch Köder wie Frühstücksfleisch, Katzenfutterpaste, Mais, Boilies oder auch Tauwürmer eingesetzt werden.

Müssen wir weiter draußen angeln, können wir auf den **Antenna-Slider** zurückgreifen. Die größeren Modelle mit einer Tragkraft von mehr als 4 SSG erlauben es ohne weiteres, auch tiefere Stellen in etwa 30 Metern Entfernung zu beangeln. Der Antenna-Slider besteht aus einem untenliegenden Balsaholzkörper, in den eine Hartholzantenne von etwa 4 Millimetern eingearbeitet ist. Diese Pose wird nur unten befestigt und mit 2 SSG Schroten in der entsprechenden Tiefe fixiert. Die Tiefe wird so eingestellt, dass der Ha-

Der Fang war erfolgreich: drei Rotfedern

An ruhigen Tagen kann man diese schönen Fische am einfachsten mit einem Fernglas aufspüren, indem man die Uferpartien nach verdächtigen Bewegungen absucht. Ansonsten lohnt immer ein Versuch entlang der Schilfkanten oder auch an Seerosenfeldern.

Das **Fischen vom Boot** bringt an diesen Stellen deutliche Vorteile gegenüber dem Angeln vom Ufer. Allerdings sollte man sich im Boot noch vorsichtiger als am Ufer bewegen: Klopfgeräusche, festes Auftreten oder lautes Schreien müssen unterbleiben, wenn das Bootsangeln nicht von vornherein scheitern soll.

Unser **Fanggerät** sieht ähnlich aus wie beim Rotaugenangeln. Nur sind Rotfedern überhaupt nicht schnurscheu und lehnen auch Köder an einem größeren Haken nicht ab. Da wir Rotfedern meistens an stark bewachsenen Stellen antreffen, benutzen wir mindestens 0,20 Millimeter-Schnur und Flachstahlöhrhaken Größe 8. Da die Fische sehr häufig nahe der Wasseroberfläche stehen, benutzen wir als Pose einen Ducker. Dieser gedrungene Schwimmer wird direkt am untenliegenden Schwimmkörper befestigt. Nur wenn die Weißbrotflocke schneller sinken soll, wird etwa 10 Zentimeter vom Haken entfernt ein Blei Nr. 2 oder Nr. 4 zusätzlich angeordnet.

Der **Top-Köder** für dieses Angeln ist frisches Weißbrot. Es sollte möglichst direkt aus der Backstube kommen und sofort in eine Plastiktüte gesteckt werden, damit seine Feuchtigkeit erhalten bleibt. Angefüttert wird mit frischen Flocken. Je nach Entfernung bringen wir die Kostproben mit der Hand oder

Eine Rotfeder interessiert sich für unseren Köder.

einem kleinen Katapult an die Angelstelle. Wir platzieren unsere Montage so dicht wie möglich am Schilf oder an den Seerosen. Ein Köder, der zwei Meter von der Gelegekante angeboten wird, bleibt oftmals unberührt.

In Seen mit gutem Nahrungsangebot können Rotfedern durchaus über zwei Pfund schwer werden. Diese Fische lassen sich in vielen Gewässern nur im letzten Licht der Dämmerung überlisten und sind überaus scheu. Gefangene Rotfedern müssen unbedingt sofort zurückgesetzt werden, um die Bestände zu schonen. Diese messingfarbenen Schönheiten gehören an vielen Gewässern zu den bedrohten Fischarten und sind mancherorts schon ganz verschwunden. Wir sollten alles tun, um uns diese herrlichen Fische weiterhin zu erhalten.

Feine Methoden

Grundangeln

Specimen Hunting Group Dortmund

Das Grundangeln galt lange Zeit als grobes Angeln mit dicker Schnur, schweren Bleien, großen Haken und Ködern. Erst mit den Jahren wurden die Methoden insbesondere beim Friedfischangeln immer weiter verfeinert. Angler aus England wie Peter Stone, Frank Guttfield oder Jim Gibbinson – um nur einige zu nennen – entwickelten immer feinere und sensiblere Methoden.

Gerät

▶ Ruten

Für Grundruten gilt im Großen und Ganzen dasselbe wie für Posenruten. Nur müssen sie größere Entfernungen überbrücken als diese und sollten zugleich in der Lage sein, noch auf diese Distanz den Anhieb durchzubringen. Andererseits dürfen sie aber nicht so steif sein, dass der gehakte Fisch im Drill wieder ausschlitzt. Fast alle Grundruten werden heute aus Carbon gefertigt; und es werden in zunehmendem Maße **Steckruten** verwendet.

Das Schwingspitz- und das Quivertipangeln stellt teilweise besondere Anforderungen an die Ruten – wir werden weiter unten darauf zu sprechen kommen.

Für schwere Aufgaben eignen sich so genannte **Trotterruten**. Sie haben eine parabolische Aktion und werden in Längen zwischen 11 und 13 Fuß bei einer Testkurve von 1 bis 1,25 Pfund angeboten. Auffällig ist bei diesem Rutentyp das abnehmbare Handteil: Es ist zirka 70 Zentimeter, die beiden anderen Teile jeweils etwa 1,55 Meter lang. Der Clou an dieser Bauweise ist die Tatsache, dass das Handteil so gut wie gar keine Aktion aufweist: Man angelt im Prinzip also wie mit einer einfach geteilten Rute. Neben dem schweren Posenfischen wird dieser Rutentyp in der Hauptsache zum Grundangeln in Verbindung mit dem Quivertip eingesetzt.

▶ Rollen

Das **Schnurfassungsvermögen** sollte im Grundangeln bei Rollen mittlerer Größe mindestens 150 Meter 0,25 Millimeter-Schnur betragen. Bei schweren Aufgaben wie Grundangeln auf Karpfen oder Hecht werden Rollen mit einem Fassungsvermögen von 200 Meter 0,35 Millimeter-Schnur oder mehr eingesetzt. Für größere Wurfweiten sind moderne Rollen heute mit langgezogenen so genannten **Long Cast-Spulen** (Weitwurfspulen) ausgestattet. Darüber hinaus besitzen viele dieser Rollen eine so genannte „Anti-Backlash"-Rücklaufsperre, eine endlose Rücklaufsperre. Dies ist bei den meisten Grundangelarten, wie beispielsweise Schwingspitz- oder Quiverangeln ein Vorteil, weil der Haken beim Anhieb direkt greift.

▶ **Bleie**

Zur Ausrüstung des Grundanglers gehören neben einer Bleibox mit Schroten auch eine Auswahl in den Gewichten 3, 7, 10, 15, 22 und 28 Gramm, für schweres Grundangeln auch noch 40, 56 (2 Unzen), 80 und 120 Gramm. Das Birnenblei kann bei fast allen Methoden verwendet werden. Es hat wegen seiner Tropfenform hervorragende Flugeigenschaften und bleibt auch bei mittlerer Strömung noch sicher am Boden liegen, sofern das Gewicht richtig gewählt wurde. Bei sehr starker bis reißender Strömung, beispielsweise beim Barbenangeln, setzt man ein Sargblei ein, das wegen seiner großen Auflagefläche sicher liegen bleibt. – Alle weiteren Ausrüstungsgegenstände wie Schnur, Haken und dergleichen sind mit denen im Kapitel Posenfischen identisch.

Methoden und Technik

▶ **Schwingspitze**

Es ist über dreißig Jahre her, dass der Engländer Jack Clayton die Schwingspitze erfand. Als er seine Experimente mit dieser extrem bewegungssensiblen Spitze, die locker hängend an der Rutenspitze angebracht wird, begann, ahnte er sicherlich noch nicht, dass ein paar Jahre später die englische Meisterschaft im Matchangeln mit dem Swingtip gewonnen werden sollte – und dass überhaupt auf dem Gerätesektor einiges in Bewegung kam. Seither ist viel Zeit vergangen.

Die ideale **Rutenlänge** für diese Angelmethode liegt zwischen 2,70 und 3,05 Meter (9 und 10 Fuß). Die Rute

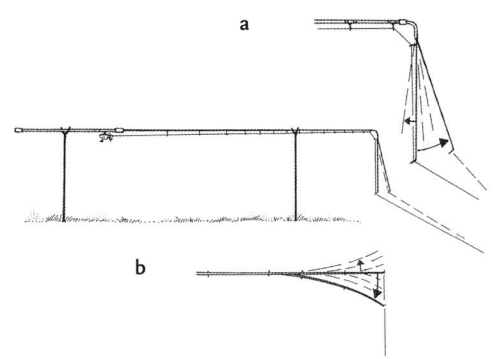

So zeigen englische Bodenbleiruten den Biss an:
a Die Schwingspitze pendelt in Zugrichtung der Schnur.
b Die Zitterspitze (Quivertip) federt unter dem Schnurzug.

sollte eine durchgehende Aktion mit einer Testkurve von zirka 1 Pfund haben. Ein großer Leitring (der erste Ring von der Rolle aus gesehen) sorgt für freien Schnurdurchlauf; die Beringung sollte dem Blank angepasst sein. Auch hier ist ein 50 bis 60 Zentimeter langer Naturkorkgriff mit Schubringen einem fest eingebauten Schraubrollenhalter vorzuziehen. Außerdem muss diese Rute einen Spitzenring mit Gewinde besitzen, in den die Schwingspitze (oder ein Quivertip) eingeschraubt werden kann.

Die **Rolle** sollte, da oft auch weit draußen geangelt wird, einen schnellen Schnureinzug haben (Übersetzung 5 : 1); sie sollte leicht sein, eine fein regulierbare Bremse sowie ein gefrästes Getriebe besitzen. Die Schnurkapazität ist mit etwa 150 Metern 0,17 Millimeter-Schnur ideal. Die Hauptanforderungen an die Schnur sind eine hohe Nassknotenfestigkeit, geringer Abrieb und die Fähigkeit, abzusinken ohne behandelt zu werden (die Maxima, ein „Klassiker" unter den Schnüren, wird allen diesen Anforderungen gerecht). Gerade die Absinkfähigkeit kann, insbesondere in flachen Gewässern, von fangentscheidender Bedeutung sein. Die in fast allen Gewässern vorhandene Oberflächendrift würde eine schwimmende Schnur sofort spannen, die Schwingspitze steht dann waagerecht und eine Bisserkennung wird unmöglich.

Die Schwingspitze ist über einen Silikonschlauch und eine Rändelschraube in einem starken Winkel mit dem Spitzenring der Angelrute verbunden. Ähnlich wie beim Posenfischen braucht man auch zum Schwingspitzangeln verschieden lange Modelle aus unterschiedlichen Materialien.

In tiefen Gewässern wie Talsperren und Baggerseen benutzen wir eine 28 Zentimeter lange Spitze aus Sarkandaholz. Bei sehr windigem Wetter ist die Angriffsfläche dieser Holzspitze freilich zu groß. Wir ziehen dann eine Vollglasspitze vor, die neben einer geringeren Angriffsfläche den Vorteil besitzt, dass sich der Schwerpunkt – bedingt durch die konische Konstruktion – am unteren Ende der Spitze befindet. Ganz leichte und kurze Spitzen finden ausschließlich im Nahbereich und in flachen Gewässern Verwendung.

Eine **gestraffte Schnur** von der Schwingspitze bis zum Bodenblei ist für diese Angeltechnik unabdingbar. Nur der möglichst direkte Kontakt zum Haken lässt die Bisse in der Spitze vernünftig sichtbar werden. Deshalb muss auch das verwendete Grundblei, entweder ein Arleseyblei oder eine Bleischrotkette, genau auf die am Gewässer vorhandene Situation angepasst werden: Es darf auf keinen Fall so leicht sein, dass es beim Straffen der Schnur aus seiner zuerst eingenommenen Position gezogen wird.

Die Rute wird parallel zum Ufer auf zwei, bei windigem Wetter auch auf drei teleskopierbare Rutenhalter abgelegt. Die Spitze muss nun in einem Winkel von etwa 110 Grad zur Rute stehen bleiben. Auf diese Weise lässt sie sowohl Bisse, welche die Spitze nach vorne ziehen, als auch solche, welche die Spitze fallen lassen, erkennen. Zur Ausrüstung des Schwingspitzanglers gehört daneben ein solider Sitz, möglichst mit vier verstellbaren Beinen, der es erlaubt, fast alle Unebenheiten des Ufers auszugleichen. Man kann dann stets waagerecht sitzen – ein nicht zu unterschätzender Vorteil, wenn wir viele Stunden hintereinander angeln.

Die Schwingspitze ist bis heute der feinnervigste **Bissanzeiger** für das Grundangeln. Die verwendeten Schnüre liegen je nach Gewässer zwischen 0,10 und 0,20 Millimeter. Die Hakengrößen schwanken je nach Fischart und Köder zwischen 10 und 20. Das

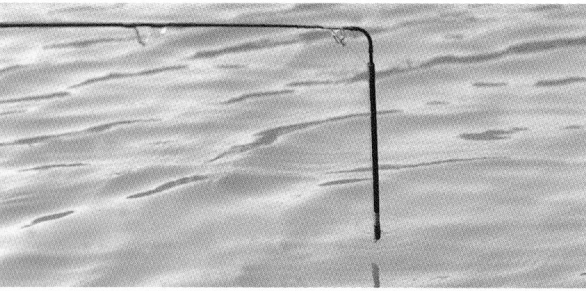

Die Schwingspitze – der empfindlichste Bissanzeiger für das Grundangeln

Werfen mit der Schwingspitze ist nicht ganz einfach und erfordert einige Übung. Wer schon einige Erfahrung mit dem Auswerfen von Posenmontagen an der Matchrute hat, wird hier sehr schnell zu guten Ergebnissen auch auf größere Entfernungen kommen. Mit einem seitlich angesetzten Überkopfwurf sollte es zuverlässig gelingen, die Montage verhedderungsfrei ins Wasser zu befördern.

Alle im Kapitel zum Posenfischen beschriebenen Köder können auch hier Verwendung finden.

▶ Quivertip

Beim Flussangeln ist die Schwingspitze nur in schwach strömenden Bereichen einsetzbar. Ist der Druck zu stark, wird die Spitze voll ausgelastet und eine Bisserkennung ist dann unmöglich. Für das Flussangeln greift man daher besser zum Quivertip („Zitterspritze", „Bibberspitze"). Er wurde konstruiert, um auch hier feine Bisse anzuzeigen.

Auch der Quiver ist gewissermaßen eine **Verlängerung der Rutenspitze.** Anders als die Schwingspitze, die an der Rutenspitze hängend nach unten weist, und bei der Belastung durch Biss vorwärts/rückwärts „schwingt", weist er in Verlängerung der Rutenspitze nach vorn. Er sollte, um eine optimale Bisserkennung zu gewährleisten, nach dem Einwurf in einer leicht gekrümmten Stellung verbleiben. Beim Anbiss „zittert" (daher der Name: „quiver") er dann auf und ab.

Um diesen Effekt bei unterschiedlich starken Strömungsverhältnissen zu erreichen, stehen Quivertips mit unterschiedlichen Testkurven zur Verfügung, die je nach Steifigkeit von stärkster Strömung bis hin zum Stillwasser eingesetzt werden können. Die leichtesten Quiver mit einer Testkurve von einer halben Unze sind so genannte Stillwater Quiver; die schwersten Exemplare haben eine Testkurve von 3,5 Unzen; dazwischen sind die Geräte in Halb-Unzen-Intervallen abgestuft erhältlich.

Beim Quivertipangeln kann man **Ruten** mit der gleichen Testkurve wie für das Schwingspitzangeln verwenden (ungefähr 1 Pfund). Sie sollten allerdings etwas länger sein (10 bis 11 Fuß). Neben den üblichen Ruten, die einen Spitzenring mit Gewinde aufweisen, in den Quiver wie Schwingspitze eingeschraubt werden, werden im Handel Spezialruten angeboten, die eine fest eingebaute Zitterspitze haben. Diese Ruten sind meist für spezielle Aufgaben konstruiert und nicht sehr variabel einsetzbar; dafür besitzen sie aber eine bessere Aktion und Bissanzeige als Ruten mit eingeschraubtem Quiver.

Als dritte Variante gibt es Ruten mit verschieden starken, einsteckbaren Quivern. Sie werden in der Regel als sogenannte Winkelpicker angeboten und gehen auf jene sehr kurzen Ruten zurück, mit denen bei starken Winden hinter dem Schutzschirm heraus gefischt wurde. Diese Idee, die wie so viele ihren Ursprung in England hat, haben findige Holländer aufgenommen und daraus den „neuen" Rutentyp des Winkelpicker konstruiert. Er wird mittlerweile von jedem namhaften Hersteller in unterschiedlichen Varianten angeboten.

Die **Rutenlängen** für das Quiverangeln auf Brassen und Rotaugen vari-

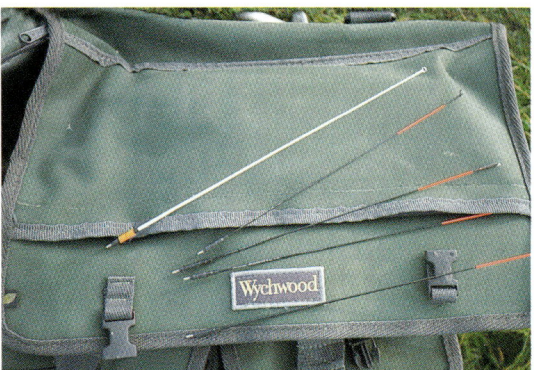

Fünf verschiedene Zitterspitzen (Quiver) zum Anpassen an verschiedene Strömungsverhältnisse.

ieren zwischen 10 und 11 Fuß. Die Rute wird wie bei der Schwingspitze beschrieben auf zwei teleskopierbare Rutenhalter abgelegt. Die Rute muss – außer bei starkem Wind – vorn höher liegen als hinten. Dadurch entzieht man mehr Schnur dem Strömungsdruck, der Quiver wird entlastet und feineres Angeln wird möglich. – Mitglieder unserer Gruppe haben Mitte der 70er Jahre den Ausdruck „Rasiersitzmethode" geprägt, der diese Situation treffend beschreibt.

Bei starker Strömung wird die Rute sehr steil gestellt, sodass sich noch mehr Schnur außerhalb des Wassers befindet. Auf diese Weise sind Stellen zu befischen, die man normalerweise gar nicht in Betracht ziehen würde.

Die **Bisserkennung** mit Quiver wie mit Schwingspitze erfordert einige Erfahrung, die man sich nur am Wasser aneignen kann. Meistens beginnt ein Biss mit einem leichten Vibrieren des Quivers. Beim Swingtip ist es eine minimalen Bewegung, die sich später in eine deutliche Vor- oder Rückbewe-

gung verwandelt. Für beide gilt, dass ein zügiger Anhieb gesetzt werden muss.

▸ **Weitere Bissanzeiger**

Zum Fischen in stehenden Gewässern mit größeren Ködern bietet sich das **Watcher- oder Bobbinfischen** an. Der Bissanzeiger, Watcher oder Bobbin genannt, wird zwischen Rolle und ersten Rutenring in die Schnur eingehängt und zeigt Fall- wie auch andere Bisse zuverlässig an. Der Watcher wird mit einer Haarklammer oder besser mit zwei Edelstahlfedern an Schnur geklemmt. Gute Watcher besitzen einen kleinen Gummiring oder Ähnliches, mit der die „Klemmkraft" eingestellt werden kann. Über eine Schnur wird der Watcher im Boden verankert und fällt bei einem Anhieb ab. Angeln wir in Gewässern mit Drift oder Strömung, kann der Watcher mit Bleischroten beschwert werden, damit er in der vorgesehenen Stellung verbleibt. Der Vorteil gegenüber Schwing- und Quiverspitze ist die Nähe des Bissanzeigers zum Sitzplatz, sodass jede noch so kleine Bewegung wahrgenommen werden kann. Die Ruten werden

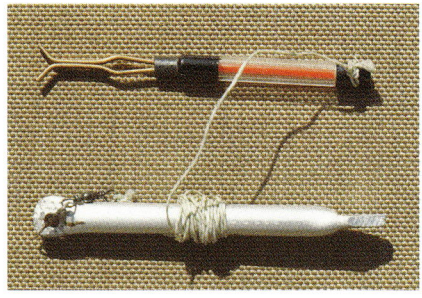

Bobbin oder Watcher mit Verbindungsschnur und Befestigungspflock

bei dieser Methode ungefähr 70 bis 80 Zentimeter über dem Boden abgelegt. So verbleibt genug Raum für den Watcher, um durch Steigen oder Sinken einen Biss anzuzeigen. Bei Schwingspitze und Quivertip ist dieser Aktionsraum wesentlich geringer.

In Verbindung mit elektrischen Bissanzeigern (dazu unten mehr) werden häufig **Monkey Climber**, auch **Kletteraffen** genannt, insbesondere beim Karpfenangeln eingesetzt. Der Monkey Climber wird oftmals direkt vor der Rolle eingesetzt, wobei dann mit offenem Rollenbügel gefischt werden kann. Der Bissanzeiger läuft auf einem V2A-Stab. Er hat zwei Bohrungen, von denen die obere größer ist und problemlos über das geplättete Ende des Stabes laufen kann und hierbei die Schnur freigibt. Die Auf- und Abwärtsbewegungen bei einem Anbiss gaben diesem Gerät seinen Namen.

Seit einigen Jahren sind sogenannte **Swinger** auf dem Markt, die ebenfalls in Verbindung mit einem elektrischen Bissanzeiger eingesetzt werden. Diese Geräte, die einen mehr oder weniger langen Arm besitzen, an dessen einem Ende die Vorrichtung zum Anklemmen an die Schnur sitzt, werden mit dem anderen Ende an der vorderen Rutenauflage befestigt. Auf dem Arm, der aus Edelstahl besteht, kann ein Gewicht verschoben und so der Widerstand des Swingers variiert werden.

Elektrische Bissanzeiger sind im Prinzip nichts weiter als eine Weiterentwicklung der guten alten Aalglocke: Sie dienen dazu, den Angler über einen Anbiss akustisch zu informieren. Man unterscheidet zwei Funktionsvarianten: den optoelektronischen

Karpfenfischen mit elektrischen Bissanzeigern und Swingern

Anzeiger, bei dem ein Lichtstrahl durch ein rotierendes Flügelrad unterbrochen wird, sowie das magnetische System, bei dem eine Walze mit eingebauten Magneten durch Rotation einen Kontakt schließt. Es gibt sie mittlerweile in etlichen Modellen und zu sehr günstigen Preisen, allerdings auch mit erheblichen Qualitätsunterschieden. Beim Kauf sollte man unbedingt auf eine absolute Wasserdichtheit achten, da das Gerät sonst beim ersten Regen seinen Geist aufgibt. Gute elektrische Bissanzeiger sind nicht unter hundert Mark zu haben.

Die Fische

▶ **Rotaugen**
Im Winter, wenn Rotaugen einen stationären Köder dem treibenden vorziehen, bietet sich das feine Grundangeln an. In Talsperren oder großen Seen ist hier die Zeit der Schwingspitze gekommen. Mit 0,15 Millimeter-Hauptschnur, 0,12 Millimeter-Vorfach,

Swimfeeder in Verbindung mit einem **Feederboom**, der verhindert, dass sich Vorfach und Hauptschnur verwickeln.

Bei steigenden Wassertemperaturen im Frühjahr und später im Sommer benutzen wir anstatt des Swimfeeders ein normales **Arleseyblei** und füttern nun Anfutterkugeln in Tischtennisballgröße. Dieses **Anfutter** besteht aus weißem und braunen Paniermehl, einer Handvoll Haferflocken sowie Maden oder Pinkies. Das Ganze kann mit Wasser vermischt und gut geknetet mit der Hand oder mit einem Katapult eingebracht werden.

Zum gezielten Fischen in Flüssen, Bächen, Kanälen oder bei Wind ist der Quivertip oder der Winkelpicker erste Wahl. Mit den verschiedenen Testkurven der Quiver kann man sich sehr genau den Verhältnissen anpassen und erhält eine ausgezeichnete Bissanzeige. Die Endmontagen sind mit denen des Schwingspitzangelns identisch.

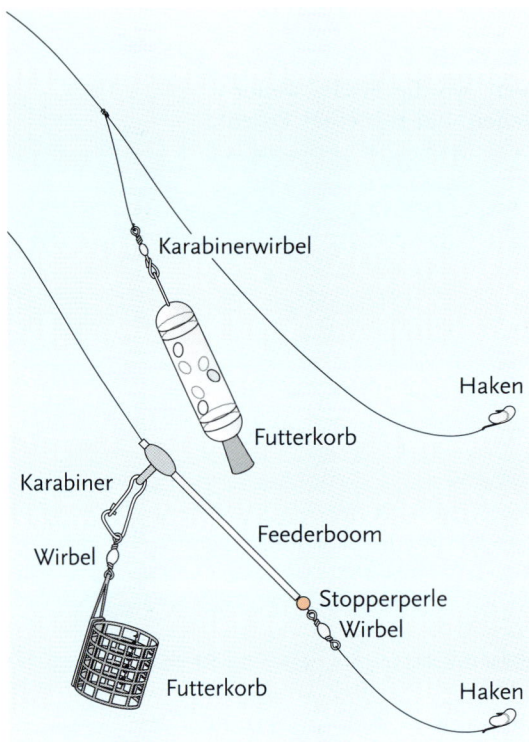

Karabinerwirbel

Haken

Futterkorb

Karabiner

Wirbel

Feederboom

Stopperperle
Wirbel

Futterkorb

Haken

Futterkorb-Montage: oben ein geschlossener Futterkorb (Blockend Feeder) am geknüpften Seitenarm, unten offener Futterkorb (Cage Feeder) am Feederboom, der ein verheddern der Schnur verhindert.

kleinen Haken und Maden, Caster oder kleinen Brotstückchen als Köder sind wir für das Swingtip-Angeln optimal ausgerüstet. Beißen die Rotaugen, die wir zu dieser Zeit in den tiefen Gewässerabschnitten finden, sehr spitz, also lassen sich die Rotaugen gar nicht oder nur sehr schlecht haken, verwenden wir eine **Paternostermontage** mit einem **Swimfeeder**. Beißen sie einigermaßen zügig, verwenden wir einen auf der Schnur laufenden

Tipp

Beim Rotaugenangeln darf nicht zuviel auf einmal gefüttert werden, da die Fische ansonsten gesättigt werden und das Beißen einstellen. Besser ist es, in Intervallen je nach Beißlaune Anfutterkugeln einzubringen oder speziell entwickeltes, beim Fachhändler erhältliches Futter zu verwenden, welches die Fische nicht so stark sättigt. Futter dieser Art können auch in etwas größeren Mengen von zirka 1 bis 3 Kilogramm (mit entsprechend gesteigerter Lockwirkung) eingesetzt werden.

Swimfeeder

Swimfeeder oder Futterkörbchen dienen dazu, Maden oder Anfutter möglichst punktgenau an den Angelplatz zu befördern. **Geschlossene Modelle**, so genannte Blockend Feeder, werden für Maden oder Pinkies, in der Strömung auch für Partikelköder wie Hanf oder Weizen benutzt. Insbesondere die kleinen Ausführungen sind ideal für das Winterangeln auf Rotaugen. **Offene Swimfeeder** wie Frame oder Cage Feeder werden mit Anfutter gefischt. Wichtig ist hier die Konsistenz der Mischung, die relativ trocken und locker sein sollte. Sie muß den Wurf überstehen darf aber auf keinen Fall mehr im Feeder vorhanden sein, wenn wieder eingeholt wird. Von fangentscheidender Wichtigkeit ist das genaue **Anwerfen der Futterstelle**. Es spielt keine Rolle, mit welchem Typ Feeder geangelt wird. Wirft man zu ungenau, verteilt man die Fische über einen großen Bereich und die Anzahl der Bisse wird gering sein. Fischen wir mit Maden und geschlossenen Swimfeedern, ist es sinnvoll das gefüllte Körbchen vor Beginn des Angelns 5- bis 10-mal an den Angelplatz zu werfen. Man muss kurze Zeit warten, bis die Maden sich aus dem Feeder befreit haben. Auf diese Weise schaffen wir punktgenau einen Futterteppich in Form von Maden, und nach kurzer Zeit werden sich hier auch Fische einstellen. Man sollte hier darauf achten, dass Markenmodelle eingesetzt werden! Billigmodelle gehen sehr schnell kaputt und die vermeintliche Ersparnis beim Kauf ist am Wasser schnell verloren.

► **Brassen**

Brassen und Schwingspitze gehören zusammen. Gerade in großen Seen, wo die Fische weiter draußen stehen und mit einer Posenmontage nicht zu erreichen sind, bietet sich das Schwingspitzangeln geradezu von selbst an. Selbst windiges Wetter, das die Beißlust der Brassen meist fördert, lässt eine sichere Bissanzeige zu.

Da diese Fische erst zur wärmeren Jahreszeit richtig aktiv werden, muss auch das Anfutter in Zusammensetzung und Menge angepasst werden. Eine **erfolgreiche Mischung** besteht aus weißem Paniermehl, Bisquitmehl, Haferflocken und bei sehr weiten Entfernungen noch einem Quantum Speisestärke, um die Mischung zu verfestigen. Die Anfutterballen haben etwa Tennisballgröße und sollten erst an der Angelstelle auseinandergehen. Anders als beim Rotaugenangeln füttern wir nur einmal zu Beginn des Angelns, dafür aber in weit größeren Mengen. Je nach Brassenbestand sind 30 Ballen sicher nicht zuviel. Nachgefüttert wird erst, wenn das Beißen entscheidend nachlässt, dann aber wiederum in den genannten Mengen. Da das Angeln insbesondere auf große Brassen sehr zeitaufwändig sein kann, kommt hier oftmals in Verbindung mit der Watchermethode ein elektrischer Bissanzeiger zum Einsatz.

Im **Fließwasser** wird den Brassen mit der Quivertiprute nachgestellt. Ausrüstung und Methoden sind mit denen des Rotaugenangelns identisch, wobei berücksichtigt werden muss, dass die Brassen sich gern in Bereiche mit wenig Strömung zurückziehen und die Hauptströmung oftmals völlig meiden.

▶ **Barben**

Wer jemals eine Barbe gefangen hat, wird sich kaum der Faszination dieses Angelns entziehen können. Mit der steigenden Wasserqualität und dem besseren Nahrungsangebot sind die Lebensbedingungen für diese Fische besser geworden, und die Fangaussichten sind teilweise wieder als sehr gut zu bezeichnen.

Barben gehören nicht zu den Fischarten, die schwer zu fangen sind, solange man sich einigermaßen ruhig verhält und ihre Standplätze kennt. Diese können je nach Jahreszeit, Wetterverhältnissen und Wasserständen stark variieren. Bei mittlerem Wasserstand oder ablaufendem Hochwasser sind die Chancen, eine Barbe zu überlisten, sehr gut. In Trockenperioden mit Niedrigwasser im Sommer können wir hingegen erst ab etwa 20 Uhr mit Bissen rechnen, wobei wir jetzt sauerstoffreiche Strecken hinter Wehren oder flache Rinnen bevorzugt befischen. Die Beißzeit erstreckt sich dann nicht selten bis in die Nacht hinein.

Roland Fiedler mit einer 7-pfündigen Barbe.

Haben wir eine geeignete Stelle gefunden, füttern wir mit einem Hanf-Mais-Gemisch an. Über diesen Futterteppich werfen wir anschließend noch einige Kostproben des Hakenköders wie Frühstücksfleisch, Tauwürmer oder Käse ein. Das **Anfüttern** sollte um die Mittagszeit durchgeführt werden, wenn wir gegen Abend angeln wollen. Das hat zwei Gründe: Zum einen können sich die Barben an das Futter gewöhnen, zum andern kommen die Fische erst abends richtig in Beißlaune, wo wir sie dann durch das Anfüttern nur erschrecken würden.

Wir fischen mit einer simplen **Seitenbleimontage**, wie sie auf der Abbildung zu sehen ist. Das Gewicht des Bleies beträgt je nach Strömung zwischen 10 und 30 Gramm, wobei wir für hier auch Sargbleie wegen der besseren Bodenhaftung verwenden können. Der Flachstahlöhrhaken wird direkt an die zwischen 0,25 und 0,30 Millimeter starke Hauptschnur gebunden. Die Hakengröße liegt zwischen 6 bei Frühstücks-fleisch und 12 bei Maden.

Die hier zum Einsatz kommenden **Ruten** haben eine Länge von 11 bis 12 Fuß und eine Testkurve von 1,25 Pfund. Fischen wir im Dunkeln weiter, befestigen wir ein Knicklicht mit zwei Silikonringen an der Rutenspitze. Nach dem Wurf wird die Rute in einem Winkel von 120 Grad zum Schnurverlauf abgelegt.

▶ **Döbel**

Den Döbel und seine Eigenarten und Fähigkeiten haben wir bereits im Kapitel Posenfischen beschrieben. Auch beim Grundangeln sollten wir

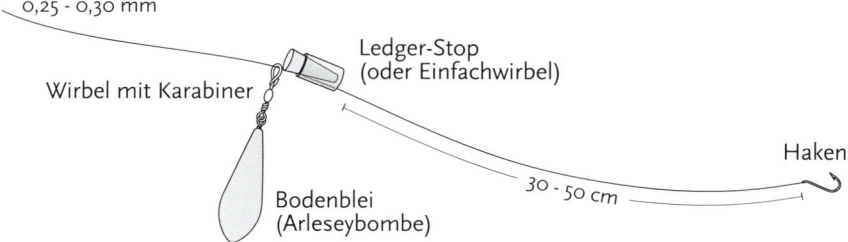

0,25 - 0,30 mm

Wirbel mit Karabiner

Ledger-Stop
(oder Einfachwirbel)

Haken

Bodenblei
(Arleseybombe)

30 - 50 cm

Einfach aber effektiv, die Seitenbleimontage

uns vergegenwärtigen, dass wir es mit einem schlauen, äußerst vorsichtigen und wehrhaften Gegner zu tun haben.

Die **Standplätze** der Döbel zu finden, ist nicht schwierig. Döbel lieben nicht die harte Strömung wie etwa Barben, sondern bevorzugen die Randbereiche dieser Stellen, die wir hinter Wehren, Bodenschwellen, Rauschen oder auch im Einleitungsbereich von Bächen oder auf Sandbänken hinter einer Flussbiegung vorfinden. Außerdem haben Döbel immer gerne ein Dach über dem großen Kopf. Dabei spielt es keine Rolle, ob das ein festgelegtes Boot, überhängende Büsche oder Treibgut nach einem Hochwasser ist. An diesen Stellen lohnt immer ein Versuch, und wenn wir uns ruhig genug verhalten, kann man sicherlich mehr als einen Fisch fangen.

Ruten mit einer Länge von 11 bis 12 Fuß reichen für dieses Angeln aus. Als Bissanzeiger fungiert direkt die Rutenspitze oder ein eingeschraubter Quiver; die Schnüre haben Stärken zwischen 0,20 und 0,30 Millimeter. Die Grundbleimontage ist dieselbe wie bei dem Angeln auf Barben, allerdings verwenden wir hier etwas leichtere Bleie. Ein **Superköder** auf Döbel, den wir

schon lange Jahre mit großem Erfolg verwenden, ist Hähnchenleber. Dieser in jedem Supermarkt erhältliche Köder wird bereits am Abend vor dem Angeln hergerichtet. Mit einer Schere schneiden wir die festeren Teile in etwa Zweimarkstück-große Stücke, der Rest kommt in eine Extrabox und wird zum Anfüttern verwendet. Da dieser Köder sehr weich ist, kommt dem Anködern große Bedeutung zu. Um zu verhindern, dass wir den Köder während des Auswerfens verlieren, verwenden wir eine großen Flachstahl-

Ein Döbel wurde erfolgreich gehakt.

haken Größe 2 bis 6 und durchstechen das Leberstück 3 bis 4 Mal, sodass ein Teil des Köders über dem Knoten sitzt. Nun kann mit weichem Schwung sicher ausgeworfen werden.

Verlieren wir einen Fisch oder haben wir bereits mehrere Fische an einer Stelle gefangen, verändert sich die **Qualität der Bisse** auf auffällige Weise. Wurde vorher die Spitze leicht vibrierend zirka 3 Zentimeter vorgezogen, erhält man nun knallharte Risse in der Rute; die Rute kann dabei durchaus ins Wasser gezogen werden. Dies ist ein sicheres Zeichen, dass die Fische misstrauisch geworden sind – es ist an der Zeit, die Stelle zu wechseln.

▶ **Aal**

Aale gibt es in fast jedem Gewässer. Markante Aalstellen sind immer Steinschüttungen in Kanälen und Talsperren oder im Wasser liegende Bäume. Auch Löcher und Spalten in den Fundamenten alter Brücken oder Wehranlagen bieten Aalen gute Verstecke. Natürlich findet man Aale auch dort, wo es etwas für sie zu fressen gibt: Gern folgen sie Fischschwärmen zum Laichplatz, oder sie suchen die Nähe von Kleinfischschwärmen, um sich an ihnen gütlich zu tun.

Aale sind bekanntermaßen sehr starke Fische und können sich meisterhaft an den kleinsten Hindernissen festhalten. Unser **Gerät** muss entsprechend kräftig ausfallen. Eine Steckrute mit einer Testkurve von 2,5 Pfund und einer Länge von 10 oder 11 Fuß sollte alle Aufgaben meistern. Die Rolle muss ein starkes Getriebe und eine Kapazität von zirka 200 Metern 0,35 Millimeter-Schnur haben. Die Min-deststärke der Schnur sollte 0,30 Millimeter nicht unterschreiten. Das den Ködern und der Strömung angepasste Blei wird von einem Wirbel gestoppt, dahinter trägt ein Stahlvorfach den Haken. Der Flachstahlöhrhaken muss von allerbester Qualität sein und darf auch unter extremen Bedingungen nicht brechen – zu empfehlen sind etwa der Peter Drennan Super Specialist oder der Partridge Jack Hilton Karpfenhaken. Die Bissanzeige erfolgt über elektrische Bissanzeiger und Bobbins.

Die besten **Köder** zum Aalangeln sind Tauwürmer, Rotwürmer oder auch Maden (hier verzichten wir auf das Stahlvorfach). Für große Exemplare haben sich Fischstücke vom Hering oder auch ganze Fische wie Sardellen, Sardinen, Ukelei und kleine Rotaugen als fängig erwiesen. Hat ein Aal gebissen, muss ein kompromissloser Anhieb erfolgen; der Fisch muss sofort unter Druck gesetzt werden, um ihn von Hindernissen fernzuhalten. Schon ein kleines Zögern reicht aus, um dem Aal die Chance zum Festsetzen zu geben.

Die beste Zeit um Aale zu fangen, ist nachts in den Monaten Mai bis September; dabei sind jedoch die gesetzlichen Bestimmungen zu beachten (in Baden-Württemberg etwa ist das Aal-Angeln nach 24.00 Uhr untersagt)!

▶ **Barsch**

Haben wir die Standplätze der Gestreiften erst einmal gefunden, was durch Absuchen mit dem Blinker oder mit dem Posengerät erfolgen kann, sind gerade die größeren Fische gut mit der Grundrute zu fangen. Aller-

Ein schöner Barsch mit einem Gewicht von 1,5 Pfund.

dings sind größere Barsche äußerst vorsichtig – darin unterschieden sie sich oftmals von ihren kleineren Artgenossen.

Speziell für das Barschangeln in größeren Entfernungen entwickelte der Engländer Dick Walker in den 50er Jahren die heute auch für andere Angelarten verbreitete so genannte **Arleseybombe**, die unserem Birnenblei sehr ähnlich ist. Auch hier empfiehlt sich zum Grundangeln eine durchgehende Schnur der Stärke 0,20 Millimeter. Das Blei wird von einem Ledgerstop etwa 60 Zentimeter vom Haken entfernt gehalten. Die Verkürzung des Abstandes von Blei zu haken bewirkt, dass die Bisse deutlicher werden, der Barsch aber auch den Widerstand von Rutenspitze oder Bissanzeiger bemerkt. Hier hilft es nur zu experimentieren, bis die richtige Länge des Vorfaches gefunden worden ist. Als

Bissanzeiger können Schwingspitze, Bobbin oder auch ein Swinger eingesetzt werden.

Die perfekte **Barschrute** muss in der Lage sein, den Köder auch auf weite Entfernungen auf seinen Platz zu bringen, sie muss aber auch sensibel genug sein, einen großen Barsch auszudrillen, der nur in der dünnen Haut im Maulwinkel gehakt wurde. Schlitzt der Barsch aus oder reißt die Schnur, so ist die ganze Stelle für den Angeltag „gestorben".

▸ **Hecht**

Wo wir *Esox* finden können, haben wir bereits im Kapitel Posenfischen erläutert. An solchen Stellen kann natürlich auch die Grundrute zum Einsatz kommen. Der Vorteil der statischen Grundrute ist, dass wir beispielsweise mit Rubby Dubby – das sind zermahlene Sardinen, Heringe

Nach einem spannenden Drill wurde dieser Hecht gefangen.

oder andere Fische – über Tage anfüttern können. Diese Ködergewöhnung bringt selbstverständlich Vorteile.

Zum Auswerfen des oft großen und schweren Köders brauchen wir eine Steckrute von mindestens 2,5 Pfund Testkurve und eine große Stationärrolle mit einer Schnurkapazität von mindestens 200 Metern 0,40 Millimeter-Schnur. Der tote Köderfisch wird mit zwei Drillingen, die an einem Stahlvorfach befestigt sind, gehalten – und zwar so, dass jeweils ein Haken in den Fisch greift und die beiden anderen den beißenden Hecht halten sollen. Das Stahlvorfach wird an einem soliden Wirbel befestigt, auf dessen anderer Seite das Blei gestoppt wird. Dieses sollte nicht zu groß gewählt werden, um den beißenden Hecht nicht zu erschrecken. Um einen Biss bei den oftmals langen Wartezeiten nicht zu verpassen, sollte man unbedingt elektrische Bissanzeiger benutzen.

► Zander

Der Zander ist wie die Brasse ein typischer Freiwasserfisch, er liebt trübes Wasser und meidet grelles Son-

nenlicht. Bei zu hellem Wetter zieht er sich in dunklere Gefilde zurück und kommt erst gegen Abend zum Vorschein. Er lässt sich dann auch auf einfachstem Wege fangen. Die **Montage** besteht aus einer Arleseybombe, die von einem Wirbel gestoppt wird und einen Vorfach von etwa 60 Zentimeter Länge, an das ein 8er Fachstahlöhrhalter angeknotet wird. Das Blei wird nur so schwer gewählt, dass wir unsere gewünschte Stelle erreichen. In hindernisfreien Gewässern reicht eine 0,20 Millimeter-Schnur auch für größere Zander vollkommen aus.

Eine gute Möglichkeit, Zander zu überlisten, ist die „**Ziehen und sinken lassen**"-Methode: Nach dem Auswurf lässt man den Köder zum Grund absinken. Nun wartet man einige Minuten, erfolgt kein Biss, ziehen wir den Köder langsam auf uns zu, senken die Rute, sodass das Blei wieder absinkt und wiederholen den Vorgang. An manchen Tagen ist es von Vorteil, den Köder etwas länger liegen zu lassen. Erfolgt ein Biss, setzen wir nach kurzer Wartezeit einen kräftigen Anhieb. Mit dieser Art des Fischens lassen sich auch dann noch Fische fangen, wenn das stationäre Grundangeln oder das Posenfischen versagen. Als Köder kommen tote Fischchen der verschiedensten Arten, Fischfetzen, aber auch Tauwürmer zum Einsatz. Eine feinnervige 11 Fuß-Rute mit einer Testkurve von 1 Pfund und eine mittlere Stationärrolle sind für dieses Angeln ideal.

► Schleien

Durch Zufall entdeckten Mitglieder unser Gruppe vor Jahren einen einsam liegenden Waldsee mit großen Seero-

Mit diesen prachtvollen Schleien geht ein erfolgreicher Angeltag zu Ende.

senfeldern, überhängenden Büschen und Schilfrändern. Unseren ersten Angelversuch unternahmen wir an einem in etwa 40 Meter breiten, zum Ufer liegenden Seerosenfeld. Für uns stand fest: Hier musste es Schleien geben. Einen Tag vor Angelbeginn fütterten wir an – mit einer Mischung aus einer Dose Mais, einem Liter Maden, 5 Kilo Paniermehl, 500 Gramm Haferflocken und fünf Händen voll zerquetschter Caster. Am nächsten Tag waren wir wieder da, ich angelte mit zwei auf den Futterplatz ausgerichteten Grundruten mit Maiskörnern und zusätzlich aufgesteckten Maden in Verbindung mit einem Watcher und einem elektrischem Bissanzeiger. Ein zweiter Angler aus unserer Gruppe angelte mit einer leichten Quiverrute und Maden. Schon bald fing mein Freund an der Quiver-

rute einige Rotaugen und riss mit einsetzender Dämmerung einen schweren Fisch ab. Kurze Zeit später setzte heftiger Regen ein, und die Watcher an meinen Ruten erwachten zum Leben. An der ersten Rute fiel der Watcher um 20 Zentimeter, um im nächsten Augenblick auf über 50 Zentimeter zu steigen. Während der Steigphase setzte ich einen harten Anhieb und konnte wenig später eine Schleie von über 3 Pfund Gewicht landen. Um Schleien unter solchen Umständen zu fangen, benötigen wir eine 10 bis 11 Fuß-Rute mit einer Testkurve von etwa 1,25 Pfund und eine robuste Stationärrolle, gefüttert mit 0,25 Millimeter-Schnur. Als Köder kommen neben dem schon erwähnten Mais oder Maismade auch Caster, Rotwürmer, Weißbrotflocken und Tauwürmer zum Einsatz.

▶ **Karpfen**

Das Karpfenangeln mit elektrischen Bissanzeigern, Monkey Climbern und Swingern ist in den letzten zehn Jahren immer populärer geworden. Die weitaus meisten Fische werden heute mit Boilies auf Grund gefangen. Boilies – gekochte Köderkugeln – sind geradezu zum Inbegriff für das Karpfenangeln geworden.

Eine **Mischung**, die uns immer wieder schöne Karpfenfänge gebracht hat, besteht aus 400 Gramm gemahlenen Forellipellets, 100 Gramm Sojamehl, 100 Gramm Grieß und 6 bis 7 Eiern. Forelli ist genau wie Katzenfutter (2 bis 3 Brekkies) eine ausgewogene Grundsubstanz zur Boilieherstellung. Zuerst werden die pulverförmigen Substanzen vermischt, auch ein Aroma oder eine Farbe in Pulverform wird beigegeben. Flüssige Aromen dagegen geben wir zu den Eiern und verrühren sie kräftig. Anschließend schütten wir die Flüssigkeit zu dem Pulver und mischen das Ganze gut durch. Aus der fertigen Mischung rollen wir ungefähr 1,5 Zentimeter dicke Würste, die danach mit einem Messer in 1 Zenti-meter breite Scheiben zerteilt und anschließend zu Kugeln gerollt werden. Man kann sich diese Arbeiten erleichtern, indem man einen Rollingtable für die Herstellung der Würste und einen Boilieroller für die Fertigung der Kugeln benutzt.

Unsere Boilies bieten wir am besten an einem **Hair Rig** an: Der Haken bleibt vollkommen frei und der Köder befindet sich ungefähr 3 Zentimeter davon entfernt an einem „Haar", das in seiner einfachsten Form aus einer 0,15 Millimeter monofilen Schnur besteht. Anfüttern ist für das Karpfenangeln unerlässlich, denn je länger wir füttern, desto vertrauensvoller nehmen die Karpfen später unsere Köder. Die Anfuttermenge muss individuell für jedes Gewässer herausgefunden werden. Im Zweifelsfalle füttert man zunächst weniger, wartet ab, was passiert und füttert dann eventuell etwas mehr dazu.

Sind in dem von uns befischten Gewässer auch größere Döbel, Schleien oder Brassen vorhanden, muss man einkalkulieren, dass diese Fische von Anfang an mitfressen und sollte versuchen, sich mit der Anfuttermenge an-

Idylle beim Karpfenangeln

Für Karpfen unwiderstehlich – Boilies an der Haar-Montage.

Was ist Specimen Hunting?

Specimen Hunting ist ein Begriff, der in England, im Mutterland des Angelns geprägt wurde. Die wörtliche Übersetzung „Specimen = Exemplar", „Hunting = jagen" gibt aber nur unvollkommen die Bedeutung des Begriffes wieder.

Tatsächlich geht es hier um die Erforschung und Befischung jeweils einer speziellen Fischart, wobei der gezielte Fang der größtmöglichen Exemplare an erster Stelle steht. Dies bezieht sich – wie fälschlicherweise oft behauptet – nicht nur auf Karpfen, Hecht oder Waller, sondern genauso auf Rotaugen, Rotfedern, Brassen und viele andere Fischarten.

Im Gegensatz zum Matchangeln, wo ohne Rücksicht auf Größe und Gewicht versucht wird, möglichst viele Fische an den Haken zu bekommen, beangelt der Specimen Hunter durch geeignete Methoden und Köder gezielt eine Fischart und versucht die größten Exemplare an den Haken zu kriegen.

Dieses Ziel zu erreichen, erfordert eine umfassende Kenntnis der Lebensgewohnheiten der Fischart, genaueste Gewässererkundung und unbedingten Willen, sein Ziel zu erreichen – Rückschläge und „Schneidertage" sind an der Tagesordnung.

Hilfreich ist hier die Arbeit innerhalb einer Gruppe (den so genannten Specimen Hunting Groups): So können die Aufgaben verteilt werden und die Ergebnisse und Erfahrungen ausgetauscht werden. Wie auch im Ursprungsland des Specimen Hunting ist es auch mittlerweile bei uns üblich, die gefangenen kapitalen Fische zu vermessen und zu fotografieren und danach schonend wieder zurückzusetzen.

zupassen. Neben den schon erwähnten Boilies kommen zum Karpfenangeln auch Köder wie Mais, Kidneybohnen, Tigernuts, Katzenfutterpaste und dergleichen zum Einsatz.

Mit einer Steckrute von 11 Fuß Länge und einer Testkurve von 2 Pfund sind wir für die meisten Situationen am Wasser gewappnet. Eine robuste Stationärrolle mit zwei Spulen (jeweils 200 Meter 0,30 Millimeter- und 0,35 Millimeter Schnur) sowie ein Grundbleisortiment von ungefähr 30 bis 60 Gramm vervollständigen die Ausrüstung für das Karpfenangeln.

Ein kampfstarker Karpfen wird gekeschert.

Viele Gründe sprechen für die Fliege

Tom Jacob

Fliegenfischen

Nur die Wenigsten können sich unter dem Begriff „Fliegenfischen" etwas Konkretes vorstellen. „Muss man die Fliegen zuerst fangen?", fragen die Einen. Macht man gar auf fliegende Fische Jagd, ist eine immer wiederkehrende Frage. Nun, es ist ganz einfach: Fliegenfischen ist die Jagd nach Fischen mit künstlichen Fliegen. John Steinbeck brachte es auf den Punkt: „Fliegenfischen ist eine Tätigkeit, die es einem Mann gestattet, in Würde und Frieden mit sich alleine zu sein."

Gerät

▶ **Fliegenruten**

Über Ruten im Allgemeinen haben wir in unserem Eingangskapitel schon Einiges gesagt. Vieles davon gilt auch für Fliegenruten. Als Anfänger sollte man sich unbedingt eine Fliegenrute zwischen 8,5 und 9 Fuß Länge, der Schnurklasse 5 oder 6 mit einer semi- also halbparabolischen Aktion anschaffen. Je weiter man von diesen Eckdaten abweicht, desto steiniger wird der Weg des Lernens! Eine gängige Kohlefaserrute mit einer Länge zwischen 1,80 Meter und 3 Meter wiegt zwischen 50 (!) und 150 Gramm je nach Schnurklasse. Fast alle modernen Kohlefaserruten sind **Steckruten** und werden hülsenlos zusammengefügt.

Die **Beschriftung** besteht in aller Regel aus einer ganzen Reihe Zahlen. Diese sind ungemein wichtig, beschreiben sie doch die Leistungsfähigkeit der Rute. Man findet meist direkt nach dem Griff die Angaben für die Länge (oft in Fuß und/oder Zentimeter), die Schnurklasse (vor dieser Ziffer

steht häufig ein # für "Nummer"), sowie das Gewicht (in Unzen und/oder Gramm) der Gerte. Anhand dieser Kennung lässt sich sehr leicht herauslesen, für welche Bereiche der Fischerei diese Rute eingesetzt werden kann (vgl. auch nachfolgende Angaben im Text).

Der **Griff** der meisten hochwertigen Fliegenruten ist aus Kork, was den Vorteil hat, dass man auch bei nassem Schmuddelwetter keine kalten Finger bekommt. Darüber hinaus spielen natürlich auch ästhetische Gründe eine Hauptrolle für die Wahl von Kork als Griffmaterial. Die beiden gängigsten Griffformen werden später beschrieben. Bei schweren Einhandruten ab

Fighting Butt

Schnurklasse 8 ist oft ein „Fighting Butt" (Kampfgriff) angebracht. Das ist eine Verlängerung des Handteils hinter dem Rollenhalter, die es dem Fischer im Drill ermöglicht, die Gerte am Körper abzustützen, um so besser Druck auf den Fisch ausüben zu können.

▶ **Fliegenrollen**

Die heutigen Fliegenrollen sind allesamt eine moderne Ausführung der Nottinghamrolle, dem simpelsten und ältesten, aber immer noch gebräuchlichen Rollentyp. Er zeichnet sich durch sein sehr niedriges Gewicht aus. Moderne Fliegenrollen wiegen im Schnitt nur zwischen zirka 70 und 250 Gramm. Dies ist ein wichtiger Faktor, wenn man sich vor Augen führt, dass man beim Fliegenfischen die Angel über viele Stunden in der Hand hat und damit wirft. Eine weitere Ge-

Tipp

Welche Schnurklasse für welchen Zweck?

▶ **Schnurklasse 0-3:** Leichteste Fischerei auf kleine Weißfische und extrem scheue Salmoniden, für sehr klares, langsam fließendes Wasser und leichte Fliegen bei absoluter Windstille. Nur für Könner.

▶ **Schnurklasse 4:** Leichte Fischerei auf Salmoniden und Weißfische. Noch nichts für Anfänger!

▶ **Schnurklasse 5:** Allroundklasse. Für den Geübten deckt diese noch leichte Schnurklasse die meisten Situationen ab. Allerdings zu leicht für schwere Streamer.

▶ **Schnurklasse 6:** Die beste Schnurklasse schlechthin, um das Fliegenfischen zu erlernen! Nicht zu sensibel aber auch nicht zu schwer. Und bei (fast) jedem Wind noch einsetzbar.

▶ **Schnurklasse 7-8:** Der Hauptbereich der Streamerfischerei, vor allem auf Hecht. Ferner gut für Grilse (Sommerlachse), Meerforellen und sonstiges leichtes Salzwasserfischen beispielsweise auf Bonefish.

▶ **Schnurklasse 9:** Die Schnurklasse für das Fliegenfischen im Salzwasser auf Permit, Barracuda und Co. Als Einhandrute auf Pazifiklachse, wie den Silberlachs. Sehr typisch: 9' / #9 (9 Fuß lang, Schnurklasse 9). Auch leichtes „Zweihandkaliber".

▶ **Schnurklasse 10-12:** Die klassischen Gewichte für die Zweihandrute, hauptsächlich auf Lachs. Bereits recht schwer, viel Arbeit zum Werfen! Als Einhandruten für die schwere Salzwasserfischerei auf Sailfish, kleinere Thune etc. eingesetzt.

▶ **Ab Schnurklasse 13:** Sehr schwere Fischerei mit der Zweihandrute; eher die Ausnahme. Bis Schnurklasse 15 als Einhandrute auf die Größten des Meeres wie Thun, Marlin, Hai, für die so genannte „Bluewater"- oder „Off-Shore"-Fischerei, die sich oft sehr weit vom Ufer entfernt abspielt.

Fliegenfischerausrüstung

Verschiedene Fliegenrollen auf einen Blick.

wichtsreduzierung wäre technisch vielleicht möglich, aber nicht unbedingt sinnvoll, da die Rolle beim Werfen auch als Kontergewicht der Rute fungiert.

Hochwertige Fliegenrollen heutiger Bauart sind meistens aus einem Block Aluminium gedreht und gefräst, was ihren hohen Preis erklärt. Günstigere Modelle werden im Druckgussverfahren aus Leichtmetall-Legierungen oder Kunststoff (meist Carbon) gefertigt. Fast alle Fliegenrollen sind an den Seiten perforiert, um das Trocknen der Schnur zu ermöglichen und gleichzeitig Gewicht einzusparen.

Immer mehr setzen sich heute auch die so genannten **Großkernrollen** (Large Arbor Rollen) durch. Heute schätzen viele den ungleich höheren Schnureinzug pro Kurbelumdrehung, was vor allem beim Drill eine wesentliche Rolle spielen kann. Der entscheidende Vorteil liegt aber darin, dass der große Spulendurchmesser sehr effektiv das Verkringeln der Fliegenschnur verhindert, das wohl jeder kennt, der mit den „alten" Rollen traditioneller Bauart (also mit kleinem Spulenkern) gefischt hat. Das Kringeln der Schnur verkürzt nicht nur deren Lebensdauer, es kann auch das „Schießenlassen" der Schnur stark einschränken.

Kuriositäten im Rollenbau sind **Automatik-Rollen** und **übersetzte Rollen** (Erstere zogen durch Federzug die Schnur selbsttätig ein – vor ungefähr dreißig Jahren waren sie einmal sehr beliebt, sind aber im Vergleich mit heutigen Rollen unerträglich schwer). Rollen mit Übersetzung (meist 2 : 1) sind bestenfalls noch in Randbereichen wie der Meerforellen-Fischerei zu

Antik: Automatische Fliegenrolle „Trutt-O-Mat":

finden. Die Automatischen sind mit Ausnahme der sehr leichten Vivarelli-Rolle aus Carbon fast gänzlich verschwunden.

Bremssysteme: Hersteller bieten weltweit ein Reihe verschiedener Bremssysteme an. Sie sind teilweise sehr raffiniert gebaut und verblüffend leistungsfähig. Ein amerikanischer Hersteller warb vor Jahren mit dem Slogan: „Built to stop a train"– „Gebaut, um einen Zug zu stoppen". Doch bleiben wir auf dem Boden! Für die normale Fischerei auf die heimische Fischarten, wie Forellen, Äschen oder Döbel, ja sogar auf den Hecht, ist es in aller Regel nicht notwendig, ein aufwendiges und teures Bremssystem zu nutzen. Eine einfache Rolle mit einer Hemmung, bei der ein Federsystem einen kleinen Metallkeil gegen die Zähne eines Zahnrads presst, genügt in den allermeisten Fällen. Dieses System wird heute nur noch bei sehr günstigen oder traditionellen Rollen eingesetzt.

Anfänger wie auch Angelgerätehändler tendieren dazu, die Notwendigkeit eines starken Bremssystems – wohl aus Begeisterung an der Technik

– manchmal etwas überzubewerten. Aus diesem Grund sind heute sehr viele, auch preiswertere Modelle mit einer so genannten Scheibenbremse ausgestattet. Bei den hochwertigsten Scheibenbremsen bestehen die Bremsscheiben aus Kork, seltener Leder, einfachere sind hingegen aus Kunststoff, wie beispielsweise Teflon.

Ersatzspulen sind für fast alle Rollen erhältlich. Das hat den Vorteil, dass man sich für eine Rolle mehrere E-Spulen (Ersatzspulen) zulegen kann, die mit verschiedenen Schnurtypen bestückt sind. Man spart so eine Menge Geld, da die Ersatzspulen um einiges billiger sind als eine neue Rolle. Bei vielen Fliegenfischern jedoch wächst die Rollensammlung aus reiner Freude am Gerät beinahe jährlich.

Tipp

Wenn man sparen muss, dann an der Rolle. Ihr Job ist es, die Schnur zu tragen, sie zuverlässig freizugeben und wieder sauber aufzuspulen. Ansonsten lohnt sich auch bei Rollen auf lange Sicht die Investition in ein hochwertiges Modell.

Backing: Unter der eigentlichen Fliegenschnur liegt eine Nachschnur, das Backing. Es dient als Reserve, wenn ein unerwartet starker Fisch bei einer langen Flucht einmal die komplette Fliegenschnur von der Rolle ziehen sollte. So etwas kommt in unseren Breiten zwar eher selten vor, trotzdem ist es gerade beim Fischen mit leichtem Gerät sehr beruhigend, Reserven zu haben. Das Backing ist in der Regel eine aus vielen Einzelfäden geflochtene Kunststoffschnur mit einer Tragkraft zwischen 10 bis 30 Pfund und sehr geringem Durchmesser.

Das Backing erfüllt außer seiner Bestimmung als Reserve-Schnur noch einen weiteren Zweck: Durch das Aufspulen von Backing vergrößert sich der Durchmesser des Spulenkerns erheblich. Dadurch kann man auch bei klassischen Rollen mit sehr kleinem Spulenkern die Nachteile gegenüber den Großkernrollen etwas ausgleichen. Beim Kauf einer neuen Rolle geben manche Hersteller an, wieviel Backing unter die Fliegenschnur auf die Rolle passt. Ein angenehmer Service, spart er doch das lästige Ausprobieren.

Vor der leider noch immer gängigen Praktik, statt richtigem Backing ersatzweise starkes Monofil zu verwenden, rate ich dringend ab. Es ist zwar wesentlich billiger, kann aber nur als Notlösung angesehen werden, da es mit der Zeit hohe Tragkraftverluste aufweist und man beim Bruch nicht nur den Fisch, sondern auch seine Fliegenschnur verliert.

▶ **Fliegenschnüre**

Eine Fliegenrute ist nur für einen relativ engen Schnurgewichtsbereich (Schnurklassenbereich) ausgelegt. Über- oder unterschreitet man diesen Rahmen, leidet die Wurfleistung. Das kann so weit gehen, dass der Angler nicht in der Lage ist, auch nur ein paar Meter Schnur durch die Ringe schießen zu lassen, weil die Schnur zu leicht gewählt wurde und die Rute deshalb nicht anspricht. Auf der anderen Seite kann im Extremfall eine zu

schwere Schnur die Gerte sogar bis zum Bruch überlasten. Den Optimalbereich herauszufinden, ist ohne standardisierte Kennzahlen nur durch Ausprobieren möglich.

Die AFTMA-Klassen: Um diesem Missstand Abhilfe zu schaffen, einigten sich in der ersten Hälfte dieses Jahrhunderts die Hersteller von Fliegenruten und -schnüren in den USA über eine sinnvolle und heute noch gültige Einteilung der Schnurgewichte für Fliegenruten. Die Maßeinheit dieses Systems bezeichnet man als AFTMA-Klasse (nach der **A**merican **F**ishing **T**ackle **M**anufacturers' **A**ssociation, der Amerikanischen Angelgeräteherstellervereinigung).

Die wichtigsten Schnurformen

DT: Double Taper = Doppelt verjüngt
WF: Weight forward = „Keulenschnur"
LB/TT: „Long-Belly", bzw. „Triangle Taper"

Schnurformen: Moderne Fliegenschnüre haben einen geflochtenen Kern, die Seele, die übrigens dem Backing sehr ähnlich ist. Diese ist von einem Kunststoffmantel umgeben, in

Tipp

Die Schnur ist das Wurfgewicht beim Fliegenfischen, auf welches das Gewicht des Köders abgestimmt sein muss. Faustregel: niedrige Schnurklasse für kleine, leichte Fliegen; hohe Schnurklasse für buschige oder beschwerte Fliegen.

Tipp

An der Fliegenschnur sollte man niemals sparen. Wie bei keinem anderen Teil der Ausrüstung sind Preis und Gebrauchswert so eng miteinander verknüpft. Eine gute Schnur kostet heute ungefähr 80 bis 120 Mark.

dem bei Schwimmschnüren Millionen kleiner Luftbläschen eingeschlossen sind, was der Schnur den nötigen Auftrieb verleiht. Bei sinkenden Schnüren hingegen sind anstelle der Luftbläschen, je nach gewünschter Sinkgeschwindigkeit, beispielsweise Glas- oder Tungstenpulver integriert.

Die Länge einer Fliegenschnur beträgt, ebenfalls nach AFTMA-Standard, normalerweise 30 Yards, das entspricht etwa 27 Metern. Die beiden gängigsten Schnurformen sind die Doppelt Verjüngte (Double Taper oder DT) und die Keulenschnur (Weight Forward oder WF). Daneben gibt es mittlerweile unzählige Spezialtaper (engl. „taper": Verjüngung), die aber, bis auf wenige Ausnahmen (beispielsweise die so genannten Longbelly oder Triangle Taper), eher unter der Rubrik „Verkaufs-

Gimmick" geführt werden sollten. Die klassische Form ist die doppelt verjüngte Schnur, die an beiden Enden, verglichen mit dem gleichbleibend dicken Mittelteil, um etwa ein Drittel dünner ist. Die Keulenschnur hingegen ist anders aufgebaut. Sie besitzt im Gegensatz zur DT-Schnur keinen symmetrischen Aufbau. Der zur vereinfachten Verbindung mit dem Vorfach dünnere Schnuranfang geht schnell in eine keulenförmige Verdickung über, die je nach Schnurklasse und Hersteller unterschiedlich dick und lang ausfällt. Nach dieser „Keule" folgt der dünne hintere Teil der Schnur, auch Running Line oder Schussschnur genannt. Diese soll ein verbessertes „Schießenlassen" der Schnur ermöglichen.

Der Siegeszug der Keulenschnur war zeitweise fast nicht aufzuhalten. Man sagt ihr bei Wind die besseren

Beim Fliegenfischen gebräuchliche angloamerikanische Maße und Gewichte

Schnurlängen	1 yard (yd) = 91,4 cm	1 m = 1,09 yds
Schnurgewichte	1 grain (gr) = 0,065 g	1 g = 15,43 gr
Schnurbruchleistungen	1 pound (lb) = 453 g	1 kg = 2,21 lbs
Rutenlängen	1 foot (ft) = 30,5 cm	1 m = 3,28 ft
Rutengewichte	1 ounce (oz) = 28,35 g	1 kg = 35,27 oz

Wurfeigenschaften nach. Ein weiterer Vorteil ist, dass sie, auf Grund des geringeren Durchmessers der Running Line, weniger Platz auf der Rolle braucht und man dadurch mehr Backing darunterpacken kann. Der große Vorteil von DT-Schnüren andererseits ist ihre Überlegenheit gegenüber Keulenschnüren beim Rollwurf (den wir weiter unten kennenlernen werden). Seit vielleicht einem Jahrzehnt gewinnt eine neue Taperform immer mehr Anhänger: Die „Triangle-Taper"-, beziehungsweise die „Long-Belly"-Schnüre vereinen laut Aussage der Hersteller die Vorteile der beiden traditionellen Vorgänger. Dies ist jedoch Geschmackssache, weshalb jeder sein Lieblingstaper für den jeweiligen Einsatzzweck herausfinden sollte. Tatsache ist, dass nach wie vor DT- wie WF-Schnüre als Standard für die meisten Situationen gelten können und daher für Einsteiger eine gute Wahl sind. Fliegenschnüre sind in den Klassen 0 bis 15 erhältlich.

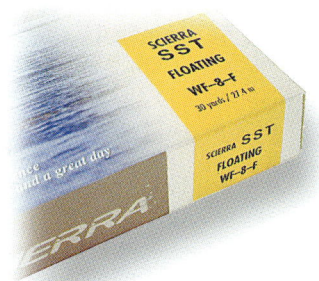

Kennzeichnung der Fliegenschnur: Hier handelt es sich um eine schwimmende (F) Keulenschnur (WF) der Klasse 8.

Gängige Schnurtypen

F: Floating = schwimmend
S: Sinking = (voll-) sinkend
F/ S: Floating/sinking = Sink-Tip
I: Intermediate = intermediär (schwebend)

Schnurtypen: Es gibt schwimmende, sinkende, Sink-Tip- und Intermediate-Schnüre. Die schwimmenden, auch **Trockenschnüre** genannten, decken die meisten Belange der Fischerei in unseren Breiten ab. Sie sind farblich hell gehalten, was das gezielte Anwerfen und die Schnurkontrolle wegen der besseren Sichtbarkeit erheblich vereinfacht. Vollsinkende Schnüre (oder einfach „Sinkschnüre") sind von dunkler Farbe und werden gebraucht, wenn man ein einen Köder sehr tief anbieten möchte.

Bei den **Sink Tip-Schnüren** sinkt nur die dunkle Spitze („Tip"), die je nach Einsatzbereich und Hersteller verschieden lang und schwer ist und dadurch auch unterschiedlich schnell sinkt. Der Rest schwimmt wie eine Trockenschnur und ist daher auch hell gefärbt. Die **Intermediate-Schnur** sinkt komplett, aber nur sehr, sehr langsam. Sie kommt beim Lachsfischen und vor allen Dingen beim Stillwasserfischen auf Forellen zum Einsatz.

Zu erwähnen sind weiterhin schnellsinkende Schussköpfe mit integrierter Running line („Schussschnur") und klare, also durchsichtige Sink- und Intermediate-Schnüre, die mittlerweile auch als Schwimmschnüre erhältlich sind. Schussköpfe eignen sich hervorragend für Situationen, in denen man sehr schnell, sehr weit werfen und möglichst tief fischen muss, beispielsweise beim Meerforellen- oder Stillwasserfischen auf tiefstehende Forellen. Die klaren Schnüre hingegen konnten sich noch nicht auf großer Breite durchsetzen, sind aber durchaus unter schwierigen Bedingungen (klares Wasser, sehr scheue Fische) beachtenswert.

Anfänger sollten in ihrer ersten Saison nur Trockenschnüre benutzen. Falls sie doch Sinkschnüre verwenden müssen, dann sollten sie erstmal mit Sink-Tip-Schnüren anfangen. Auf keinen Fall mit vollsinkenden Schnüren; glauben Sie mir, Sie verlieren damit zu schnell Ihren Spass am Fliegenfischen.

Immer mehr Schnüre sind heute an ganz spezielle Fischereibedingungen angepasst. So gibt es beispielsweise bereits spezielle Tropen- oder Kaltwasserschnüre oder Schnüre, die auf spezielle Zielfische, wie beispielsweise Tarpon oder Hecht abgestimmt sind. Hier überschneiden sich selbstverständlich viele Eigenschaften und Einsatzbereiche, weshalb man sich nicht zu tief in den Schnursumpf stürzen sollte.

Pflege: Man tut gut daran, seine Schnüre zu pflegen, indem man sie *regelmäßig* mit einem sauberen, feuchten Lappen von Schmutz befreit und hinterher mit einem speziellen Schnur-Pflegemittel behandelt. Diese werden von manchen Herstellern mit einer neuen Schnur geliefert, wo nicht, lohnt sich die Anschaffung eines Fläschchens in jedem Fall. Man erhöht durch ständige Reinigung nicht nur die Lebensdauer einer Schnur erheblich, darüber hinaus bleiben auch die Schuss- und Wurfeigenschaften einer Schnur konstant gut.

Für Spezialisten gewinnt die Seidenschnur im Zuge der Beliebtheit von gespließten Ruten wieder zunehmend an Bedeutung. Sie kostet ungefähr das Dreifache einer hochwertigen Kunststoffschnur, ist aber bei guter Pflege auch mindestens doppelt so lange, laut Aussage einiger Spezialisten sogar bis zu 20 Jahren harten Einsatzes haltbar. Sie wird gefettet als Trockene oder entfettet als Intermediate- oder Sinkschnur gefischt. Aber gerade das ist der springende Punkt: Die Pflege einer Seidenschnur ist recht aufwendig. Sie muss nach jedem Fischtag ausgiebig getrocknet, entfettet und vor jedem Angeln neu gefettet werden. Dem Anfänger ist sie also nicht zu empfehlen. Für denjenigen jedoch, der diesen Nachteil in Kauf nimmt, bietet die Seidenschnur auf Grund ihres vergleichsweise geringen Durchmesser unübertroffene Wurfeigenschaften. Seidenschnüre besitzen durchweg ein DT-Taper.

▸ **Vorfach**

Als Vorfach bezeichnet man die gesamte Verbindung zwischen dem Ende der Fliegenschnur und der Fliege. Ihm kommt heute immer mehr Bedeutung als eigenständiges Ausrüstungsteil zu. Ähnlich wie bei Fliegenschnüren sind Vorfächer in verschiedenen Sinkklassen und Ausführungen erhältlich (beispielsweise Trockenfliegen-, Nymphen- oder Streamervorfächer). Je ein sinkendes und ein Dutzend schwimmende Vorfächer (siehe auch unten) sind für die meisten Zwecke völlig ausreichend. (Umgangssprachlich meint man mit „Vorfach" oft nur das letzte Stück Monofil, an dem die Fliege angeknotet ist.)

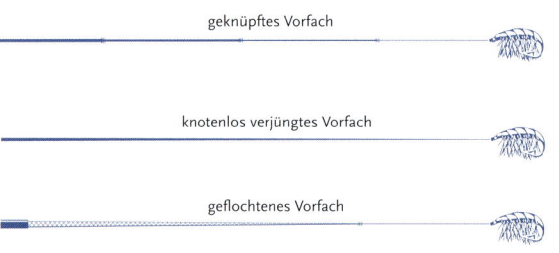

geknüpftes Vorfach

knotenlos verjüngtes Vorfach

geflochtenes Vorfach

Vorfächer für das Fliegenfischen

Es gibt generell drei Möglichkeiten: Die **beste Lösung** sind die **geknüpften Vorfächer**. Diese lassen sich leicht selbst herstellen, indem man beispielsweise ein 45 Zentimeter langes Stück Monofil mit dem Durchmesser 0,50 Millimeter mittels Blood-Knoten an ein Stück gleicher Länge 0,40er knotet. An dieses Ende kommt nun ein Stück

> ### Tipp
>
> Die Länge des kompletten Vorfachs muss **mindestens** die Länge der Rute haben. Misserfolg ist bei Nichtbeachtung dieser Regel fast vorprogrammiert!

0,35er, danach noch einmal 30 Zentimeter 0,30er und so weiter. Das Ganze geht herunter bis zu der Stärke, an der die Fliege angeknotet werden soll, also zwischen 0,10 und 0,20 Millimeter Spitzendurchmesser.

Wichtig ist, dass keine zu großen Sprünge im Durchmesser gemacht werden, um die Abroll-Eigenschaften, das heißt das vollständige gerade Strecken des Vorfachs beim Ablegen der Fliege aufs Wasser, nicht zu beein-

trächtigen. Geknüpfte Vorfächer sind für Fortgeschrittene sehr zu empfehlen, da man sich seine Vorfächer selber herstellen kann. In der weiterführenden Literatur findet man Anleitungen zur Herstellung dieser Vorfächer für alle Einsatzbereiche. Geknüpfte Vorfächer werden an die Flugschnur geknotet oder angeschlauft.

Die **einfachste Lösung** sind **geflochtene oder gedrehte Vorfächer**, die es seit ein paar Jahren zu kaufen gibt. Sie bestehen aus einer Geflechtröhre, die mit dem offenen Ende auf die Fliegenschnur geschoben und mit einem Stückchen Gummischlauch gesichert wird. Das Geflecht lässt sich ganz einfach auf die dicke Fliegenschnur auffädeln, legt sich jedoch bei Zug so fest um die Schnur, dass es jeden Fisch hält.

> ### Tipp
>
> Die Wahl der Vorfachspitze hängt ab von
> a) der Größe der Fliege,
> b) der Größe der zu erwartenden Fische, und
> c) vom Grad der „Vorfachscheue" der Fische.
> Sie ist häufig ein Kompromiss dieser drei Komponenten.

Für den Anfänger eignen sich diese Vorfächer wohl am ehesten, da sie einfach zu montieren, sehr haltbar und relativ preisgünstig sind. Darüber hinaus besitzen sie sehr gute Wurf- und Abrolleigenschaften. Am Ende haben sie in aller Regel eine kleine Schlaufe, an welche die Monofilspitze mit der

Fliege geknotet wird. Von den geflochtenen beziehungsweise geknüpften Vorfächern gibt es auch sinkende Ausführungen mit verschiedenen Beschichtungen oder sogar Bleikernen, die es dem Angler ermöglichen, Nassfliegen, Streamer oder Nymphen unter der Wasseroberfläche anzubieten, ohne eine Nassschnur oder Sink Tip verwenden zu müssen. Sie sind unterschiedlich stark beschwert, in verschiedenen Sinkgeschwindigkeiten von zirka 1 bis 15 Zentimeter pro Sekunde erhältlich.

Knotenlos verjüngte Vorfächer sind aus einem Stück Monofil, dessen Durchmesser sich von einem Ende zum anderen langsam und ohne Knoten verjüngt. Die Knotenlosen werden in vielen verschiedenen Spitzendurchmessern angeboten. Sie werden in der gleichen Weise an die Fliegenschnur angeknotet oder angeschlauft wie die geknüpften Vorfächer.

Monofil: Man sollte immer ein paar Spulen Vorfachmaterial der Stärken 0,10 bis 0,25 Millimeter (in 0,02er Schritten, ab 0,20 Millimeter in 0,05er Schritten) mit am Wasser haben, da man oftmals gezwungen ist, ein abgerissenes Stück zu ersetzen, oder den Durchmesser der Spitze zu verändern. Ist man häufig beim Fischen, bewähren sich die 100 Meter-Spulen, die um einiges billiger sind als die üblichen 25 Meter-Spulen. Von der Verwendung überalterten Spitzenmaterials ist dringend abzuraten; obwohl das Material ziemlich teuer ist, ist es wichtig, niemals mit altem – sprich: brüchigem – Monofil zum Fischen zu gehen.

Durch direkte Sonneneinstrahlung und die damit verbundenen hohen

Tipp

Vorfachspulen mit Einkaufsdatum beschriften und Knoten und Schnur immer wieder auf Reißfestigkeit prüfen!

Dosen von UV-Licht altert das Material rapide und kann so innerhalb kurzer Zeit bis zu 90 Prozent (!) seiner Tragkraft verlieren. Man sollte es im Zweifelsfall lieber wegwerfen. Es wäre falsch, an dieser Stelle sparen zu wollen.

▶ **Knoten**

Ein Knoten ist immer eine Schwachstelle. Ganz egal, was für einen man wählt und wie gut man ihn bindet: Bis auf ganz wenige Ausnahmen reißt eine Verbindung immer am Knoten. Leider steigt mit zunehmender Knotenfestigkeit meistens auch der Aufwand beim Binden. Es ist also wieder einmal der Kompromiss gefragt. Die folgenden, zum Teil sehr simplen, Knoten haben sich in der Praxis bewährt, weswegen ich sie an dieser Stelle vorstellen und jedem ans Herz legen will.

Mit diesen vier recht sicheren Knoten kommt jeder Fliegenfischer ohne überdimensionalen Aufwand gut über die Runden. Der Blood-Knoten erfor-

Tipp

Benetzt man den Knoten vor dem Zuziehen mit etwas Speichel, wird die materialschädigende Reibungswärme etwas heruntergesetzt, und er behält dadurch mehr Tragkraft.

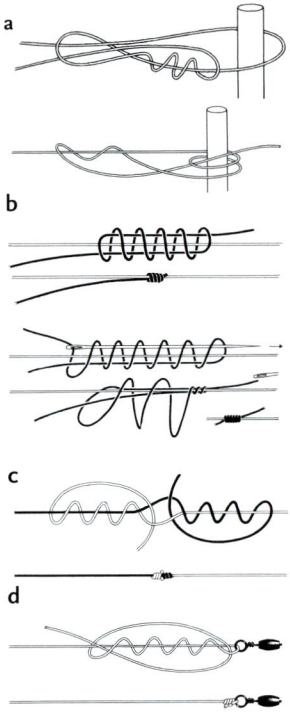

a Spulenachsen-Knoten (Arbour Knot),
   Variante 1 und 2
b Nagelknoten (Nail Knot)
c Fassknoten (Blood Knot)
d Wirbelknoten (Improved Clinch Knot)

Tipp

Der Erfolg steht und fällt mit der untadeligen Präsentation der Fliege und nicht mit ihrem Imitationswert. Sie muss nur in den seltensten Fällen eine möglichst exakte Kopie des Originals sein.

Anfänger und interessierte Laie ist sicherlich fasziniert von der Vielfalt der Formen und Farben sowie von der Sorgfalt, mit der mitunter real existierende Insekten kopiert werden – ebenso sicher wird er aber verwirrt und möglicherweise desorientiert. Insbesondere die Meinungen, mit welchen Fliegen man wann und wo fischen sollte, gehen unter den Experten so weit auseinander, dass es unmöglich ist, hier allgemeingültige Regeln aufzustellen.

Lassen wir uns also erst gar nicht auf die Expertendiskussionen ein, sondern fragen wir uns: Wie kommt auch der Anfänger möglichst sicher zum Fangerfolg mit der Fliege? Der große „alte Mann" des Fliegenfischens, der Schweizer Charles Ritz, vertrat vor vielen Jahren die Ansicht, dass 80 Prozent des Fangerfolgs von der fehlerlosen Art und Weise abhängt, wie dem Fisch die Fliege serviert wird. Diese Ansicht lässt sich heute wie damals unbedingt unterstützen!

Im Idealfall, der leider seltener vorkommt als man denkt, trifft man die Auswahl der künstlichen Fliege in Anlehnung – aber sicherlich nicht in sklavischer Kopie an die am Wasser vorkommenden Insekten.

dert zwar ein wenig Übung, ist jedoch – trotz lediglich 65 Prozent Knotenfestigkeit – wahrscheinlich einer der besten Knoten, um zwei Monofilenden miteinander zu verbinden. Er ist beim Fliegenfischen ein Muss!

Die Fliege

Das Thema „künstliche Fliegen" füllt mittlerweile viele Bücher, ja möglicherweise ganze Schrankwände. Der

Deswegen sollte man sich immer ein paar Minuten Zeit nehmen, um das Wasser zu beobachten, bevor man anfängt zu fischen. Sind Insekten auf der Oberfläche sichtbar und ist zudem noch erkennbar, dass die Fische regelmäßig danach steigen, hat man schon beinahe gewonnen. Nachdem man sich ein Exemplar von der Oberfläche gepflückt und es genauer studiert hat, kann man die Imitation bezüglich Größe, Form, Farbe und Typ dem Original anpassen.

▶ Die natürlichen Vorbilder

Künstliche Fliegen wurden aus einem ganz praktischen Grund geschaffen, nämlich um natürliche Insekten und andere Fischnährtiere (beispielsweise kleine Fischchen), die als Köder nicht immer und unbegrenzt zur Verfügung stehen, zu ersetzen. Das war die Voraussetzung dafür, dass sich eine ebenso reizvolle wie ästhetische Angelart mit vielen Eigenheiten herauskristallisieren konnte, die von manchen ihrer Vertreter heute leider zum elitären Kult hochstilisiert wird. Dabei geht es heute wie in der Zeit, als das Fliegenfischen noch in den Kinderschuhen steckte, darum – Fische zu fangen!

Um künstliche Insekten erfolgreich präsentieren zu können, ist ein Mindestmaß an Wissen über ihre natürlichen Vorbilder sehr nützlich; denn nur wenn man weiß, wie sich diese am und im Wasser verhalten, kann man sie mit einem künstlichen Köder imitieren. Am besten gewinnt man dieses Wissen durch Beobachtungen, was jedoch den entscheidenden Nachteil haben kann, dass man nicht mehr zu Fischen kommt. Um insbesondere dem Anfänger einen kurzen, generellen Überblick zu verschaffen, sind also ein paar Bemerkungen über unsere wichtigsten Insektengruppen unerlässlich.

▶ Eintagsfliegen

Eintagsfliegen stehen in der Dichtung schon seit Jahrhunderten für elfenhafte Kurzlebigkeit. Dabei ist nur wenigen Menschen bekannt, dass ihre Entwicklung über Eiablage, Ei, Larve, erwachsenes Insekt und Paarung, je nach Gattung und Art, von mehreren Monaten bis zu drei Jahren betragen kann. Ein enormer Zeitraum, bedenkt man die Größe dieser Insekten. Man sieht eben nur das letzte, finale Kapitel in ihrem Lebenszyklus. Eintagsfliegen sind wahrscheinlich die von Fliegenfischern am häufigsten kopierten Insekten. Es gibt unzählige Muster, die zum Teil schon sehr alt sind.

Begegnet man einer Eintagsfliege am Wasser, erkennt man sie augenblicklich, unabhängig von Art und Größe, an ihren über dem Hinterleib **senkrecht aufgestellten Flügeln**, deren Aussehen und Äderung wichtige Merkmale für die genauere Bestimmung der Art sind. Sieht man sie so auf dem Wasser treiben, ähneln sie kleinen Segelbooten. Ein weiteres Erkennungsmerkmal sind die teils körperlangen Schwanzfäden, von denen die meisten Eintagsfliegenarten drei Stück haben. Die „Ephemeriden" (die Insektengruppe der Eintagsfliegen) sind schon sehr lange auf der Erde und haben sich, bis auf ihre Größe, seit dem Karbon-Zeitalter vor ungefähr achtzig Millionen Jahren nur unwesentlich verändert. Sie sind meistens in erdigen Braun- und Grün-

a

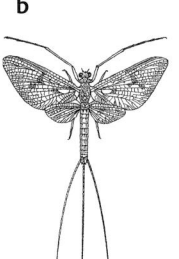

b

**Gemeine Eintagsfliege:
a Larve
b entwickeltes Insekt**

tönen gefärbt, es gibt jedoch auch „quietsch"-gelbe Vertreter, die inmitten der oft nüchtern wirkenden Natur beinahe unwirklich erscheinen.

Eintagsfliegen, die übrigens mit den landläufig bekannten Fliegen nicht verwandt sind, kommen in Größen zwischen wenigen Millimetern bis maximal 5 (!) Zentimetern vor. Nachdem die Larven aus dem Ei geschlüpft sind, leben sie einige Zeit unter Wasser und ernähren sich entweder von Pflanzen oder anderen kleinen Wasserbewohnern. In diesem Stadium sind sie begehrte Fischbeute und werden von den Fliegenfischern mit **Nymphen** imitiert. Sie bleiben unter Wasser, bis sie im letzten Larvenstadium der Wasseroberfläche entgegenstreben, um als flugfähiges Insekt zu schlüpfen. Das Aussehen der Larven während dieses Schlupfvorgangs ist Vorbild für viele Nassfliegen und die so genannten Emerger-Fliegen (Aufsteiger-Fliegen, das heißt Nymphen, die, im Oberflächenfilm gefischt, schlüpfende Larven imitieren). Nach diesem ersten Schlupf ist aus der aquatisch lebenden Larve nun ein geflügeltes, aber noch nicht geschlechtsreifes Insekt geworden, das auf Grund dessen als „Subimago" (im Fliegenfischer-Slang redet man von „Duns") bezeichnet wird. Es verweilt eine Weile auf der Ufervegetation und schlüpft dann ein zweites Mal zum geschlechtsreifen Vollinsekt, der „Imago" oder dem „Spinner". Alles was für die Eintagsfliegen in diesem Stadium zählt, ist sich so schnell wie möglich zu paaren, da mit dem zweiten Schlupf die Verdauungsorgane komplett zurückgebildet werden. Das ist auch der Grund, warum die Imago

nach kurzer Zeit verendet und so den „sagenhaften" Eindruck der Kurzlebigkeit erweckt. Die Imitationen der tot auf dem Wasser treibenden Insekten nennt man „Spent" (englisch für: verbraucht). Das geflügelte Insekt, ob Dun, Spinner oder Spent, wird mit der **Trockenfliege** imitiert.

▶ Köcherfliegen

Köcherfliegen haben ihren Namen von dem Köcher, den die meisten Köcherfliegen sich während ihres Larvenlebens als Wohnung bauen und dann ständig herumtragen. Dieser **Köcher** dient als Schutzraum, in den sich die Larve bei Gefahr blitzschnell zurückzieht. Er besteht, je nach Köcherfliegenart, aus Mulm – organischen Schwebstoffen –, Sandkörnern,

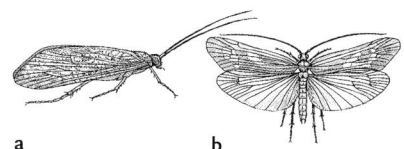

a   b

Köcherfliege: a Seitenansicht, b Draufsicht

Holzstückchen, ja sogar aus winzigen Schneckenhäusern, die mit Hilfe des Sekrets aus einer Spinndrüse am Körperende der Larve zu kunstvollen Röhren zusammengeklebt werden. Der jeweilige Werkstoff sowie die Form und Bauart der Röhren sind oft die einzig verlässlichen Erkennungsmerkmale, um verschiedene Köcherfliegenarten voneinander zu unterscheiden. Und derer gibt es unzählig viele, unter anderem auch Arten, deren Larven freischwimmend, (also ohne Köcher) leben.

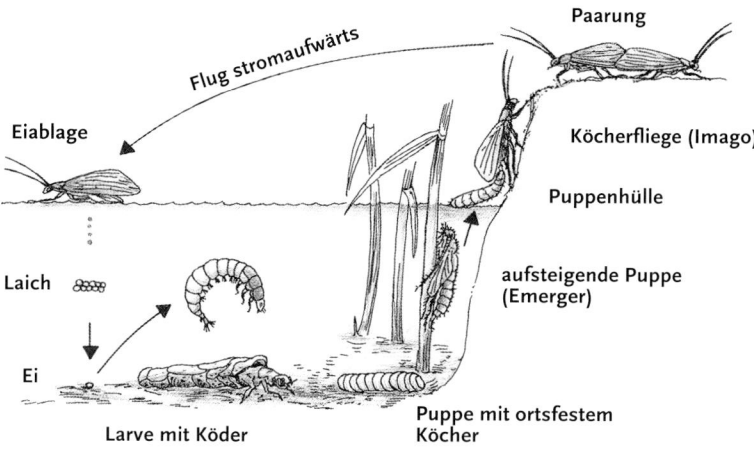

Paarung

Flug stromaufwärts

Eiablage

Köcherfliege (Imago)

Puppenhülle

Laich

aufsteigende Puppe
(Emerger)

Ei

Puppe mit ortsfestem
Köcher

Larve mit Köder

Lebenszyklus der Köcherfliege.

Die meisten Köcherfliegen sind braun oder schmutziggrau; Farbe ins Spiel bringen, wie auch bei den Eintagsfliegen, die zitronengelben Arten, die im englischsprachigen Raum unter „Yellow Sally" laufen. Fliegenfischer nennen Köcherfliegen auch „Sedge" (englisch für Köcherfliege) oder „Caddis" (amerikanisch für Köcherfliege). Ihr **Entwicklungszyklus** ist etwas anders als derjenige der Eintagsfliegen: wenn die Larve schlüpft, lebt sie ebenfalls bis zu einigen Jahren unter Wasser in dem selbstgebauten Köcher (Imitation: Nymphe). Am Ende ihrer Larvenzeit verpuppt sie sich darin und macht eine vollkommene Verwandlung zum geflügelten und geschlechtsreifen Insekt durch. Dann wird der Köcher von ihr aufgebissen, und die fertige Imago entschlüpft unter Wasser aus dem im Köcher befindlichen Kokon und versucht an die Wasseroberfläche zu gelangen, bevor sie von den Fischen gefressen wird. Genau dieses letzte Stadium wird von vielen Nassfliegen und Emergern kopiert.

Hat das Insekt diese gefährliche Reise überstanden, fliegt es kurz nach dem Durchbrechen der Oberfläche in Richtung Ufervegetation ab, um auszuruhen. Imagines von Köcherfliegen leben im Schnitt einige Wochen, da sie beim Schlupf ihren Verdauungstrakt nicht einbüßen. Es gibt sie fast überall, und ihre Standard-Imitation, die Rehhaar-Sedge (Trockenfliege), ist eine der genialsten Universalfliegen schlechthin, die dazu noch sehr einfach zu binden ist. Ein Muss für jede Fliegendose!

▶ **Die künstlichen Fliegen**
Einfach und effektiv: Die besten Fliegenmuster sind die, die nicht nur eine Art, sondern ganze Insektenfamilien oder -gruppen imitieren. Diese Gruppenmuster fangen zu (fast) jeder

Von oben nach unten : Nassfliegen, Trockenfliegen, Nymphen und Streamer

Grundtypen: Grundsätzlich kann man
Kunstfliegen in fünf sehr grobe Kategorien einteilen:

Trockenfliegen: Obwohl Fische nur
ungefähr 10 Prozent ihrer Nahrung
von der Wasseroberfläche aufnehmen,
ist das Fischen mit der Trockenen mit
Sicherheit die beliebteste Disziplin
beim Fliegenfischen. Die Fliegen werden auf der Wasseroberfläche schwimmend („trocken") angeboten. Sie werden normalerweise auf leichte, dünn-
drahtige Haken gebunden. Dabei kommen Materialien zum Einsatz, die
möglichst wasserabweisend sind und
die Fliege so möglichst lange schwimmen lassen. Trockenfliegen werden
meist mit steifen Hahnenhecheln –
den Halsfedern eines speziell gezüch-
teten Haushahns – gebunden, die auf
dem Oberflächenfilm des Wassers auf-
stehen und so ein Untergehen der Fliege verhindern. Diese Hecheln muss
man von Zeit zu Zeit beim Fischen
nachfetten. Einen echten Boom haben
Entenbürzelfedern, auch CDC (Cul de
Canard = Entenbürzel) genannt, bei
den Fliegenbindern in den letzten Jahren erlebt. Diese kleinen, unscheinba-
ren Federn stammen aus dem Bereich
der Bürzeldrüse von Wasservögeln. Mit
Hilfe des sehr fettigen Sekrets der Drüse, halten sich die Tiere das Gefieder
schwimmfähig. Die Federn, die sich in
der direkten Umgebung dieser Drüse
befinden, sind mit dem Bürzelfett
beschichtet. Die Feinheit der Federäste
der CDC-Federn bewirken in Verbindung mit dem Fett, dass sich kein Wasser auf der Feder festsetzen kann. Eingebunden in eine Trockenfliege sind
Entenbürzelfedern, die man niemals
nachfetten darf, da die feinen Fibern

Zeit und (fast) überall auf der Welt
Fische. Zu diesen „Breitbandfliegen"
gehören diverse moderne Rehhaar-
Sedgen, Emerger- und Entenbürzel-
Eintagsfliegen, deren Herstellung in
aller Regel nur wenige Minuten in
Anspruch nimmt, deren Fähigkeit
aber legendär ist. Daneben gibt es
auch einige sehr bewährte Reizfliegen,
welche teilweise schon seit über ein-
hundert Jahren Fische fangen, ohne
dass jemand genau sagen könnte, für
was die Fische sie denn nun halten
und weshalb sie sie fressen. All diese
Fliegen seien vor allem dem Anfänger
ans Herz gelegt, mit dem Hinweis,
dass realistisch und somit auch meist
aufwendig gebundene Fliegen in aller
Regel   mehr   Angler   fangen   als
Fische ...

sonst verkleben, geradezu unsinkbar. **Nassfliegen** werden im Oberflächenfilm des Wassers oder auch eine Handbreit darunter („nass") gefischt. Sie ahmen entweder das schlüpfende Insekt nach oder sind reine Reizfliegen. Der Nassfliegenhaken ist aus dickerem Draht, da die Fliege sinken soll, das Öhr ist in der Regel nach unten gebogen. Nassfliegen gibt es sowohl mit als auch ohne Hecheln. Die Hechel selbst muss sehr weich sein, da sie unter Wasser spielen soll, um Beine und Tracheen des Insekts zu imitieren

Viele der bekannten klassischen Muster sind Nassfliegen ohne natürliches Vorbild.

Vier Nymphenmuster

Tipp

Sinkt die Nassfliege beim Aufsetzen auf die Wasseroberfläche nicht sofort, kann man mit einem kurzen, sanften Ruck an der Schnur nachhelfen.

Nymphen: Trockenfliegen imitieren in der Regel das fertige, flugfähige Insekt. Nymphen dagegen stellen die davor liegende Entwicklungsstufe dar, nämlich das „Nymphenstadium" vor dem Schlupf des Insekts. Da in praktisch allen Wasserschichten mit der Nymphe gefischt wird, wird sie unterschiedlich stark beschwert gebunden. Eine mit Bleidraht stark beschwerte Nymphe sinkt zwar selbst in scharfer Strömung noch relativ gut, ist aber auf Grund ihres Gewichts sehr schwer zu werfen. Die Amerikaner nennen das Fischen mit überschweren Nymphen, das übrigens nicht ganz ungefährlich ist, „chuck and duck"

(schmeißen und ducken). Leichte Nymphen werden unbeschwert im Oberflächenfilm gefischt. Das Nymphenfischen gilt für viele als Königsdisziplin, da es viel Sachkenntnis, Erfahrung und werferisches Können voraussetzt.

Das Wort **Streamer** kommt aus dem Englischen und heißt übersetzt soviel wie „Wimpel" oder „Fähnchen". Viele Streamer sind reine Reiz- oder Fantasiefliegen. Daneben werden mit dem ihm aber auch Fischnährtiere, meist kleine Beutefische, imitiert. In den letzten Jahren wurde auf diesem Gebiet reichlich experimentiert, und es gibt mittlerweile sogar Nachbildungen von Mäusen (!), aus Rehhaar gebunden und mit einem Lederschwanz versehen, die schwimmend auf Hechte und Großforellen gefischt werden. Überhaupt gewinnt der Streamer bei uns zusehends an Bedeutung, da man in unseren Breiten damit auf heimische Raubfische pirschen kann und auch bei sehr schwierigen Wasserverhältnissen (beispielsweise Hochwasser, tiefes

Farbenprächtige Lachsfliegen – für viele mehr als nur ein Köder.

Wasser) noch sehr gute Möglichkeiten hat, seinen Fisch zu fangen.

Die „Wimpel" werden meist unter der Wasseroberfläche gefischt (es gibt Ausnahmen, beispielsweise bei der Hechtfischerei, bei der selten schwimmende Streamer eingesetzt werden). Nach dem Wurf lässt man ihn absinken und holt ihn dann in kurzen Zügen ein. Dieses „Einstrippen" des Streamers sollte man durchaus variieren. So können auch langsame, gleichmäßige Einstripp-Phasen erfolgreich sein. Ziel ist es, auch mit Unterstützung von Bewegungen der Rute, dem Streamer „Leben" einzuhauchen und ihn so reizvoller für den Fisch zu machen.

Für die Streamerfischerei benötigt man eine schwere Ausrüstung, die auch größeren Exemplaren gewachsen ist. So sollte man eine Rute der AFT-MA-Klasse 7 bis 8 wählen, wenn man auf Hechte streamert. Für Forellen genügt die Schnurklasse 5 für leichte Streamer und gute Wurfbedingungen, die Klasse 6 oder 7 für schwerere Forellenstreamer oder bei Wind. Sehr große Bedeutung besitzen Streamer vor allen Dingen beim Salzwasserfliegenfischen. Fast alle Muster, die hier eingesetzt werden, sind als Streamer zu bezeichnen, imitieren sie nun eine Krabbe oder einen Sandaal oder einen anderen Beutefisch.

Die Gruppe der **Lachsfliegen** besteht fast ausschließlich aus Fliegen, die kein natürliches Vorbild haben. Einzelne Muster gibt es schon seit Anfang des 18. Jahrhunderts. Alte Orginale sind heiß begehrte Sammlerstücke, für die manchmal astronomische Preise bezahlt werden. Lachsfliegen werden auf Einzel-, Doppel- und

Fliegenbinden – mehr als nur Fernseh-Ersatz

Die meisten fortgeschrittenen Fliegenfischer stellen ihre künstlichen Fliegen selbst her. Das ist auf Dauer nicht nur wesentlich billiger, sondern führt auch dazu, dass man sich intensiver mit den Vorlagen der Natur beschäftigt, was letztendlich dem Fangerfolg zugute kommt.

Natürlich spielt dabei auch der „Fun"-Faktor eine Rolle, denn Fliegenbinden macht großen Spaß. Und einen Fisch auf eine selbst gebundene oder gar selbst entworfene Fliege zu fangen, ist etwas ganz Besonderes.

Das Herz der ganzen Ausrüstung ist der **Bindestock**, mit dem der Haken während des Bindens fixiert wird. Er sieht aus und funktioniert auch ähnlich wie ein kleiner Schraubstock. Um eine Fliege herzustellen, spannt man einen Haken in diesen Bindestock und legt mit Hilfe eines Spulenhalters, der die Bindeseide aufnimmt, eine Grundwicklung auf dem Hakenschenkel von vorne in Richtung Hakenbogen.

Danach wird das **Material für den Körper** eingebunden. Dieses ist traditionell natürlichen Ursprungs – daneben gibt es mittlerweile aber auch viele synthetische Produkte. Je nach Fliegentyp (beispielsweise bei Trockenfliegen oder Emergern) und Einsatzbereich wird darauf geachtet, dass Materialien verwendet werden, die sich nicht mit Wasser vollsaugen können. Dies erhöht die Schwimmfähigkeit der Fliegen. Um Beine und Flügel zu imitieren, wird bei Trockenfliegen am Kopf der Fliege eine steife **Hahnenhechel** eingebunden, die es ihr ermöglicht, auf dem Oberflächenfilm

des Wassers „zu reiten". Bindet man Nymphen, wird der Hakenschenkel nach der Grundwicklung oft mit einer Lage Bleidraht versehen, welcher der Nymphe zusätzliches Gewicht verleiht. Nassfliegen und Nymphen erhalten oft eine weiche Hennenhechel, die unter Wasser ein möglichst starkes Spielen in der Strömung entwickeln soll. Ein gutes Spiel unter Wasser und ein starker Reiz sind auch für Streamer wichtig. Deshalb bindet man bei diesen einen sehr beweglichen Schwanz, beispielsweise aus Marabou oder eine „Fahne" aus Federn, Tierhaaren oder synthetischen Materialien ein. Der „Körper" über der Grundwicklung vieler Fliegen wird mit so genanntem Dubbing gebunden. Dubbing sind Fasern, die auf den Bindefaden gezwirnt und anschließend um den Fliegenhaken gewickelt werden. Dubbing gibt es in unzähligen synthetischen und natürlichen Farb- und Materialversionen. Beispiele: Antron (synthetisch), Hasenohr oder Eichhörnchen (natürlich).

Jede Fliege wird mit einem speziellen **Kopfknoten** am Hakenöhr abgeschlossen, der zur besseren Haltbarkeit lackiert wird. Das Fliegenbinden ist eine wunderbare Tätigkeit für die Wintermonate, in denen man nicht fischen kann!

Drillingshaken gebunden, je nach Gegend und Muster. In Schottland werden die meisten Fliegenmuster auf Doppelhaken angeboten, während die Shrimp-Flies, die Garnelenfliegen, sehr oft als Drillinge gefischt werden.

In früheren Zeiten wurden für Lachsfliegen häufig Federn von Vögeln verwendet, die irgendwann nicht mehr zu bekommen waren, weil sie mittlerweile entweder ausgestorben sind oder unter das Washingtoner Artenschutzabkommen fallen. Ersatzweise wurde daher dazu übergegangen, die Flügel statt aus Federn aus Tierhaar zu binden. Die Zeit des amerikanischen Bindestils mit Materialien wie gefärbtem Hirsch-, Fuchs- und Eichhörnchenhaar begann damit auch bei den Lachsfliegen.

Tubenfliege

Eine Spielart der Lachsfliegen sind die **Tube-Flies** (Tuben- oder Röhrchenfliegen). Diese Fliegen werden nicht auf einen Haken gebunden, sondern auf ein Röhrchen, durch welches die Vorfachschnur läuft, an deren Ende dann ein kurzer Drilling angeknotet ist. Je nach Material des Röhrchens (Kunststoff, Aluminium, Kupfer oder Messing) sinken sie mehr oder weniger schnell. Sie kommen auf Grund ihrer Größe und ihres Gewichts hauptsächlich im Frühjahr zum Einsatz und

haben den Vorteil, dass ein ordentlich gehakter Fisch, auf Grund des kurzen Hakenschenkels praktisch nicht in der Lage ist, den Haken auszuhebeln.

Sinnvolles Zubehör

Den mehr oder weniger wichtigen Dingen, die der Angler am Wasser benötigt, braucht hier nicht zuviel Platz eingeräumt werden, da sich vieles von selbst versteht. Beim Kauf eines Messers etwa ist nicht der Rat vom grünen Tisch des Autors, sondern der gesunde Menschenverstand gefragt. Daher im folgenden nur kurz die wichtigsten Punkte zu den einzelnen Ausrüstungsteilen:

Ein **Kescher** ist, vor allem wenn man größere Fische hakt, eine feine Sache, trotzdem habe ich fast nie einen dabei, weil ich damit überall hängen bleibe. Die Handlandung genügt in unseren Breiten auf normal große Fische meist völlig. Übrigens: Wer seine Fische zurücksetzt, sollte sie nicht in die Hand nehmen. Ein kurzer Ruck mit den Fingern oder einer Arterienklemme an der *widerhakenlosen* Fliege genügt, um dem Fisch, ohne ihn zu berühren, wieder seine Freiheit zu geben.

Fliegendosen sollten so beschaffen sein, dass der Wind nicht in der Lage ist, sich beim unvorsichtigen Öffnen an deren Inhalt zu bedienen. Wichtig ist daher, dass die Fächer einer Dose einzeln verschließbar sind. Es gibt auch Modelle, bei denen man die Fliegen auf einem Schaumstoffsteg einhaken oder festklemmen kann. Auch hier hat der Wind keine Chance!

Fett: Fliegenfett, ob synthetisch oder natürlich (Entenbürzelfett) ist ein unverzichtbarer Begleiter bei jedem Angeltrip. Es dient vor allem dazu, Trockenfliegen schwimmfähig zu machen. Darüber hinaus lässt sich mit Fliegenfett aber auch die sinkende Spitze einer eigentlich schwimmenden Fliegenschnur wieder schwimmfähig machen. Die meisten Fliegenfette sind heute in praktischen Plastikspenderfläschchen erhältlich. Die Zeiten der Fettflecke auf den Fliegenwesten, die von einem undichten Fettdöschen stammen, sind dadurch glücklicherweise vorbei.

Ein **Fischerclip** zum Kürzen von überstehendem Monofil kostet im Fachhandel mittlerweile an die zehn Euro. In der Drogerie bekommt man praktisch dasselbe Werkzeug (allerdings zum Kürzen von Nägeln) für ein Viertel des Preises.

**Ein sehr praktisches Werkzeug –
Der Fischerclip.**

Will man sich eine **Polarisationsbrille** anschaffen, lohnt es sich, einen Optiker aufzusuchen. Das soll keine Binsenweisheit sein, aber dieser bietet nicht nur die schöneren Gestelle an, sie sind auch oftmals billiger (!) als im Angelladen. Nur mit einer – wie man sie umgansprachlich nennt – Polbrille lassen sich Fische entdecken, die sonst, auf Grund der Oberflächenreflexion des Wasser, „unsichtbar" geblieben wären. Die nur dadurch mögliche Beobachtung der Reaktion des Fisches auf die Fliege ist sehr oft ein Schlüssel zum Erfolg. Die besten Gläserfarben sind Gelb oder Gelbbraun, auch Amber genannt, und nicht zu dunkles Braun. Sie sind universell einsetzbar.

Tipp

Vorsicht! Das Werfen ohne Augenschutz ist immer gefährlich!

An den **Watstiefeln** beziehungsweise **Wathosen** kann man sparen. Unterschieden werden bei Wathosen beziehungsweise -Stiefeln heute grundsätzlich zwei Modelle: 1. mit fest angebrachten Stiefeln und 2. mit Füßlingen (meist aus Neopren), die in Verbindung mit speziellen Watschuhen eingesetzt werden. An Materialien gewinnen atmungsaktive Stoffe wie Gore-Tex immer mehr die Oberhand über das beinahe schon altgediente Neopren- oder gar Lederfutter.

Angelruten brechen in den seltensten Fällen beim Fischen. Aus diesem Grund ist es unerlässlich, ein **Rutenrohr** zum Transportieren der Gerten zu benutzen, welches bei teuren Modellen meistens im Preis inbegriffen ist. Sehr

Zwei Bissanzeiger: eine kleine Minipose aus Hartschaum zum Anklemmen links und ein angeknotetes Stück Polygarn rechts.

praktisch sind auch Rutenfutterale, die komplett montierte Ruten mit Rolle fassen.

Eine **Fliegenweste** ist nur dann wirklich nötig, wenn man viel watet und im Wasser alles am Mann haben muss. Ansonsten wird ihre Notwendigkeit oft ein wenig zu hoch angesetzt. Vielleicht verständlich, ist doch gerade sie das Kleidungsstück schlechthin, welches in der Öffentlichkeit einen Angler als *Fliegenfischer* ausweist ...

Bissanzeiger zum Nymphenfischen gelten zwar in manchen Kreisen als verpönt, sind aber dennoch, nicht nur für Einsteiger, eine unverzichtbare Hilfe zum Erkennen auch vorsichtigster Bisse. Selbst der erfahrenste Nymphenfischer wird mit Bissanzeiger mehr fangen als ohne. Daher sollte man in diesem Punkt puristische Gedanken vermeiden und zum Nymphenfischen ruhig einen Bissanzeiger verwenden. Bewährt hat sich schwimmende Knetmasse, die je nach Bedarf in unterschiedlicher Größe aufs Vorfach geknetet wird, daneben Styroporbissanzeiger, die meist selbstklebend sind, und gefettete Wollfäden, die in unterschiedlicher Länge und Größe an die gewünschte Stelle angeknotet werden.

Das Werfen

Aller Anfang ist schwer: Am Anfang sind Werfen und Fischen zwei paar Stiefel. Den meisten Anfängern fällt es sehr schwer, beides so miteinander zu verbinden, dass keines darunter leidet. Das Werfen mit der Fliegenrute sollte man ganz zu Anfang auf einer Wiese versuchen, bis man einigermaßen ein Gefühl für den Bewegungsablauf und das Gerät entwickelt hat. Mit einem kleinen Stückchen Pfeifenputzer oder Wolle am Ende des Vorfachs – also ohne scharfe Haken! – lässt sich für den Anfang wesentlich sicherer agieren.

Das Werfen der Fliegenrute ist weder Hexenwerk noch Wissenschaft, sondern ein vergleichsweise simpler Bewegungsablauf, den jeder, unter Anleitung eines guten Lehrers, erlernen kann. Versucht aber ein Anfänger ohne Unterstützung und nur auf ein gutes Buch vertrauend theoretisch das Fliegenfischen zu erlernen, schafft er es vielleicht nach einer Weile, ein paar Meter Schnur aufs Wasser zu befördern. Aber nur die allerwenigsten mit viel Talent und noch mehr Disziplin sind in der Lage, sich autodidaktisch

Die Grundausstattung des Fliegenfischers

- ▶ Hakenlöser, am besten eine kleine Arterienklemme
- ▶ Bandmaß
- ▶ Messer, wenn möglich mit dünner, scharfer Klinge
- ▶ Einige Rollen Monofil in unterschiedlichen Stärken (0,10 bis 0,25 Millimeter)
- ▶ Fliegendosen
- ▶ Fliegenfett möglichst in einer Spenderflasche, die auch an heißen Tagen dicht bleibt
- ▶ Schere oder Clip zum Kürzen von Monofil
- ▶ Polaroidbrille
- ▶ Kescher
- ▶ Watstiefel. Vorzugsweise mit Filzsohlen, die unter Wasser den besten Halt bieten
- ▶ Fliegenweste
- ▶ Anglertasche und Rutencontainer
- ▶ Kopfbedeckung
- ▶ Der Witterung angepasste Bekleidung, am besten mit atmungsaktiver Membran wie Gore-Tex, Sympathex o.ä.

Tipp

Kein Buch – leider auch nicht dieses – kann einen Wurfkurs am Wasser ersetzen. Um ein guter Werfer zu werden, führt kein Weg an einem guten Lehrer – professionell in einer Fliegenfischerschule oder privat bei einem Freund im Verein – vorbei.

am Zifferblatt, neben einer großen Uhr stehen. Ihre Füße zeigen Richtung 6 Uhr, Ihr Kopf Richtung 12 Uhr. Wenn Sie einen Arm ausstrecken, zeigt er Richtung 9 Uhr, Ihr Rücken zeigt in Richtung 3 Uhr. Dieses Zifferblatt erleichtert die folgenden Beschreibungen erheblich. Und einen weiteren wichtigen Hinweis sollten Sie nicht zu wirklich guten Werfern zu entwickeln.

Dennoch kann die „Theorie" dazu dienen, einen praktischen Wurfkurs vorzubereiten und zu unterstützen.

Die Wurfuhr: Um bestimmte Punkte beim Werfen genau zu definieren, gibt es ein System, welches schon Generationen von Anfängern das Lernen erleichtert hat. Stellen Sie sich vor, Sie würden, mit der linken Schulter

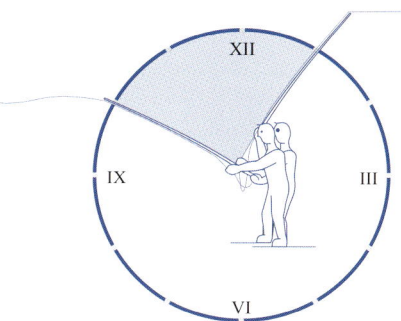

Die Wurfuhr

vergessen: Alle nachfolgenden Beschreibungen des Werfens gelten für einen Rechtshänder, der die Rute mit der rechten und die Schnur mit der linken Hand hält. Linkshänder verfahren andersherum!

Die Rutenhaltung: Die beiden gängigsten Arten, eine Fliegenrute zu halten, nennt man Zeigefingerhaltung und Daumenhaltung. Sie sind jeweils nach dem Finger benannt, der oben auf dem Griff aufliegt. Ruten der leichteren Schnurklassen bis zirka Klasse 6 haben fast immer einen nach vorne spitz zulaufenden Griff, der auf Grund seiner Form „Zigarrengriff" genannt wird. Für sie ist die Zeigefingerhaltung am besten. Die etwas längeren und schwereren Ruten (ab Klasse 7) werden meistens mit dem klassischen „Full Wells"-Griff gebaut, der auf Grund seiner Form besser dafür geeignet ist, den

Die richtige Rutenhaltung beim Fliegenfischen: oben „Zigarrengriff", unten „Full Wells".

Daumen oben aufzulegen. Auf diese Weise wird der größeren Hebelwirkung dieser Ruten auf die Hand Rechnung getragen: Eine Überlastung des Handgelenks wird so eher vermieden.

Es mag auf den ersten Blick unwichtig erscheinen, welche Rutenhaltung man bevorzugt. Die Erfahrung aber zeigt immer wieder, dass die Zeigefingerhaltung den unschätzbaren Vorteil hat, das Handgelenk am Ende des Rückschwungs daran zu hindern, weiter als gewollt nach hinten nachzugeben. Denn das ist der häufigste und gleichzeitig schwerwiegendste Fehler, der einem unterlaufen kann. Außerdem hat diese Variante den Vorteil, dass man beim Schießenlassen der Schnur mit dem Finger genau auf das Ziel zeigen und so die Richtung, in welche die Schnur abgelegt werden soll, besser steuern kann.

Die verschiedenen Wurfarten

▶ **Überkopfwurf**

Technisch gesehen deckt der Überkopf- oder Normalwurf sicherlich 90 Prozent der Situationen ab, mit denen man am Wasser konfrontiert werden kann. Er erfordert wie alle Würfe ein wenig Übung. Doch wie so oft ersetzt Talent auch hier nicht die Trainingseinheiten. Hat man das seltene Glück, einem Fliegenfischer am Wasser zu begegnen, der neben Übung auch noch die Veranlagung zum guten Werfer hat, sollte man sich unbedingt die Zeit nehmen und ihn eine Weile möglichst unbemerkt studieren. Hat man einen Könner vor sich, sieht man: Es gibt wenige Bewegungsabläufe, die eine solch leichte Eleganz mit gleichzeitig kraftvoller Dynamik in einer einzigen Bewegung vereinen.

Beim Erlernen des Überkopfwurfs sind sechs Dinge von Bedeutung:

Die Rutenhaltung: Anfangs sollte man mit der Zeigefingerhaltung arbeiten. Ist man später in der Lage, sauber zu werfen, ist es bei schweren Ruten manchmal nötig, den Daumen oben aufzulegen, um einem „Tennisarm" vorzubeugen. Als Anfänger und beim Fischen mit leichten, kurzen Ruten sollte man jedoch nichts anderes versuchen.

Das Handgelenk bleibt während des gesamten Werfens inaktiv, das heißt starr und möglichst unbeweglich. Das ist *der* zentrale Punkt beim Erlernen des Überkopfwurfes. Anfänglich erscheint es einfacher aus „dem Handgelenk" zu werfen, anstatt sich der Disziplin des Werfens mit dem Unterarm zu beugen. Hat man sich jedoch diesen Fehler einmal angewöhnt, ist jede Aussicht auf Wurfweiten jenseits der zwanzig Meter verspielt.

Der Impuls ist ein weiteres, wichtiges Kriterium für den funktionierenden Überkopfwurf. Die Schnur wird bei jedem einzelnen Wurf, sowohl Vor- als auch Rückwurf, kontinuierlich beschleunigt. Diese Beschleunigung endet mit einem abrupten Stopp (bei „1 Uhr" hinten und „10 Uhr" vorne). Diese Bewegung muss, eingebunden in den gesamten Wurfablauf, deutlich als Impuls ausgeprägt sein. Der Sinn liegt letztendlich darin, dass durch diesen Impuls die Rute wie eine Feder gespannt wird. Sie gibt die gespeicherte Kraft nach einer winzigen Verzögerung über die Spitze an die Schnur ab und beschleunigt diese dadurch. Wird der Wurf nicht impulsiv ausgeführt, kann sich die Rute nicht genügend laden und somit auch keine Kraft an die Schnur weitergeben. Wichtig: Einen Impuls zu geben bedeutet nicht Krafteinsatz, sondern vielmehr „kraftlose", spontane Beschleunigung der Rute.

Der Stopp ist das logische Ende des Impulses, welcher die Rute aufgeladen hat. Beim Vorschwung wird die Rute in der „10 Uhr"-Position gestoppt, beim Rückschwung bei „1 Uhr". Die Einhaltung dieser beiden Punkte ist sehr wichtig. Senkt man die Rutenspitze beim Rückschwung weiter ab oder lässt es zu, dass das Handgelenk noch etwas nach hinten nachgibt, besteht die Gefahr, dass das Schnur-Ende hinter uns den Boden touchiert und die Fliege abreißt. Geht man vorne tiefer als „10 Uhr", klatscht die Schnur auf die Wasseroberfläche und vergrämt die Fische.

Als **Timing** bezeichnet man die zeitliche Verzögerung zwischen dem Vor- und dem Rückschwung. Sie dient dazu, der Schnur die Möglichkeit zu geben, den Körper des Werfers seitlich zu passieren und sich in der Luft zu strecken, bevor man die nächste Wurfphase einleitet. Unterlässt man diese Pause, kann es passieren, dass man die Schnur bereits nach hinten beschleunigt, obwohl sie sich vorne noch nicht völlig gestreckt hat. Das hat zwei Auswirkungen: Zum einen nimmt man der Leine wieder Geschwindigkeit weg, worunter die Wurfweite leidet. Andererseits kommt es in dieser Situation häufig zu einem hässlichen Peitschenknall, der einem erfahrungsgemäß die Fliege vom Ende des Vorfachs abreißt.

Die Wurfebene, auf der sich die Schnur bewegt, darf keinesfalls hinten tiefer liegen als vorne. Der Idealfall ist genau das Gegenteil, nämlich dass die Schlaufe hinten etwas ansteigt. Eine absolut parallele Achse zum Boden ist allerdings auch noch in Ordnung.

Erste Übung: Nicht der Angler wirft die Schnur, sondern sein verlängerter Arm, die Angelrute. Aus diesem Grund sollte das erste Ziel sein, herauszufinden, wie viel Kraft man einsetzen muss, um sie zum Arbeiten zu bewegen. Dazu beginnt man, indem man ungefähr die dreifache Rutenlänge Schnur von der Rolle zieht und gestreckt vor sich auf den Boden legt. Die Rute zeigt dabei nach vorne in Richtung der Fliegenschnur. Der Zeigefinger der Wurfhand liegt auf dem Griff oben auf, die Schnur klemmt man zwischen Griff und Zeige- oder Mittelfinger. Die zweite Hand wird bei dieser Übung noch nicht benötigt, man kann sie in die Hosentasche stecken, dann ist sie aus der Schusslinie. Mit einem *entschlossenen* Ruck (Impuls!) wird nun der Wurfarm seitlich am Körper vorbei geführt und stoppt bei „1 Uhr". Dies ist eine *durchgehend beschleunigte* Bewegung, welche bei „1 Uhr" abrupt stoppt. Dadurch lädt sich die Rute auf und beschleunigt ihrerseits die Schnur, die am Körper vorbei nach hinten saust.

Um ihr die Möglichkeit zu geben, sich sauber in der Luft strecken, muss eine kleine Pause folgen. Die Länge dieser Pause richtet sich nach der Länge der Schnur, die in der Luft ist und sie wird umso länger, je mehr Schnur draußen ist. Am einfachsten ist es, wenn man beim Rückschwung den

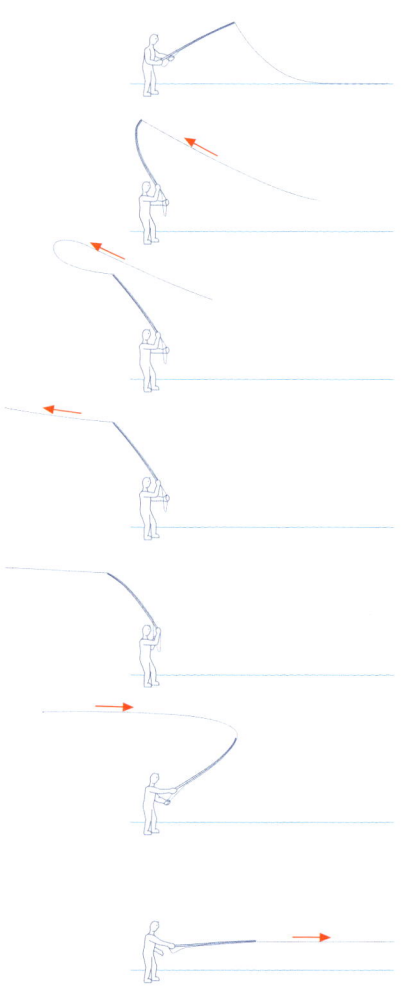

Der Überkopfwurf

Kopf dreht und die Schnur beobachtet: Hat sie sich *nahezu vollständig* in der Luft gestreckt, beginnt man mit dem Vorschwung, der den gleichen impulsiven Charakter haben muss wie der Rückschwung.

Vorne stoppt man bei „10 Uhr", wartet

wiederum, bis sich die Schnur gestreckt hat und beginnt wieder von vorne. Der Wurf wird beendet, indem man mit der Rutenspitze am Ende des Wurfes auf „halb 9 Uhr" zeigt, und die Schnur vor sich möglichst gestreckt auf dem Boden ablegt.

Diese Übung dient, neben dem Ausloten des Kraftaufwandes, vor allem dazu, sich darauf zu konzentrieren, das Handgelenk während der ganzen Vorgangs völlig blockiert zu lassen und aus dem Unterarm zu werfen. Ferner muss man versuchen, den hinteren Stopp bei „1 Uhr" unter allen Umständen einzuhalten. Die Übung funktioniert am besten so:

1. Schritt: Rückschwung – Stop – Vorschwung – Ablegen. Hat man das einige Male erfolgreich praktiziert, dann erweitert man auf:

2. Schritt: Rückschwung – Stop – Vorschwung – Stop – Rückschwung – Stop – Vorschwung – Ablegen.

Die beste Kontrolle für einen korrekten Wurf ist, wenn die Schnur nach dem Ablegen (vor allem zu Anfang wichtig, beispielsweise bei Schritt 1) gerade und gestreckt auf dem Boden liegt.

Man kann die einzelnen Schritte beliebig steigern und sollte auch mit unterschiedlichen Schnurlängen experimentieren. Aber Vorsicht! Viele Leute neigen dazu, gleich am Anfang kontinuierlich am Limit und darüber zu werfen. Es ist zwar gut, zu wissen, wie weit man die Sache im Griff hat. Nicht gut ist allerdings, ständig Schnurlängen zu werfen, die zu lang sind und dadurch den Wurf und das angestrebte Übungsziel ruinieren. Werfen Sie lieber kurz und kontrolliert.

In der Regel ist man anfänglich so sehr mit sich selber beschäftigt, dass man große Schwierigkeiten hat, seine eigenen Fehler zu bemerken, geschweige denn abzustellen. Aus diesem Grund ist es unerlässlich, wenn man von einem Mitstreiter beobachtet wird, der einen auf seine Fehler hinweist. Im Übrigen macht das gemeinsame Üben auch mehr Spaß.

Zweite Übung: Die linke Hand hat beim Überkopfwurf die Aufgabe, die Schnur konstant unter Spannung zu halten. Das kann in einer zweiten Übung herausgearbeitet werden. Dazu

Beim Überkopfwurf hält die linke Hand die Schnur unter Spannung.

schließt man eine Faust um die Schnur – das Schnurende, das in Richtung Rute zeigt, läuft über die Daumenkuppe aus der Faust. Die Daumenkuppe ist ein sehr feines Instrument, welches uns, bei entsprechender Übung, verrät, ob die Schnur unter Zug steht oder ob sie zu locker geführt wird. Man wirft nun wieder genauso, wie es in der vorigen Übung beschrieben ist, mit dem einzigen Unterschied, dass die Faust, welche die Schnur hält (Schnurhand), der Wurfhand ungefähr in Brusthöhe in *gleichbleibendem* Abstand folgt. Die Schnurhand hat die Aufgabe, die Länge des Schnurstückes zwischen Faust und Leitring konstant zu halten. Denn bleibt die Hand während des Werfens stehen, wird die Schnur beim Rückschwung beschleunigt, beim Vorschwung aber fehlt die Spannung, was dazu führt, dass sie unnötigerweise an Rasanz verliert.

Diese Übung ist am Anfang vielleicht nicht ganz einfach, weil man sich plötzlich auf mehrere Dinge gleichzeitig konzentrieren muss. Bekommt man sie jedoch in den Griff, hat man „die halbe Miete" und kann fast schon von sich behaupten, eine Fliegenrute werfen zu können.

Dritte Übung: Wenn man die ersten beiden Übungen nicht nur im Stand, sondern auch während des Laufens einigermaßen ordentlich ausführen kann, dann – und nur dann – kann man zur dritten Übung übergehen: Man sucht sich in ungefähr zwölf bis fünfzehn Metern Entfernung auf dem Boden ein Ziel, welches angeworfen wird. Versuchen Sie doch spaßeshalber einmal einen Maulwurfhaufen oder etwas Ähnliches auf diese Distanz

Tipp
Die wichtigsten Punkte beim Werfen

1. Man sollte sich nach Möglichkeit die **Zeigefingerhaltung** angewöhnen.
2. Das **Handgelenk** des Wurfarms bleibt während des Wurfs **immer unbeweglich**.
3. Vor- wie Rückschwung müssen **impulsartig** ausgeführt werden.
4. Der hintere Stopp muss bei **ein Uhr** erfolgen, der vordere bei „10 Uhr".
5. **Timing**: Die Schnur muss die Möglichkeit haben, sich nach jedem Schwung zu strecken.
6. Die **Wurfebene** darf sich hinten nicht nach unten neigen, sondern muss **leicht ansteigen** oder **parallel** zum Boden sein.

zu treffen – und zwar so, dass die Schnur nach dem Wurf komplett gestreckt auf dem Boden liegt.

Wie geht das? Nach vielleicht vier oder sechs Leerwürfen – der Anfänger macht anfangs immer zu viele und gerät dann durcheinander – in der Luft wird die Rute im letzten Vorschwung statt auf „10 Uhr" auf „halb 9" gesenkt. Der Zeigefinger, der auf dem Rutengriff liegt, muss dabei auf das vorher gewählte Ziel zeigen. In dem Moment, in dem sich die Schnur im letzten Vorschwung nach vorne in der Luft fast gestreckt hat, öffnet man die Faust und gibt die Schnur frei. Die in der Vorwärtsbewegung befindliche Schnurspitze zieht dabei durch ihre Geschwindigkeit und ihr Gewicht die

Im nächsten Moment hat sich die Flugschnur fast ganz gestreckt, dann gibt die linke Hand sie frei zum „Schießenlassen".

restliche Schnur durch die Ringe („Schießenlassen" der Schnur).

Wichtig sind dabei zwei Punkte. Erstens muss man den richtigen Zeitpunkt erwischen, an dem die Hand die Schnur freigibt – das ist nur durch Übung (oder mit Hilfe eines guten Lehrers) herauszufinden. Zweitens darf man in keinem Fall im letzten Vorschwung den Wurf noch einmal besonders beschleunigen. Tut man das, bildet sich fast immer ein kleines Schnurhäufchen ein paar Meter vor unseren Füßen, in dessen Mitte die Fliege liegt. Will man die Schnur ablegen, dann ändert sich kurz vorher an der Wurfroutine nichts – man sollte also in keinem Fall denken: „Jetzt will ich die Schnur ablegen und beschleunige dafür noch einmal kräftig"! Man wirft völlig normal,

nur wird die Rute weiter gesenkt und man öffnet zum richtigen Zeitpunkt die Faust, um die Schnur freizugeben, das heißt schießen zu lassen.

Vierte Übung: Nachdem auch dieser letzte Schritt zufriedenstellend absolviert ist, muss man nur noch üben, wie man die Schnur in der Luft verlängert. Man macht dazu ein paar ganz lockere Leerwürfe, wobei weniger Schnur in der Luft sein soll, als man zu werfen in der Lage ist, da man ja noch ein paar Meter verlängern will. Während des Rückschwungs der Wurfhand wird die Schnurhand nach vorne vom Körper weg gestoßen, wobei sie ungefähr einen knappen Meter Schnur von der Rolle zieht. Hat man mit der Wurfhand den hinteren Punkt erreicht und wartet, dass sich das Vorfach hinter uns in der Luft streckt, führt man die Schnurhand hinterher, um wieder den gewohnten, gleichbleibenden Abstand zwischen den Händen herzustellen. Beim folgenden Vorschwung werden beide Hände wieder parallel bewegt, und der Wurf geht wie gewohnt weiter, oder man setzt zur nächsten Verlängerung an. Das klingt furchtbar kompliziert. Aber wenn man den Wurf einmal live gesehen und dann selbst lange genug geübt hat, bereitet er keine großen Schwierigkeiten mehr.

▶ **Der Rollwurf**

Der Rollwurf ist ein recht einfach zu erlernender Wurf. Er ist unverzichtbar, da er es uns ermöglicht, auch an Stellen zu gelangen, die mit dem Normalwurf nicht befischbar sind – dann nämlich wenn kein Platz ist, um einen normalen Rückschwung auszuführen. Viele Fischer scheuen solche Stellen, sei es aus Faulheit oder weil sie den Rollwurf nicht beherrschen. Das Ergebnis ist, dass genau diese Stellen weniger häufig frequentiert werden und dadurch oftmals große Fische beherbergen.

Der Rollwurf basiert – um es genau auszudrücken – auf der Nutzung der Adhäsionskraft zwischen Schnur und den Wassermolekülen im Ober-

flächenfilm des Wassers. Einfacher ausgedrückt: Dieser Film wirkt wie eine Haut, auf der die Schnur „klebt" – wir erinnern uns an die Versuche im Physikunterricht, bei denen der Lehrer demonstrierte, wie die Oberflächenspannung des Wassers eine Nähnadel aus Stahl trägt. Das bedeutet natürlich auch, dass der Rollwurf nur auf dem Wasser funktioniert und nicht auf der Wiese geübt werden kann.

Es liegen ungefähr sechs bis acht Meter Schnur vor uns auf dem Wasser. Wir beginnen den Rollwurf, indem wir die Rute in die „11 Uhr"-Position bringen, wobei sich die Rolle ungefähr in Augenhöhe neben der Schulter befindet. Sehr wichtig ist, dass sich nun ein Schnurbogen neben uns bildet. Dieser Schnurbogen sollte von der Rutenspitze ausgehend, seitlich bis hinter unserem Körper verlaufen und gleichzeitig erst wieder vor uns das Wasser berühren. Ein korrekter Bogen sieht demnach (die Rute miteinbezogen) wie ein großes D aus.

Aus dieser Anfangsposition schlagen wir die Rute nun kräftig nach vorne, wobei die Schnurhand der Wurfhand in gleichbleibendem Abstand folgt. Die Bewegung sieht aus, als ob wir mit einem Hammer auf einen unsichtbaren Nagel vor uns schlagen würden. Die Schnur läuft jetzt, ange-

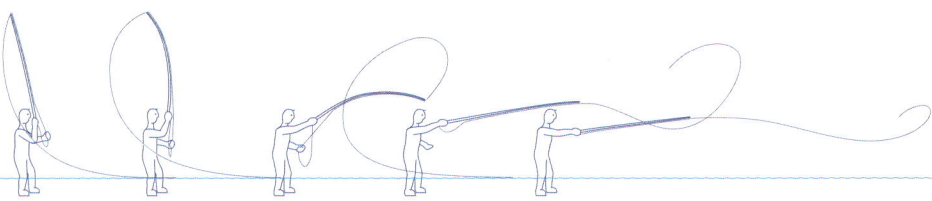

Einzelne Phasen des Rollwurfs.

Wurfstudie zum Rollwurf.

Anfang steht, das Werfen auf der Wiese, bevor man anfängt wirklich zu fischen. Steigen die Forellen erst einmal, ist es mit der Konzentration eine eigene Sache; man sieht nur noch die Fische und achtet nicht mehr in vollem Maße auf die Werferei. Das kann eine frustrierende Angelegenheit werden, wenn man am Ende mehr Fische verscheucht als hakt ...

Aller Anfang ist schwer – auch beim Fliegenfischen. Trotzdem nicht aufgeben! Wenn man anfängt, sich über sich selbst zu ärgern, wirft man schlechter. Dann wirkt eine kleine Pause meist Wunder. Auch der beste Werfer hat irgendwann einmal angefangen.

Praxis am Gewässer

▸ Standardsituationen mit der Fliege

Es fällt in der Regel schwer, Lebewesen oder Vorgänge in der Natur in greifbare Klassen oder Kategorien einzuteilen – viel zu häufig begegnet man den berühmten Ausnahmen, welche die Regel bestätigen. Dennoch gibt es einige Situationen, in denen sich der Fliegenfischer immer wieder befindet. Hat man diese Standardsituationen einmal begriffen, und hat man gelernt damit umzugehen, beginnt man, regelmäßiger Beute zu machen. Mit diesem Repertoire im Hinterkopf ist man auch für andere, weniger alltägliche Fälle besser gewappnet. Je schwieriger die Ausgangssituation am Wasser ist, desto härter werden schon kleine Fehler bestraft und desto schneller kosten sie uns vielleicht einen Fisch.

Schon im ersten Kapitel habe ich über die Sinnesleistungen der Fische

trieben durch den Impuls der raschen und kräftigen Bewegung, in einer mehr oder weniger gut ausgeprägten Rolle in Richtung Fliege. Unterdessen senken wir die Rute wieder bis zur „9 Uhr"-Position.

▸ Üben, üben und wieder üben ...

Das alles klingt, zugegebenermaßen, recht abstrakt, ist aber in der Praxis gar nicht so wild. Ich kann jedem nur ans Herz legen, diese Würfe immer wieder zu üben. Nur durch konzentriertes Training kommt man zügig zum Erfolg. Und auch das darf ich wiederholen: Konzentriertes Training bedeutet, wenn man ganz am

berichtet, die häufig der Schlüssel für das Versagen des Anglers sind. Will man nun Fehler vermeiden, wird man sich tunlichst so verhalten, dass einen die Fische – mit den ihnen zur Verfügung stehenden Mitteln – nicht bemerken und als Gefahr identifizieren.

Folgende Fehlermöglichkeiten kommen dabei in Frage:

1. Der Fisch sieht den Angler
2. Der Fisch fühlt den Angler
3. Der Fisch sieht die Schnur
4. Der Fisch fühlt die Schnur
5. Der Schnurschatten fällt auf den Fisch
6. Der Köder wird unnatürlich präsentiert
7. Der falsche Köder wird präsentiert

Die Fehler Nummer 1 bis 4 führen normalerweise zur Flucht des Fisches, während er bei den Fehlern 5 bis 7 in aller Regel „nur" nicht beißt. Zu den Punkten 1 und 2 gibt es nicht viel zu sagen; eigentlich nur soviel, dass man als Angler den Fisch, den man an die Angel bekommen will, immer zuerst bemerken muss – und das erfordert ein gutes Auge sowie ein bisschen Erfahrung.

▶ **1. Standardsituation**

Ist ihm das gelungen, befindet er sich direkt in der 1. Standardsituation. Der Fliegenfischer steht am Ufer eines Baches oder Flusses und hat eine Forelle im Gewässer ausmachen können, die nach kleinen, braunen Insekten regelmäßig steigt. Er möchte sie mit einer Trockenfliege fangen. Um die genannten Fehler zu vermeiden, geht er nun so vor:

Zu 1. Er bleibt immer schräg hinter dem Fisch und hält ein paar Meter

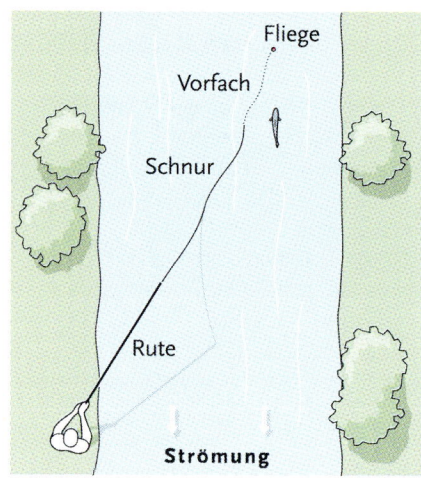

1. Standardsituation

Abstand ein, um nicht in das Gesichtsfeld der Forelle zu geraten.

Zu 2. Er stapft nicht unnötig am Ufer herum, sondern bewegt sich so wenig wie möglich.

Zu 3. Jetzt wirft unser Mann den Fisch zum ersten Mal an und achtet darauf, dass er ihn dabei nicht mit der Schnur überwirft – dass also die Fliegenschnur nicht ins Sichtfenster des Fisches gerät.

Zu 4. Wichtig ist, dass er die Schnur beim Service nicht aufs Wasser klatschen lässt.

Zu 5. Wenn irgend möglich, sollte er die Sonne dabei nicht im Rücken haben, um den Fisch nicht mit dem Schnurschatten zu vergrämen.

Zu 6. Beim Aufsetzen der Fliege muss der Fischer aufpassen, dass er sie vorsichtig, wie eine Schneeflocke, auf der Wasseroberfläche ablegt. Platscht es zu auffällig oder ist das Vorfach zu stark, riechen die meisten Fische den Braten. Direkt nach dem Ablegen der

Tipp

Wenn die Fliege von der Schnur über das Wasser gezogen wird, statt unbeeinflusst mit der Strömung zu treiben, spricht der Fliegenfischer vom „Dreggen" (von engl. to drag = hinterherziehen). Das Dreggen muss, mit Ausnahme einer bestimmten Angelsituation (siehe Standardsituation 4!) unter allen Umständen vermieden werden, da die Fliege sonst nicht wie ein natürliches Insekt erscheint!

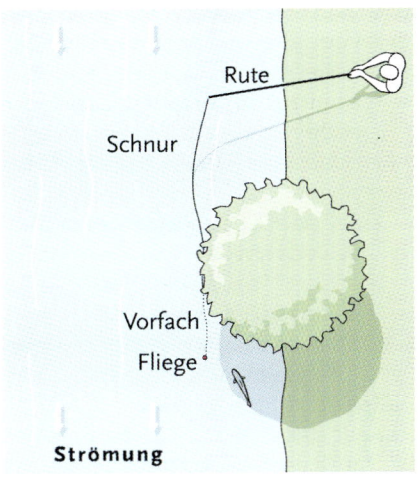

2. Standardsituation

Fliege muss der Angler dafür sorgen, dass sie nicht von der auf dem Wasser liegenden Schnur über die Oberfläche gezogen wird und dabei eine „Bugwelle" hinterlässt.

Zu 7. Zur Wahl der Fliege kann man leider kaum Faustregeln formulieren – außer der einen, dass man sich vor dem Wurf nach den lebenden Insekten umschauen sollte, die sich auf dem Wasser befinden, um danach seine Köderwahl zu treffen. Im Prinzip muss jeder selber seine Erfahrungen sammeln (vergleiche den Abschnitt über die „Fliegen"). In unserem Beispiel wählt man eine kleine, braune Trockenfliege, die in etwa der Größe des Originals entspricht.

▶ **2. Standardsituation**

Standardsituation 2 entspricht weitgehend der ersten, jedoch steht der Fisch diesmal sehr nahe an oder unter dem überhängenden Uferbewuchs. Er steigt unregelmäßig, aber vehement nach Insekten, die man von weitem aus nicht erkennen kann. Die Umstän-

de lassen es nicht zu, dass man den Fisch von unter her anwerfen kann, also wird es von oben her versucht:

Zu 1. Da man sich dem Fisch jetzt von vorne nähert, ist es von Vorteil, sich möglichst klein zu machen, wenn nötig sogar auf den Knien in die Wurfposition zu rutschen, damit er den Angler nicht bereits vorzeitig bemerkt. Auch sollte man nicht zu nahe an den Fisch herangehen.

Zu 2. Man bewegt sich dabei sehr vorsichtig und verursacht möglichst wenig Erschütterungen oder Lärm.

Zu 3. Die Schnur wird so ausgeworfen, dass sie einige Meter stromaufwärts oberhalb des anvisierten Fisches landet und die Fliege an der Spitze des Vorfachs als erstes ins Blickfeld des Fisches gelangt.

Zu 4. Man achtet wieder darauf, dass weder Schnur noch Fliege aufs Wasser klatschen.

Zu 5. Die Sonne sollte auch in dieser Situation berücksichtigt werden.

Zu 6. Auch hier kommt es darauf an, dass die Fliege nicht dreggt. Das kann dadurch verhindert werden, dass man rasch genug durch die Ringe Schnur nachfüttert und dadurch das ungestörte Abtreiben des Köders ermöglicht.

Zu 7. Das beschriebene Steigverhalten der Forelle lässt darauf schließen, dass sie nach Landinsekten wie Käfern oder Blattwanzen steigt, die hin und wieder von den überhängenden Zweigen ins Wasser fallen. Diese können unterschiedlichster Natur sein und werden beim Fliegenfischen unter dem Namen „Terrestrials" (engl. für Landinsekten) zusammengefasst.

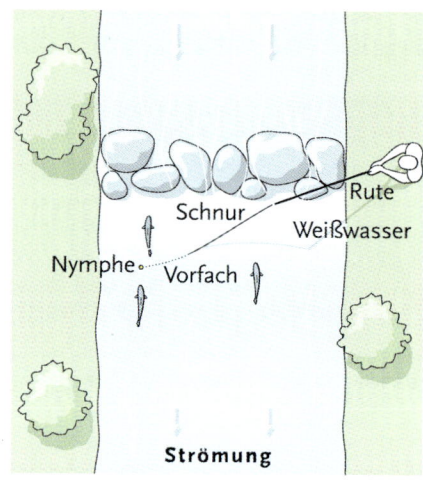

3. Standardsituation

▶ 3. Standardsituation

Häufig kommt man frühen Nachmittag ans Wasser und sieht nicht auf Anhieb, wo sich die Fische aufhalten, da sie nicht nach Insekten steigen. In einem solchen Fall hat man die Möglichkeit, scheinbar „heiße" Stellen auf gut Glück mit einer „Allerweltsfliege" abzusuchen, oder man beginnt an einem Kolk oder Gumpen – so nennt man von der Strömung ausgehöhlte tiefe Stellen in einem Fließgewässer. In diesen Löchern halten sich sehr häufig Fische auf, im Durchschnitt sind sie wahrscheinlich wegen der guten Lebensbedingungen auch größer als die Exemplare im restlichen Teil des Flusses. An einem solchen Gumpen sind die Anforderungen ein bisschen anders als vorher. Sieht man einmal von der Schwierigkeit ab, in schneller Strömung den Köder lange genug tief genug anzubieten, ist es wahrscheinlicher zu dieser Tageszeit im Gumpen zu fangen. Im schnellen Wasser greifen die Fische nicht nur beherzter zu, sie sehen und hören den Angler auf Grund der Verwirbelungen auch schlechter. Der klassische Köder für diese Situation ist die stark beschwerte Nymphe:

Zu 1. Der Fisch steht in der Regel am Grund eines Kolks und sieht durch Gischt und Weißwasser den Angler oben am Ufer meistens nur schlecht. Hier besteht die Möglichkeit sich bis auf sehr kurze Entfernung leise anzunähern.

Zu 2. Er kann wegen der starken Strömung und den Verwirbelungen im Wasser den Fischer nur selten mit seiner Seitenlinie wahrnehmen; die Hintergrundschwingungen sind einfach zu stark.

Zu 3. Der Fisch sieht möglicherweise die Schnur, wird aber, wegen des ständig den Fluss herunter treibenden Materials, bei weitem nicht so stark darauf reagieren wie auf freier Fluss-Strecke.

Zu 4. Der Aufschlag der Schnur aufs Wasser geht in dieser Situation völlig unter.

Zu 5. Der Schatten wird nicht so stark ausgeprägt sein wie im klaren und flachen Wasser.

Zu 6. Der Köder wird dann natürlich präsentiert, wenn man ihn in der Strömung möglichst nah an den Grund bringt, wo die Fische stehen und natürliche Insekten fressen. Das ist oftmals sehr schwer, da die starke Strömung schnell die Schnur ergreift und uns selbst die stark beschwerte Nymphe wieder nach oben zieht. Wichtig ist außerdem eine gewisse Mindestspannung der Schnur, um den Kontakt zu Nymphe nicht zu verlieren und so den Biss nicht zu verschlafen. Ausgezeichnete Dienste leistet gerade in dieser Situation ein Bissanzeiger, der ungefähr auf Wassertiefe auf der Schnur angebracht wird.

Zu 7. Es lohnt sich, oberhalb des Gumpens einmal ein paar Steine umzudrehen und nach den Originalinsekten zu suchen. Man sollte auch in diesem Fall einem Gruppenmuster den Vorzug geben, welches farblich und bezüglich der groben Form ungefähr so aussieht wie die gefundenen Larven. In starker Strömung kann man die Fliege getrost ein wenig größer wählen, als das Vorbild tatsächlich ist.

Um die Beschreibung, was in der jeweiligen Situation zu tun ist, etwas abzukürzen, wird ab jetzt auf den ausführlichen Ablauf anhand der Fehlerquellen weitestgehend verzichtet. Nur besonders markante Punkte finden jetzt noch Erwähnung, der Rest sollte im Kopf des Anglers direkt am Wasser ablaufen.

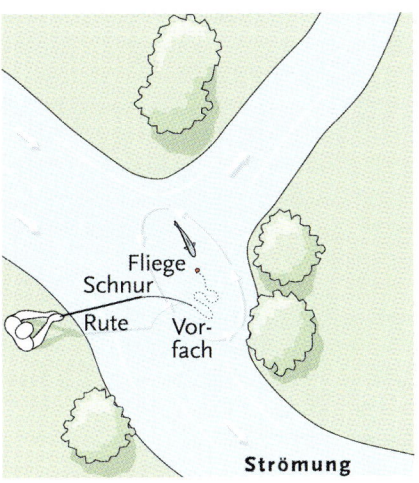

4. Standardsituation

▸ 4. Standardsituation

Ihr begegnet man an sogenannten Kehrwassern, in denen die Fische genau anders herum in der Strömung stehen als im Rest des Flusses. Das rührt daher, dass sich die Strömung des Hauptarmes am Zu- oder Abfluss eines Nebenarmes dreht und einen strömungsarmen "Teller" bildet. Am Rand dreht sich die Strömung in entgegengesetzter Richtung. Und genau an diesen Stellen trifft man sehr häufig überdurchschnittlich gute Fische an. Da sie, wie gesagt, mit dem Kopf entgegen der normalen Richtung stehen, ist bereits beim Anpirschen besondere Vorsicht geboten. Hat man einen Platz gefunden, von dem aus der Einstand gut angeworfen werden kann, dann muss man sich schon vor dem ersten Wurf Gedanken machen, wie man die Fliege dazu bringt, wenigstens kurze Zeit auf dem ruhigen Spiegel des Kehrwassers zu verweilen, ohne von der Strömung weggezogen zu werden. Für diese Fälle bedient man sich des "Fall-schirmwurfs", der sich vom Überkopf-wurf lediglich darin unterscheidet, dass man die Rute beim Schießenlas-sen der Schnur nicht aufs Ziel gerich-tet hat, sondern schräg in den Himmel darüber. Dadurch streckt sich die Schnur in der Luft über dem Ziel und fällt dann als "Schnursalat" auf die Wasseroberfläche. Wenn der Wurf optimal funktioniert, dann bleibt das Vorfach mit der Fliege einen kurzen Moment ruhig in der Mitte des Tellers liegen, bis die Strömung die locker auf dem Wasser liegende Hauptschnur gepackt hat, sie strafft und die Fliege aus dem Teller dreggt. Oft genug rei-chen dem Fisch wenige Sekunden zum Zupacken.

▶ 5. Standardsituation

An Strömungskanten befindet man sich in der 5. Standardsituation. Hier besteht oft das Problem, dass man fast ans andere Ufer werfen muss, um an einen Fisch zu kommen und die Hauptströmung zwischen dem Angler und dem Fisch verläuft. Man wirft leicht stromab querüber und muss, direkt nachdem die Schnur auf der Oberfläche liegt, einen Schnurbogen stromauf legen. Man „mendet".

Macht man das nicht, fängt die Flie-ge fast augenblicklich an zu dreggen, weil die schnelle Strömung zwischen Angler und Fisch einen Bogen stromab in die Schnur legt, der sofort die Fliege hinter sich her zieht. Das Menden der Schnur ist in vielen Situationen uner-lässlich – diese Technik sollte beim Ang-ler daher möglichst gut „sitzen". Wich-tig ist vor allem, dass man beim leichten Schwipp aus dem Handgelenk die

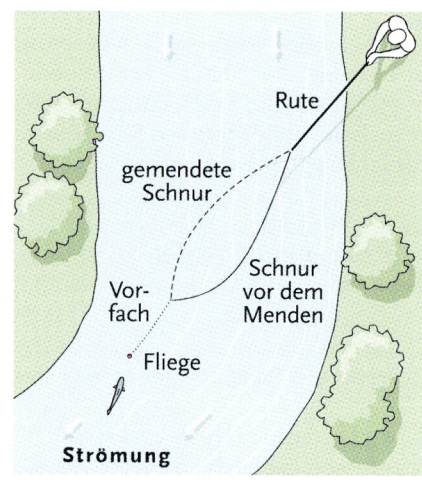

5. Standardsituation

Tipp

Unter „Menden" der Schnur (engl. „to mend" = ausbessern) versteht man das kontrollierte Umlegen der Schnur in einem Bogen gegen die Strömung mit einem Schwipp aus dem Handgelenk. Das Menden wird durchgeführt, nachdem die Fliege auf dem Wasser sitzt. Das hat den Sinn, dass die Strömung länger braucht, um die Schnur zu strecken und die Fliege damit zum Dreggen bringt.

bereits auf der Oberfläche sitzende Flie-ge möglichst nicht mehr bewegt.

Dies sind die Standardsituationen, denen man am häufigsten begegnet. Die Wirklichkeit des Fliegenfischens ist natürlich noch unendlich vielfälti-ger: Einflüsse anderer Gewässer, das Fischen unter Brücken, hinter Buh-nenköpfen und so weiter stellen den

Angler vor immer neue, reizvolle Aufgaben. Hat der Anfänger die taktischen Grundzüge der Standardsituationen verstanden, dauert es nicht lange, bis er auch in komplizierteren Situationen Fische fängt.

Vom Haken und Drillen der Fische

Das Fischen mit der Fliege hat – außer der Freude, die jeder Tag am Wasser mit sich bringt – einen wunderbaren Nebeneffekt: Man trainiert in hohem Maße seine Reaktionsfähigkeit. Es gibt zahlreiche Abhandlungen in der Fachliteratur, die minutiös beschreiben, bei welcher Fischart, Hakengröße, Fliegensorte oder Beleuchtung wie schnell angeschlagen werden muss. Für den Anfänger, der beim Nymphenfischen seinen sechsten Sinn und beim Trockenfliegenfischen die nötige Reaktionsfähigkeit schulen will, gilt aber eine einfache Regel: Wann immer er den Biss bemerkt, sollte er so schnell als irgend möglich versuchen, die Schnur durch zügiges, aber nicht ruckartiges Anheben der Rute auf „11 Uhr" zu straffen und den Fisch dadurch an den Haken zu bekommen. Die Raffinessen kommen dann später von ganz alleine.

Die „11 Uhr"-Position sollte die Rute auch beim Drillen eines größeren Fischs einnehmen. Je flacher man sie hält, desto direkter werden schnell auftretende Kräfte und Stöße auf die Schnur und das Vorfach übertragen, was unter Umständen zum Bruch der Vorfachschnur führt. Also: Die Rute immer schön nach oben!

Tipp

Zum Drill gibt es eine goldene Regel: Rute hoch und Nerven runter!

Bis auf die ganz großen werden die Fische nicht über die Rolle, sondern „über die Finger" gedrillt. Das heißt, dass der Angler das Abziehen des Fischen durch das Festklemmen der Schnur mit dem Zeige- oder Mittelfinger an den Griff verhindert. Nach und nach wird dann mit der Schnurhand die Schnur durch die andere Hand verkürzt – so hat man wesentlich mehr Gefühl im Drill. Wehrt sich der Fisch zu stark, verringert man den Druck auf den Griff ein wenig und gibt dem Fisch wieder etwas Schnur.

In einem günstigen Moment, gerade auch beim Drill stärkerer Fische, sollte man die lose Fliegenschnur aufrollen. Dadurch schließt man aus, dass sich der Fisch in der im Wasser treibenden Schnur verfängt oder sich die Schnur in der Ufervegetation verheddert. Der Verlust des Fisches ist dann vorprogrammiert.

Die Fische

Traditionell verbindet man mit dem Fliegenfischen eine Reihe von Fischarten, die hauptsächlich aus der Familie der Salmoniden, also der „Lachsartigen", stammen. Deshalb kann es immer wieder passieren, dass man beim Fliegenfischen an nicht forellenhaltigen Gewässern – selbst von Anglern! – angesprochen und gefragt wird, was man hier eigentlich macht.

Nun, selbstverständlich sind Äsche, Forelle und Lachs die prädestiniertesten Fischarten für das Fliegenfischen. Es lassen sich jedoch generell fast alle heimischen Fische mit der künstlichen Fliege fangen, da sich fast alle, wenigstens teilweise, von Insekten, deren Larven oder anderer Beute (beispielsweise Kleinfische) ernähren.

Im Anschluss sind die wichtigsten (darunter vielleicht auch weniger bekannte) Arten für den Fliegenfischer und deren Fang mit der Fliege, kurz beschrieben. Auf den Lachs allerdings wird hier verzichtet, da die Fischerei auf ihn meist Zweihandruten verlangt, deren Wurftechnik eine andere ist als die, die wir vom Angeln mit der Einhandrute her kennen.

Die Liste beginnt mit den Salmoniden, deren Vertreter alle eine zusätzliche Flosse besitzen, die sich zwischen Rücken- und Schwanzflosse befindet und als „Fettflosse" bezeichnet wird.

Eine Herbst-Äsche aus dem Rhein.

▶ **Äsche**

Die Äsche ist, obwohl sie eigentlich nicht besonders groß wird, der Fisch, der den Fliegenfischer am meisten fordert. Sitzen ein paar Passionierte der Zunft an einem Tisch zusammen, wird das Gespräch über kurz oder lang immer auf die Äsche fallen, die bereits ab 50 Zentimetern als „kapital" gilt. Exemplare über 55 Zentimeter sind selten und von einer „Sechziger" hört man so gut wie nie. Die einzige, von der ich in den letzten Jahren gehört habe, stammte aus der Donau. Es war eine der ersten Äschen überhaupt, die der dortige Gewässerpächter und Novize im Fliegenfischen eines schönen

Tages fing. In Unwissenheit um den – nicht nur – ideellen Wert dieses hochkapitalen Fisches beförderte er ihn am selben Abend in die Pfanne. Um ihn überhaupt dort hineinzubekommen, musste er den Fisch in der Mitte durchschneiden; er maß 68 Zentimeter!

In diesem Zusammenhang wiederhole ich: Will oder muss man gefangene Fische wieder zurücksetzen, sollte man dies vorsichtig und möglichst ohne sie zu berühren tun. Meist genügt dafür ein kurzer Ruck an der widerhakenlosen Fliege, und der Fisch hat seine Freiheit wieder!

Die Äsche bewohnt in der Hauptsache Gewässer, die sowohl flache, schnelle Strecken aufweisen, wie auch Abschnitte mit ruhigen, tiefen Zügen. Die Äsche lebt häufig gesellig in „Schulen". Sie ist gegenüber dem Angler nicht besonders scheu, was sie aber in keinem Fall zur leichten Beute macht. Im Gegenteil! So kann es passieren, dass man einer Äsche jede einzelne Fliege aus seiner Fliegendose vor die Nase – und nach mehreren Stunden unverrichteter Dinge das Handtuch wirft. Dann wieder steigt sie plötzlich und völlig unvermittelt, als hätte sie nie etwas anders vorgehabt. Wenige Kreaturen sind so völlig unberechenbar.

Die Äsche ist der einzige Fisch, der Zeit seines Lebens wirklich extrem wählerisch ist, was die Insekten und deren Nachbildungen angeht. Doch hat man einmal das Glück, inmitten einer Schule zu stehen, wenn das große Steigen losgeht, gibt es kein Halten mehr. Ein halbes Dutzend Fische in ein paar Minuten sind dann durchaus „drin". Die Äsche bevorzugt mitunter sehr kleine **Trockenfliegen**, ein Umstand, der den Anfänger immer ein wenig abschreckt, da diese vor allem auf größere Distanzen nur schlecht zu sehen sind. Die Vorliebe für kleine Insekten wird häufig auf die nicht besonders große Maulspalte der Äsche zurückgeführt, die sie an größerer Nahrung hindern soll. Das trifft jedoch nicht zu. Sie ist durchaus bereit, **Nassfliegen** der Größe zwölf oder gar zehn zu nehmen. Es lohnt sich, einem erbeuteten Exemplar einmal in den Magen zu schauen: Man findet dort manchmal sogar kleine Artgenossen, die sich in das falsche Territorium verirrt haben. Die schönste Zeit zum Äschenfischen sind Herbst und Win-

Tipp

Die beiden Geschlechter lassen sich bei der Äsche sehr leicht voneinander unterscheiden: Ist die „Fahne" (so wird ihre Rückenflosse auch genannt) besonders groß und weit nach hinten gezogen, handelt es sich um einen Milchner, also ein männliches Exemplar.

ter, eine Zeit, in der ansonsten am Wasser nicht allzu viel los ist. So kann es einem passieren, dass man sogar im Schneetreiben ein paar Äschen fängt.

Der Anfänger sollte insbesondere beachten, dass die Äsche, so „zutraulich" sie manchmal scheinen mag, ausgesprochen **„vorfachscheu"** ist: Sie darf bei der Darbietung der Fliege in keinem Fall das Vorfach vor der Fliege zu sehen bekommen (Vorfachstärken von 0,12 bis 0,14 Millimeter sind an vielen Gewässern Standard), andernfalls wird sie niemals beißen. Das liegt an ihrer speziellen Art zu steigen, die ihr viel Zeit lässt, die Fliege eingehend zu prüfen.

Die Äsche steht dabei direkt über dem Grund, selten nur im Mittelwasser oder gar unter der Oberfläche. Von dort aus beobachtet sie die an der Oberfläche antreibende Anflugnahrung. Entschließt sie sich, nach einer Fliege – künstlich wie echt – zu steigen, geschieht das, wenn diese noch ein oder zwei Meter vor ihrem Standplatz in ihrem Gesichtsfeld auftaucht. Sie beginnt mit dem senkrechten Aufstieg, wobei sie das Objekt ihrer Begierde beharrlich beäugt. Auch wenn die Fliege dabei über ihren

ursprünglichen Standplatz hinwegge-
trieben wird, kommt die Äsche direkt
unter der Fliege hochgeschossen, um
sie zu packen oder abzulehnen. Nach
dem Auftauchen kehrt sie immer an
dieselbe Stelle am Grund zurück und
wartet auf das nächste Opfer (oder darauf, dass sie selbst eines schönen Tages
zum Opfer wird). Häufig dreht sie im
letzten Moment ab, ohne sie genommen zu haben, da ihr irgend etwas
missfallen hat.

Das Interessante an diesem Steigverhalten ist der sehr schmale, recht-
eckige Korridor, in dem der Fisch die
Fliege nimmt. Liegt man nach dem
Ablegen mit seiner Fliege auch nur
wenige Zentimeter neben diesem Korridor, besteht keine Chance, die Äsche
zu haken.

Im Drill kämpft sie für ihre Größe
enorm stark, oft mit hohen Sprüngen
aus dem Wasser. Ein Autor schrieb einmal, man habe das Gefühl, „einen offenen Regenschirm in scharfer Strömung" zu drillen!

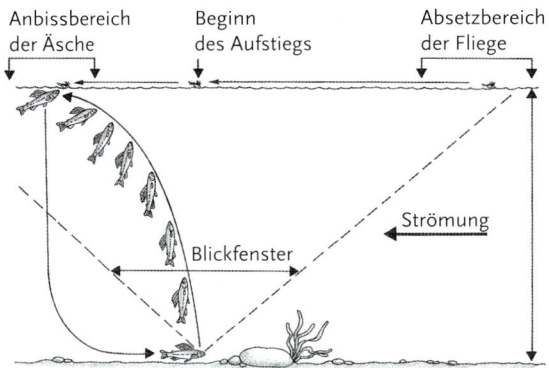

Anbissbereich der Äsche
Beginn des Aufstiegs
Absetzbereich der Fliege
Strömung
Blickfenster

Die Äsche steigt immer unterhalb ihres Standortes. Die Fliege
muss entsprechend weit vor dem Fisch aufgesetzt werden.

▶ **Bachforelle**

Die Bachforelle gehört zweifellos zu
den schönsten heimischen Tieren
überhaupt. Ihr Spitzname, „die Rotgetupfte", kommt nicht von ungefähr,
obwohl gerade bei der Bachforelle, je
nach Verbreitungsgebiet, enorme Farb-
und Zeichnungsunterschiede vorkommen. Sie hat in der Jugend große Ähnlichkeit mit dem Lachs.

Sie ist die ursprünglich heimische
Forellenart, die leider durch falsche
Besatzmaßnahmen von der Regenbogenforelle aus vielen Gewässern ver-
drängt wurde. Sie ist auf Gewässer mit
gleichbleibend niedriger Temperatur
und hohem Sauerstoffgehalt angewiesen, und braucht genügend Unterstände. In naturnahen und strukturreichen
Gewässern begegnet man ihr am ehesten. Die Bachforelle ist ein ausgesprochen scheuer und vorsichtiger Zeitge-
nosse, und was nur die Wenigsten wissen: Große Bachforellen sind in hohem Maße nachtaktiv.

Die Rotgetupfte ist normalerweise
sehr standorttreu, was dem Angler
sehr entgegenkommt. Das gilt im
besonderen Maße für die Kapitalen.
Hat man sie einmal entdeckt, kann
man sich durchaus etwas Zeit lassen
und genau überlegen, wie man vorge-

Tipp

Wie lassen sich kleine Lachse
(„Parr") von Bachforellen unterscheiden? Die Bachforelle hat weiß
abgesetzte Flossenränder, eine nicht
so stark eingekerbte Schwanzflosse
und mehr schwarze Punkte auf den
Kiemendeckeln als der kleine Lachs.

hen muss, um sie an den Haken zu kriegen. Eine in der fortgeschrittenen Dämmerung gefischte Mausnachbildung aus Rehhaar ist der Topköder für Forellen-Opas, die keiner kleinen Trockenfliege mehr hinterher steigen.

Obwohl die Trockenfliege die beliebteste und am häufigsten verwendete Disziplin beim Fliegenfischen ist, darf man nicht verkennen, dass die Bachforelle 90 Prozent ihres Nahrungsbedarfs unter Wasser deckt. Die Zahlen sprechen daher eher für die Nassfliege und die Nymphe, obwohl man gerade kleinere Fische durchaus gut mit der Trockenfliege fangen kann.

Nymphen eignen sich in besonderem Maße, wenn die Fische nicht steigen und man das Wasser auf gut Glück nach Fischen absuchen muss. Dabei wirft man die beschwerte Nymphe querüber in Richtung des anderen Ufers, mendet die Schnur, je nach Strömung, ein- oder zweimal und lässt die Nymphe unter leichter Schnurspannung flussabwärts treiben. Die Bisse erfolgen meistens beim Einschwenken kurz vor dem eigenen Ufer. Der Fisch macht sich dabei meist deutlich an der Rute durch Rucken und Schütteln bemerkbar. Oft haken sich die Forellen bei dieser Technik selbst. Wichtig ist in diesem Fall, die Rute schnellstmöglich in die normale Drillposition („11 Uhr") zu bringen, um die Spannung von der Vorfachschnur zu nehmen und die Rute die Fluchten des Fisches abfedern zu lassen.

Einstmals war die Bachforelle ein sehr verbreiteter Fisch, doch schon Ende des letzten Jahrhunderts sprachen Zeitzeugen von der Verdrängung der Art durch industrielle Anlagen. Bil-

Die Bachforelle ist ein standortstreuer Fisch.

lige Besatzfische schlechter Qualität und einige andere Unarten der Gewässerbewirtschaftung taten ein Übriges. Die alten Bachforellenstämme sind daher heute leider fast verschwunden. Doch hat man einmal das Glück, eines der ursprünglichen Exemplare zu fangen, verschlägt es einem fast die Sprache: Auf der Fettflosse befindet sich ein kleiner, roter Punkt und die Ränder der Bauch- und Afterflossen sind mit einem feinen schwarz-weißen Rand abgesetzt. Vielleicht hilft dieser Anblick dem einen oder anderen Gewässerwart oder Vereinsvorstand bei der Auswahl des nächsten Besatzmaterials.

Die 1880 aus Kalifornien bei uns eingebürgerte **Regenbogenforelle** unterscheidet sich in vielen Punkten von der Bachforelle. Ihr Name kommt von der sehr typischen und in den meisten Gewässern weitgehend einheitlichen Zeichnung: Ihre Flanken haben einen zart rosafarbenen Glanz, der, wenn man den Fisch direkt aus dem Wasser hebt, in Regenbogenfarben schillert. Ein gutes Unterscheidungsmerkmal

Mit einer Nassfliege gefangene Regenbogenforelle.

gegenüber der Bachforelle ist auch die schwarz gepunktete Rücken- und die Schwanzflosse, die bei der Bachforelle ungezeichnet einfarbig ist.

Sie ist einer der beliebtesten Fische der Angler in unserem Land, weil sie trotz ihrer Zugehörigkeit zur Gruppe der Salmoniden, relativ hart im Nehmen ist, was Gewässerverschmutzung, geringen Sauerstoffgehalt und Wassertemperaturen angeht. Der Grund für die Bevorzugung des „Regenbogens" gegenüber der Bachforelle liegt des weiteren darin, dass dieser schneller abwächst und günstiger zu besetzen ist. Man kann mit der Regenbogenforelle auch noch solche Gewässer wenigstens kurzfristig besetzen, in denen andere Salmoniden keine Lebensgrundlage mehr hätten. Dies führte und führt leider immer noch zu zweifelhaften und oftmals völlig unsinnigen Besatzmaßnahmen in eigentlich ungeeigneten Gewässern.

Die Regenbogenforelle ist bei weitem nicht so standorttreu wie die Bachforelle und nur selten besonders wählerisch, was die Fliegen angeht. Untersuchungen haben gezeigt, dass sie einen stark ausgeprägten **Wandertrieb** besitzt und sehr weit (bis zu fast hundert Kilometern) umherzieht. Auch kämpft sie völlig anders als ihre europäische Schwester. Mit ein wenig Erfahrung kann man sofort nach dem Biss sagen, ob man eine Bach- oder Regenbogenforelle an der Angel hat. Bachforellen springen im Drill nicht so oft wie der Regenbogen.

Für den Fang mit der Fliege gelten die gleichen Regeln wie für die Bachforelle, mit dem einen Unterschied, dass die Regenbogenforelle weniger vorsichtig und wesentlich stürmischer ist. Die Regenbogenforelle ist in vielen Fällen eher für Reizfliegen ohne natürliches Vorbild empfänglich als die Bachforelle.

► **Bachsaibling**

Der Bachsaibling bewohnt die Quellregion der Gebirgs- und Mittelgebirgsflüsse bis zur obersten Forellenregion. Er kommt noch in Gewässern vor, die einen relativ niedrigen ph-Wert aufweisen. Auch in Bergseen trifft man ihn an. Er ist wunderschön gezeichnet, vor allem während der von Oktober bis März dauernden Laichzeit. Hin und wieder kreuzt er sich mit der Bachforelle. Das Ergebnis ist die seltene „Tigerforelle", die allerdings steril, also nicht fruchtbar ist.

Der Bachsaibling wurde ab 1880 aus dem Osten von Nordamerika bei uns eingebürgert; er heißt dort „Brook Trout", was irreführenderweise mit „Bachforelle" zu übersetzen ist. Er ist bei uns eher selten anzutreffen. Wie viele andere Salmoniden leidet er besonders unter der enormen Gewässerverbauung, die längere Wanderungen zur Laichzeit unterbinden.

Für den Fang gelten im Großen und Ganzen die gleichen Regeln wie für die Bachforelle, allerdings ist der Saibling nicht so scheu wie diese. Ein weiterer Unterschied ist, dass er nicht so stark auf Unterstände angewiesen ist wie die Forelle und mehr im freien Wasser gesellig lebt. Aus diesem Grund gab es Bestrebungen, begradigte und strukturarme Gewässer mit ihm zu besetzen, was leider in den meisten Fällen fehl schlug.

► **Cypriniden**

In dieser Gruppe sind vor allem drei Arten für den Fliegenfischer von Bedeutung, die alle der Gattung *Leuciscus* angehören, also miteinander verwandt sind:

Der **Rapfen** ist schon ausführlich im Kapitel „Spinnfischen" vorgestellt worden. Für den Fang mit der Fliege ist hinzuzufügen, dass er am besten mit dem Boot befischt wird, da man oftmals sehr weit werfen muss, um an ihn heranzukommen. Da er ausgesprochen hart kämpft, sollte man mindestens eine Rute der Klasse sieben oder acht einsetzen, um ihm beim Drill Paroli bieten zu können. Für das sehr rasche Einholen der – am besten beschwerten – Fliegen ist eine Sink-Tip-Schnur die praktikabelste Lösung. Man befischt ihn mit mittelgroßen Streamern, wobei oft rot oder dunklen Farben der Vorzug gegeben wird.

Auch der **Döbel** wurde schon im Kapitel „Spinnfischen" vorgestellt. Trotzdem schätzen ihn auch besonders die Fliegenfischer, da er in salmonidenfreien Gewässern meist die häufigste und interessanteste Beute ist. Sehr oft war es auch ein Döbel, den der Anfänger mit der Fliegenrute als ersten Fisch seines Anglerlebens erbeutete. Die Geschichten über diesen „Allerersten" sind, sosehr sie sich auch gleichen mögen, immer wieder amüsant.

Döbel sind für viele künstliche Fliegen zu begeistern, am besten funktionieren aber große, buschige **Trockenfliegen** an sonnigen Tagen. Dann stehen die Fische dicht unter der Wasseroberfläche – um sich zu sonnen, wie viele Angler behaupten. Vor allem bei größeren Exemplaren muss man jedoch aufpassen, dass sie in keinem Fall die Fliegenschnur zu sehen bekommen, denn dann bemerken sie den Verrat und verabschieden sich für eine Weile in den nächsten Unter-

Der Aland wird oft mit dem Döbel verwechselt.

stand. Daher sollte ein langes (3 bis 4 Meter) Vorfach geringer Stärke zum Einsatz kommen.

Sehr gut ist der Döbel auch mit der stark beschwerten **Nymphe** (zum Beispiel Goldkopfnymphen!) zu fangen, wenn er in einem Gumpen zuhause ist. Einmal gehakt, kämpfen die mittelgroßen Exemplare am besten. Wirklich große Exemplare suchen ihr Heil zwar in einer ersten langen Flucht, bei der sie meist sogar ein paar Meter Schnur von der Rolle ziehen (ein Heidenspaß!), aber dann geben sie recht schnell auf. Man sollte freilich – entgegen der gängigen Praxis! – versuchen, bei größeren Döbeln nicht zu lange mit dem Anhieb zu warten. Tut man das, sitzt die Fliege häufig sehr tief im Rachen, wo sie nur schwer wieder zu entfernen ist. Das kommt daher, dass der Döbel, wie auch viele andere seiner Weißfisch-Kollegen, die Fliege regelrecht „einschlürft".

Tipp

Döbel, Hasel und Aland (Orfe) gehören zur gleichen Gattung, sind jedoch drei verschiedene Fischarten. Obwohl sie im Jugendstadium leicht miteinander zu verwechseln sind, kann man sie zweifelsfrei unterscheiden: Der Hasel hat eine konvexe (nach außen gewölbte) Afterflosse, beim Döbel ist sie konkav (nach innen gewölbt). Die Augen des Aland sind deutlich kleiner als die seiner beiden Verwandten.

Der **Hasel** ist – wie auch der Aland – eng mit dem Döbel verwandt. Er bewohnt in der Hauptsache Fließgewässer, die an die untere Äschenregion grenzen. Hasel sind ausgesprochen oberflächenorientierte Fische, was sie, zusammen mit ihrer geringen Größe (maximal zwanzig Zentimeter), zu hervorragenden „Trainingsfischen" im Frühling macht, wenn es für den Fliegenfischer darum geht, seine Reaktionsfähigkeit wieder zu aktivieren. Der Hasel nimmt – wie auch das Rotauge und die Rotfeder – willig kleine und kleinste Fliegen. Aber Vorsicht beim Anhieb: Nur allzu schnell fliegen sie einem über die Schulter, wenn man die Finessen des zarten Anhiebs im Frühling noch nicht wieder erlangt hat. Der Hasel braucht mehrere Jahre, um einige Zentimeter Länge zu erreichen. Wegen seinen stumpf-silbernen Glanz wird er regional auch „Zinnfisch" genannt.

Der **Aland** lebt häufig mit seinem „Onkel", dem Döbel, im selben Wasser, ja sogar im gleichen Familienverband. Er ist die Stammform, also der ursprüngliche Vorfahre der Goldorfe, einer heimischen Zierfischart mit besonders auffällig messing- bis orangefarbenen Flanken. Über den Aland ist nicht sehr viel bekannt, da er in der Regel mit dem Döbel verwechselt wird. Manche Sachverständige sind der Meinung, dass der Aland in seinem Bestand gefährdet sei (in Baden-Württemberg ist er auf der „roten Liste" der gefährdeten Tierarten). Der Aland geht sehr gut an die Fliege, ist aber meistens ein Zufallsfang. Er sollte auf jeden Fall wieder schonend zurückgesetzt werden.

Tipp

Unterhält man sich im Kreis von Gleichgesinnten über seine Beute, dann ist bei Fliegenfischern – entgegen der Angewohnheit aller anderen Angler – übrigens die Längenangabe in Zentimetern das entscheidende Maß. Nur über den Lachs wird in Pfund gesprochen.

Große Fische an leichten Geräten

Eberhard Anneken   ## Schleppangeln

Modernes Schleppangeln ist eine ideale Methode, um Seen, Flüsse und Meere erfolgreich zu befischen: Der Angler kann an leichtem Gerät große Fische sportlich drillen. Die Entwicklung der Schlepptechniken macht es heute möglich, das Angelgerät immer besser an die zu erwartenden Fischen anzupassen. Strömungen und große Wassertiefen bestimmen nicht mehr die Wahl von Rute, Rolle, Schnur und Köder.

Spannende Kämpfe

Die schönsten Erlebnisse und meine größten Fische verdanke ich dem Schleppangeln. Lachse von über 25 Kilogramm Gewicht, Hechte jenseits der 15 Kilo-Marke und blanke Meerforellen von fast 10 Kilogramm lieferten spannende Kämpfe an feinem Angelgerät. Diese Erfolge sind das Ergebnis neuer Schlepptechniken, verbunden mit einer sorgfältig zusammengestellten Ausrüstung.

Allerdings bringt nur die ständige Auseinandersetzung mit der Natur und dem Biotop Wasser Angelerfolge. Schleppangler müssen sich laufend mit den Fischen, deren Nahrung und den momentanen Aufenthaltsbereichen beschäftigen. Ob als Einzelangler im kleinen Boot, oder als ein „Team" im großen Boot auf dem Meer oder großen Seen: Schleppangler gehen zielgerichtet einer spannenden Jagd nach. Und die Freude bei der gemeinsamen Landung eines kapitalen Fisches in der Gesellschaft gleichgesinnter Angelfreunde sorgt jahrelang für anregende Gespräche. Schon das gegenseitige Helfen und der Austausch von Tipps und Informationen über fängige Köder und erfolgversprechende Fanggebiete machen eine Schleppangeltour zum aufregenden Abenteuer.

In diesem Kapitel finden Sie meine Erfahrungen mit dem Schleppangeln, verbunden mit den Tipps meiner Angelfreunde und anderer Schleppangler aus Deutschland, Dänemark, den USA, Kanada und Schweden. Sie haben mit ihren Ideen und ihrem Hang zur Perfektion das Schleppangeln auf ein sehr hohes Niveau gebracht.

Grundsätzliches zum Schleppangeln

Modernes Schleppangeln bedeutet, mit ausgetüftelten Methoden systematisch mit dem Boot, der Ausrüstung und dem Angelgerät große Wasserflächen in unterschiedlichen Tiefen nach Raubfischen zu durchsuchen.

Um den ausgesuchten Angelplatz zu erreichen, muss der Schleppangler navigieren und das Echolot bedienen.

Perfekt ausgerüstetes Boot zum Schleppangeln.

Der Erfolg ist von der richtigen Zusammenstellung des Angelgerätes, der Schlepphilfen, der Auswahl der Köder, der Schleppgeschwindigkeit und -tiefe abhängig.

Durch das Schleppangeln sind heute auch Gewässerteile befischbar geworden, die dem Angler früher nicht zugänglich waren. Dabei wird der Köder nicht durch Einholen der Schnur in eine verführerische Bewegung versetzt, sondern hinter einem fahrenden Boot hergezogen. Das planlose Hinterherziehen eines Köders an bleibeschwerter Schnur und viele andere traditionelle Methoden des Schleppangelns sind durch die moderne Schleppausrüstung überholt worden. Heute können wir – je nach Größe des Bootes – bis zu 10 Ruten mit verschiedenen Ködern in unterschiedlichen Tiefen anbieten! Dabei haben Echolote, Downrigger und Plan-erboards das Schleppangeln revolutioniert. Sie ermöglichen es, tief unter, geradeaus hinter oder weit neben dem Boot zu schleppen. Im kleinen Ruderboot oder auf einer großen Motoryacht sind es die gleichen Schleppmethoden.

▶ **Methoden**

Mit einer modernen elektrischen Ausrüstung lassen sich die Tiefe des Gewässers, die Standorte der Fischschwärme und großer Fische ermitteln. Mit dem Echolot suchen wir zudem Untiefen, Felsvorsprünge, Kiesbänke, Senken, Scharkanten und Flachwasserbereiche. Hier finden wir die Klein- und Raubfische auf ihrer Nahrungssuche. Freilich gibt es in vielen Gewässern Bereiche, in denen sich selten Fische aufhalten: Fast 90 Prozent aller Fische sind in 10 Prozent des Gewässers zu finden. Mit der Verwendung einer Gewässerkarte sucht

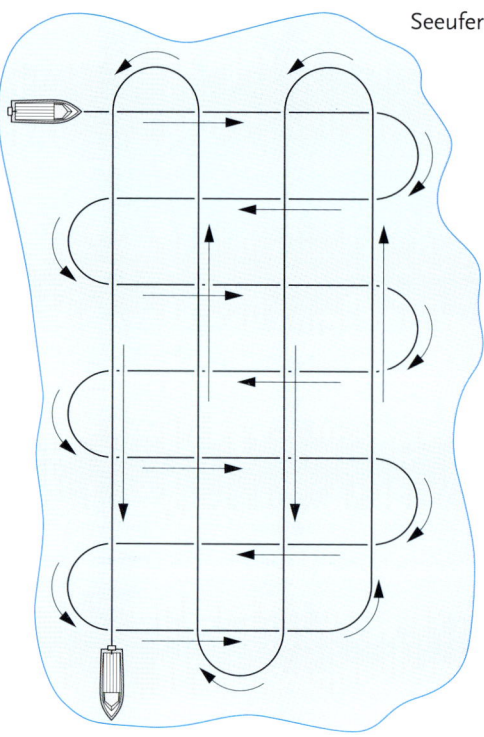

Seeufer

Anhand einer Gewässerkarte ausgearbeitetes Schleppmuster.

oder APN-Gerät bietet bei schlechter Sicht, großen Seen oder auf dem offenen Meer eine sichere Navigation. Mit diesen Geräten werden wir auch auf fremden Gewässern schnell heimisch. Auf einer Skizze notieren wir alle markanten Punkte. Auch jeder Fischkontakt wird sofort eingetragen, denn es lohnt sich, diese Stelle erneut anzusteuern. Bei großen Fischen füge ich Datum, Uhrzeit, Windrichtung, Wassertiefe und Temperaturen hinzu. Nach einiger Zeit haben wir damit eine sehr individuelle Gewässerkarte.

Fischt man mit zwei oder mehr Ruten, so ist oft ein **Zickzackkurs** erfolgreich. Bei der Kursänderung darf der Bogen aber nicht zu eng gefahren werden, damit sich die Schnüre nicht überkreuzen. Der innen laufende Köder wird dabei abgebremst, und ein schnell sinkender Löffel kann sich am Grund verfangen. Ein schwimmender Wobbler taucht dann auf. Ein erfahrener Schleppangler kann alleine bis zu fünf Ruten bedienen. Um Verhedderungen zu vermeiden, wird mit unterschiedlichen Schnurlängen geschleppt. Bei drei Ruten bilden die Köder ein V, bei fünf Ruten ein M oder W.

Beim Schleppfischen lohnt es sich immer, verschiedene Kunstköder anzubieten. Hat ein Raubfisch gebissen, so bestücken wir mehrere Ruten mit diesem Ködertyp. Ist das Wasser klar und sind die Fische scheu, so schleppen wir an langen Schnüren. Die normale Schlepplänge liegt aber zwischen 20 und 30 Metern. Bei zu langen Schnüren verliert man sonst die Köderkontrolle. Eine kurze Schnur bietet dem Wind weniger Angriff und der Anschlag sitzt besser.

man solche Bereiche. Durch die aufgezeichneten Tiefenlinien kann man sich auf Zonen mit guten Fischbeständen konzentrieren. Fehlt uns eine solche Karte, so schleppen wir in parallelen Linien durch das auch manchmal unbekannte Gewässer in Ost-West- und später in Nord-Süd-Richtung.

Markierungspunkte am Land, wie Türme, große Bäume oder Bergspitzen sind dabei unsere **Navigationshilfen**. Kompass, Funkgerät und Echolot sind weitere gute Hilfen an Bord. Ein GPS-

▶ **Schleppenfischen unter der Oberfläche**

Viele Raubfische suchen zu bestimmten Zeiten die Flachwasserzonen zwischen 1 und 4 Metern Tiefe oder das Oberflächenwasser nach Nahrung ab. Hecht, Barsch und Zander sind dann mit dem Schleppangeln im Oberwasser zu überlisten. Leichtgewichtige Blinker, Löffel und schwimmende Wobbler sind verlockende Köder. Bei einer Schleppgeschwindigkeit um die 2 Knoten bewegen sich diese Kunstköder sehr lebhaft und verführerisch. Sie werden direkt im Kielwasser oder mit der Hilfe von Planer Boards oder Sideplanern weit außerhalb davon angeboten. Vom Boot vergrämten oder im seichten Wasser sonst nicht erreichbaren Fischen können wir damit unsere Köder anbieten.

▶ **Schleppfischen in der Tiefe**

Die meiste Zeit halten sich Raubfische in einer Wassertiefe zwischen 5 und 20 Metern auf. Mit normalen Blinkern und Wobblern können sie dort nicht erreicht werden. Wir müssen Schlepphilfen verwenden, damit unsere Köder in tiefen Wasserzonen spielen.

Wobbler mit großen Tauchschaufeln, abgebleite Blinker, Paravane und Tauchscheiben erreichen Tiefen von 10 Metern. Lange Stahlschnüre und kiloschwere Bleie haben früher die Köder in noch tiefere Zonen gebracht. Mit diesen Gewichten und dem damit verbundenen schweren Angelgerät wurde der Drill eines Fisches zum Kraftsport. Mit der Erfindung des Downriggers können wir ultraleichte Köder an feiner Spinnausrüstung in allen Wassertiefen anbieten. Weiter

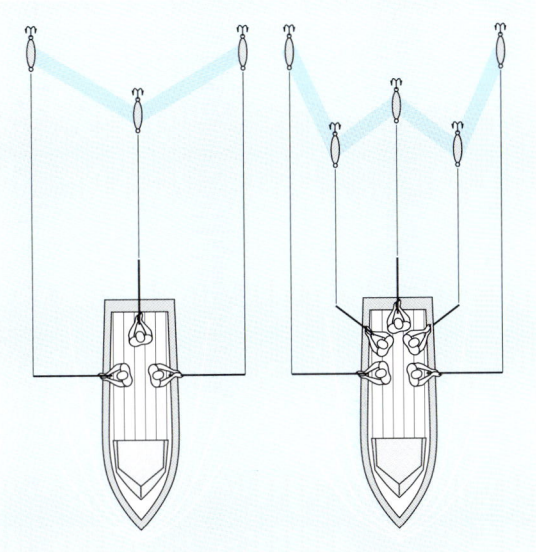

Schleppen mit 3 oder 5 Ruten im V- oder W-Muster.

unten werden diese Schlepphilfen detailliert beschrieben.

Ausrüstung

▶ **Ruten**

Stabile Spinnruten mit einer Länge zwischen 2,70 und 3,30 Meter sind gut geeignet. Für das Schleppangeln mit Schlepphilfen muss die Rute eine extreme Spitzenaktion besitzen, da besonders beim Herablassen des schweren Downriggergewichtes enorme Spannungen auf die Rutenspitze wirken. Auch wird beim Schleppen die Rutenspitze immer auf Spannung gehalten. Die Rute hat dann das Aussehen von einem umgedrehten „J". Die Schnurführungsringe sitzen bei den Schleppruten sehr dicht zusammen, damit bei der enormen Biegung

Fische ist sie unschlagbar. Der Einzel-langler kann den Schleppköder mit der Multirolle einhändig ausbringen, während die andere Hand das Boot steuert. Mit einer Hand kann dabei kontrolliert Schnur ausgegeben wer-den. Fischen wir mit schweren Blin-kern und Wobblern, so sind wir mit einer Multirolle auf Dauer besser bedient, denn sie kann Belastungen viel besser vertragen. Die Getriebe sind viel robuster, die Bremsen sind zuver-lässiger, und es entfällt der Drall beim Aufkurbeln der Angelschnur.

Beim Schleppen ist die Rute immer unter Spannung.

Kontrolliertes Schnurgeben mit der Multirolle.

auf keinen Fall die Schnur auf dem Rutenblank reibt und damit beschädigt wird. Beim Biss reißt der Fisch die Schnur aus dem Clip. Die Rutenspitze federt kurz hoch und geht durch die Flucht des Fisches sofort wieder auf Spannung. Fast alle Fische schlagen sich beim Biss dabei selbst an.

▶ **Multirolle**

Die Multirolle ist immer im Vorteil, wenn es ums Schleppangeln geht. Für das Angeln mit dem Downrigger, in großen Tiefen und beim Drill starker

▶ **Rutenhalter**

Eines der wichtigsten Zubehörteile beim Schleppangeln ist der Rutenhal-ter. Er muss fest, sicher und dauerhaft angebracht sein. Unsere Rute muss fest in ihm stehen und bei einem Anbiss sofort ergriffen werden kön-nen. Im Fachhandel gibt es eine gute Auswahl von Rutenhaltern aus Metall oder Kunststoff. Er soll möglichst lang sein, darf aber im Boot nicht behin-dern. Kleine, transportable Rutenhalter sollten wegen ihrer Kürze eigentlich nur auf Leihbooten benutzt werden.

▶ **Schnur und Vorfächer**

Eine 0,35 Millimeter starke, monofile Schnur ist das Minimum beim Schleppangeln. Bei der Dauerbelastung durch große Blinker und Wobbler, durch Sideplaner, Paravane und Tauchscheiben ist eine dünnere Schnur zu schnell verschlissen. Dyneema-Geflechte haben sich beim Schleppangeln nicht sonderlich bewährt. Durch ihre geringe Dehnung sind Aussteiger beim Anbiss vorprogrammiert. Wegen ihres geringen Durchmessers rutschen sie bei Downriggern, Planerboards und Sideplanern sehr leicht aus den Clips und werden von diesen oft beschädigt. Werden sie trotzdem benutzt, sollte wenigstens das Vorfach aus einem Monofil bestehen. Es ist im Wasser unauffälliger und dient als Schockabsorber beim Anbiss und Drill. Ich wähle das Vorfach immer stärker als die Hauptschnur. Beim Anbiss wird das Vorfach zwischen Köder und allen Schlepphilfen enorm belastet.

0,45 oder besser 0,50 Millimeter sind hier gerade richtig. Das Vorfach darf ja auch nicht viel länger als die Rute sein. Bei der Landung eines Fisches würde sonst die Schlepphilfe am Spitzenring der Rute anschlagen, der Fisch aber für den Kescher noch unerreichbar sein.

Schleppköder

Für das Schleppfischen mit dem Downrigger gibt es ein reichhaltiges Köderangebot. Wir brauchen nicht auf das Gewicht der Köder und ihre Wurf- und Sinkeigenschaften zu achten, da durch das Downriggergewicht die Schlepptiefe bestimmt wird. Blinker müssen leicht und schlank sein. Wobbler dürfen keine Tauchschaufel besitzen.

Ihr Abtauchen führt zu Verdrallungen mit weiter unten laufenden Schnüren. Spinner sind beim Schleppangeln ungeeignet, da sie trotz Wirbel und Antitorsionsplättchen die Schnur massiv verdrallen. Auf Farbe, Form und Schleppgeschwindigkeit gehe ich bei den einzelnen Zielfischen ein.

Boote, Motoren und Schlepphilfen

Es ist gleichgültig, ob man von einem Ruderboot, Motor- oder Elektroboot aus schleppt. Wichtig jedoch: Das Boot ist kein reines Fortbewegungsmittel, sondern ein wichtiger Teil der Angelausrüstung. Es muss funktional so ausgelegt sein, dass die ganze Schleppausrüstung fest montiert werden kann. Und es muss genügend Stauraum vorhanden sein, damit beim Drill die eigene Ausrüstung nicht stört.

▶ **Elektromotor**

Schlauchboote und kleine Boote lassen sich hervorragend mit einem Elektromotor antreiben. Dieser leise Motor ist auf vielen Gewässern erlaubt, auf denen das Fahren mit lauten Verbrennungsmotoren nicht gestattet ist. Elektromotoren sind für Boote mit einem Gewicht bis 1200 Kilogramm geeignet. Die Geschwindigkeit ist im Vorwärts- und Rückwärtsgang stufenlos regulierbar. Angetrieben wird der Elektromotor mit einer 12 Volt-Batterie. (Anschlüsse und Batterie sind meistens nicht bei der Lieferung des Motors dabei.)

Ausrüstung zum Schleppangeln: Gewässerkarte, Schlepprute mit Mutirolle, Rutenhalter, Blinker, Wobbler, Paravane, Tauchscheiben, Sideplaner, Clips für Downrigger, Schleppblei, Wirbel, Messer, Zange.

▶ **Verbrennungsmotoren**

Auf großen Binnenseen und auf der Ostsee ist ein Elektromotor als Hauptantrieb nicht mehr ausreichend. Hier werden Verbrennungsmotoren mit einer Leistung von über 10 PS gebraucht. 2-Takt- und 4-Takt-Motoren bieten viele Hersteller an. Die neue Motorengeneration der 4-Takter ist leiser, schadstoffarmer und braucht weniger Treibstoff, als die 2-Takter an Benzin-Öl-Gemisch verbrauchen. Die leistungsstarken 4-Takter laufen mit ganz wenig Gas. Beim Schleppangeln ist das sehr vorteilhaft. Leider sind sie meist etwa 20 Prozent teurer als die vergleichbaren 2-Takter. Sinnvoll ist die Kombination von zwei Motoren.

Weiteres Zubehör

▶ **Downrigger**

Mit leichtem, den gesuchten Fischen optimal angepassten Angelgerät in beliebigen Tiefen zu schleppen wird mit dem Downrigger möglich. Dieses gut ausgedachte Gerät kommt von den großen Seen aus den USA und hat sich auf der ganzen Welt beim Schleppangeln durchgesetzt.

Das System ist eigentlich ganz einfach. Eine schwere Bleikugel wird an einem Stahlseil am Heck des Bootes ins Wasser gelassen. Am Stahlseil oder direkt an der Bleikugel wird ein Clip für die Angelschnur befestigt. Der Köder wird ausgeworfen und je nach

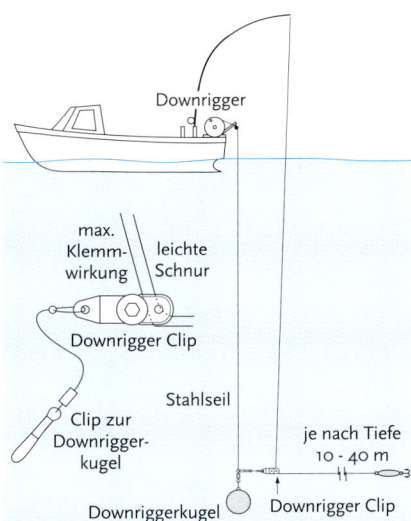

Schlepptechnik mit dem Downrigger.

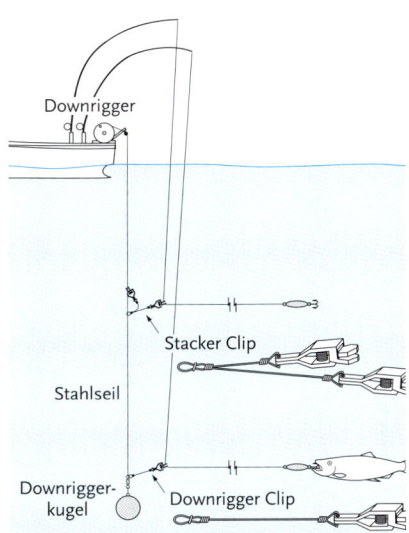

Bei der Verwendung von 2 Clips kann mit 2 Ruten an einem Downrigger in unterschiedlichen Tiefen geschleppt werden.

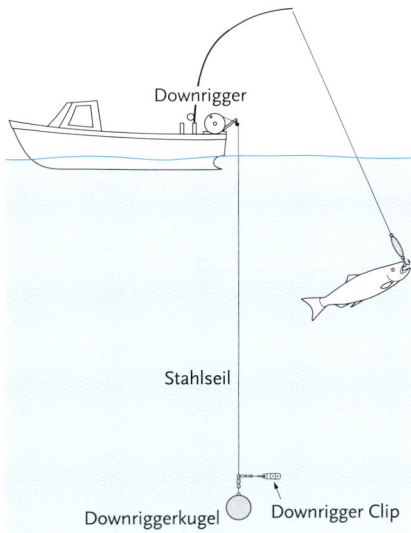

Ein Fisch hat den Blinker gepackt und die Schnur aus dem Clip gerissen. Jetzt kann die Beute ohne störende Schlepphilfe normal gedrillt werden.

Zielfisch und Wassertiefe zwischen 2 und 30 Meter Schnur von der Rolle gelassen. Nun wird die Angelschnur im Clip festgeklemmt und die Bleikugel am Stahlseil herabgelassen.

Fast alle Downrigger haben eine Kurbel und ein Zählwerk. Damit lässt sich die Kugel auf die gewünschte Tiefe direkt unter dem Boot bringen. Unser Köder läuft nun in der vorher eingestellten Schnurlänge direkt hinter der Kugel. Beim Anbiss reißt der Fisch die Schnur aus dem Clip und kann an leichtem Gerät ungehindert gedrillt werden. Mit keiner anderen Schleppmethode war dies vorher möglich. Außerdem lassen sich an einem Downriggerseil mehrere Köder gleichzeitig in verschiedenen Tiefen schleppen, ohne dass sie sich in den Schnüren verfangen. Dabei wird auf dem Stahlseil wenige Meter über der Bleikugel ein weiterer Schnurclip eingeklemmt. Bei 2 Downriggern kann dann in vier verschiedenen Tiefen geschleppt werden.

Die meisten Downrigger werden in den USA hergestellt. Sie geben uns die Tauchtiefe der Kugel auf dem Zählwerk in „feet" an. (1 foot = 30,48 cm). Einfacher ist es, den angegebenen Wert zu dritteln, um die ungefähre Schlepptiefe in Metern zu erhalten. Der Gebrauch eines Echolotes aus den USA erspart die Umrechnung.

Verfängt sich trotzdem das Bleigewicht am Grund, so verhindert die eingebaute Schleifbremse am Downriggerseil ein Abreißen des Bleigewichtes oder des ganzen Downriggers mit Rutenhalter, Rute und Rolle.

Wird das Downriggerblei direkt unter dem Boot geschleppt, so zeigt es auf dem Monitor des Echolotes einen schwarzen Strich. Kommt dieser Strich in flaches Wasser oder in die Nähe einer Untiefe, so kurbeln wir die Kugel schnell einige Meter nach oben.

Für gelegentliche Schlepptouren reicht meist ein einfacher Downrigger, der manuell bedient wird. Wem die mühsame Kurbelei mit der Hand aus größeren Tiefen auf Dauer zu anstrengend wird, sollte sich die Anschaffung eines Downriggers mit Elektroantrieb und Computerkontrolle überlegen. Gleichzeitig zeigt ein am Blei befestigter Temperaturanzeiger die Wassertemperatur, in der unser Köder arbeitet, auf den Computermonitor.

▶ **Planerboards und Sideplaner**
Oft jagen die Lachse und Meerforellen direkt unter der Wasseroberfläche. Downrigger sind dann überflüssig.

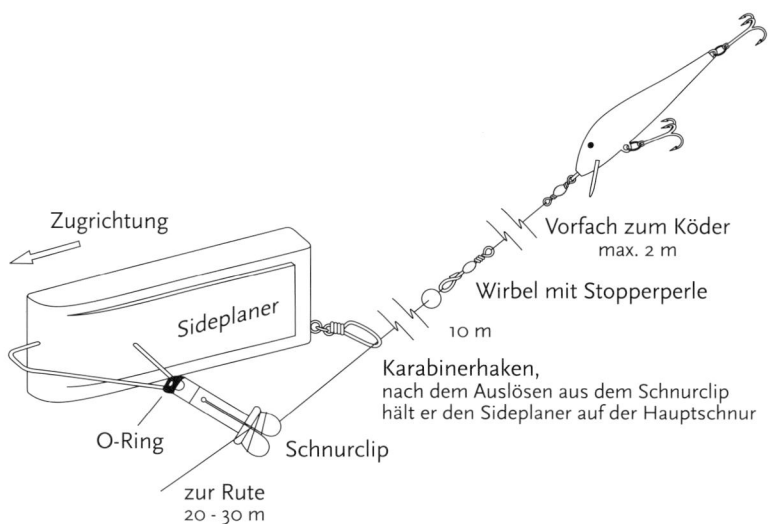

Die Montage eines Sideplaners wirkt kompliziert, ist aber in der Praxis recht einfach. Beim Drill bleibt der Sideplaner auf der Hauptschnur und mindert ein wenig den direkten Kontakt zum Fisch.

Der Schatten des Bootes, der Lärm unseres Motors und sein Schrauben-geräusch verscheuchen sogar noch die Fische vor uns. Dann helfen uns nur noch Sideplaner und Planerboards. Diese Systeme funktionieren im Prinzip wie Downrigger. Beim Planerboard werden die Köder nicht durch die Bleikugel in der Tiefe, sondern mit kleinen Kunststoff- oder Holzrümpfen an der Seite unseres Bootes geschleppt.

Sideplaner werden direkt auf der Hauptschnur befestigt, wobei die Schnur durch den hinteren Wirbel am Brett geführt wird. Am vorderen Teil des Sideplaners befindet sich ein Clip, der ihn auf seiner Position auf der Schnur hält. Beim Anbiss löst sich die Schnur aus dem Clip, und der Sideplaner läuft bis zum Vorfachwirbel, wo er durch eine vorgeschaltete Glasperle gestoppt wird. Das Vorfach wird bei dieser Methode zirka 2 Meter lang gewählt, damit der Planer dem Fisch im Drill nicht auf den Kopf schlägt. Wird der Sideplaner ins Wasser gebracht, so sorgt der durch die Fahrt des Bootes erzeugte Wasserdruck für ein seitliches Abdriften von bis zu 130 Grad neben dem Boot.

Soll mit leichtem Gerät geschleppt werden, direkter Kontakt beim Drill zum Fisch bestehen und gleichzeitig verhindert werden, dass ein Board auf der Hauptschnur läuft, wird die Planerboard-Technik eingesetzt. Dabei wird ein 2 Meter hoher Aluminiummast mit zwei Wandten gespannt. Am unteren Mastende sind zwei Spulen mit je 50 Meter Schnur befestigt. Diese 2 Millimeter starken Schnüre werden durch zwei bewegliche Führungsrollen an der Mastspitze gelenkt und an den

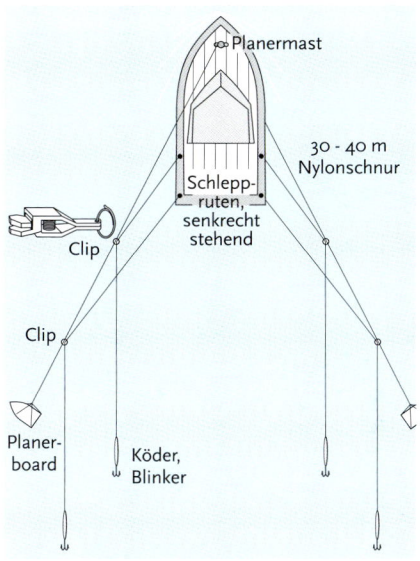

Schleppboot mit Planerboard: Die Planerboards fahren an einer Nylonschnur, die hoch oben am Planermast befestigt ist. Auf dieser Schnur gleiten die Clips, mit den eingeklemmten Angelschnüren. Beim Anbiss wird die Angelschnur freigegeben.

Planerboards fixiert. Dabei gibt es bleibeschwerte Kieltypen und Katamarane. Sind die Planerboards aufs Wasser gebracht, so fahren sie nach kurzer Zeit über 30 Meter seitlich von unserem Boot. Jetzt werden Blinker und Wobbler 10 bis 20 Meter hinter dem Boot ausgebracht. Auf der Angelschnur wird nun ein Clip befestigt. Der Karabinerhaken auf der anderen Clipseite wird über die Planerschnur geführt. Wird weitere Schnur von der Angelrolle gelassen, so rutscht der Karabinerhaken in Richtung Planerboard. Unsere Blinker und Wobbler spielen jetzt 20 bis 40 Meter seitlich achteraus. Eine weitere Rute wird ausgebracht bis der Karabinerhaken auf der Hälfte der Planerschnur läuft. Nach einem Fang wird ein neuer Clip eingehakt, der den Köder nach außen bringt. So können die Planerboards den ganzen Angeltag draußen bleiben, wenn man genügend Clips an Bord hat.

▶ **Bleie, Paravane und Tauchscheiben**

Paravane und Tauchscheiben lohnen sich besonders für Einsteiger in die Schleppangelei. Ohne Downrigger und Planerboards bringen diese Hilfsmittel unsere Köder in größere Wassertiefen und seitlich vom Boot. Die einfachste Methode, unsere Köder ein Stockwerk tiefer zu servieren, ist ein auf die Hauptschnur gefädeltes Laufblei. Bei normaler Schleppgeschwindigkeit erreichen wir mit einem 30 Gramm-Blei eine Wassertiefe von maximal 3 Metern. Wollen wir tiefere Gebiete befischen, dann helfen uns Paravane und Tauchscheiben. Bei beiden werden schräge Flächen gegen das Wasser geführt und damit abwärts gedrückt.

Paravane bestehen aus Blei und haben kleine Anströmflächen. Mit ihnen erreichen wir ungefähr die doppelte Tauchtiefe eines gleichschweren Bleigewichtes. Die leichten Kunststoffscheiben haben große Anströmflächen. Die Wirkung ist bei beiden gleich. Sie bringen unsere Köder je nach Modell zwischen 2 und 10 Meter tief. Beim Anbiss werden sie durch einen Klappmechanismus in eine neutrale Stellung gebracht, damit beim Drill nicht gegen den Druck der Schlepphilfen gekurbelt werden muss. Nur noch ihr Gewicht ist dann zu spüren.

Ich benutze lieber Bleiparavane als Tauchscheiben, denn sie sind bei großen Blinkern und tieftauchenden Wobblern zuverlässiger. Kleine Tauchscheiben in Verbindung mit großen Ködern schießen beim Verändern der Schleppgeschwindigkeit oft wie Raketen an die Wasseroberfläche. Durch die von ihnen erzeugten Turbulenzen und die reflektierende Reizoberfläche locken sie dagegen hungrige Raubfi-

Mit Tauchscheibe, Paravan und Schleppblei bringt man auch ohne Downrigger den Köder in die gewünschte Tiefe.

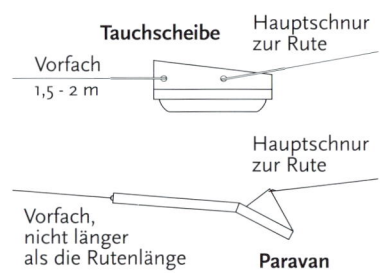

Bei der Tauchscheibe kann man den Abtauchwinkel einstellen und bis zu einer Tiefe von 10 Metern schleppen. Beim Schleppen mit zwei Tauchscheiben kann das Gewicht so eingestellt werden, dass eine nach Backbord und die andere nach Steuerbord läuft.

sche. Weiterhin ermöglicht ein verdrehbares Gewicht an der Unterseite der Scheibe, dass der Köder ein wenig seitlich vom Boot läuft. Damit wird Platz für eine weitere Rute gemacht. Die großen Tauchscheiben bringen den Köder auf unter 10 Meter Wassertiefe. Sie üben aber auf die Rute und Rolle einen sehr starken Druck aus. In diesen Wassertiefen sollte besser mit einem Downrigger gefischt werden.

▶ **Echolot**

Schleppangler ohne Echolot sind eigentlich undenkbar, denn ein Echolot vermittelt sehr wichtige Erkenntnisse. Mit den Angaben über die genaue Wassertiefe unter dem Boot können wir entlang der Scharkante, am Fuße von Abhängen oder in der Sprungschicht schleppen.

Das Echolot besteht aus einem **Sender**- und einem **Empfängerteil** sowie dem eigentlichen Gerät mit dem **Bildschirm**. Der Sender oder auch Geber genannt hängt hinter oder noch besser unter dem Boot und schickt von dort

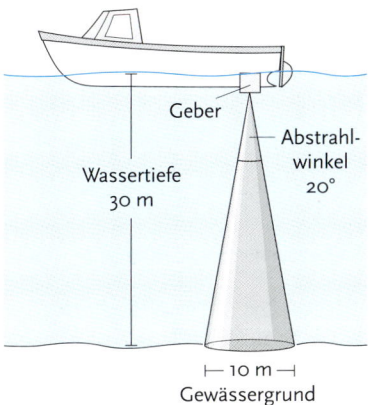

Das Echolot im Einsatz.

Schallwellen aus. Diese werden vom Grund oder von den Schwimmblasen der Fische reflektiert und vom Empfangteil wieder aufgenommen. Die Elektronik errechnet aus der Zeit, die zwischen der Abgabe und Ankunft der reflektierten Schallwellen vergangen ist, die Entfernung. Auf dem Bildschirm werden die vom Gerät umgewandelten Signale dargestellt. Entscheidend für die Darstellung auf dem Bildschirm ist der Abstrahlwinkel des Gebers. Je flacher unser befischtes Gewässer ist, desto größer muss der Abstrahlwinkel des Gebers sein. Für die meisten Gewässer und die Ostsee reicht ein Abstrahlwinkel von 60 Grad. Mit der Tiefe des Gewässers muss sich auch der Abstrahlwinkel verkleinern, damit eine gute Auflösung auf dem Bildschirm gewährleistet ist.

Die **Fische** werden auf dem Bildschirm je nach Gerät als Fisch, Sichel, Punkt oder Balken dargestellt. Es erfordert viel Übung, um genau zu erkennen, ob es sich um einen Fisch oder im Wasser treibende Pflanzen handelt.

Wer viel in Grundnähe schleppt, sollte ein Echolot mit Zoom verwenden. Der Grundbereich wird dabei vergrößert wiedergegeben und die Details am Grund durch diese Lupenfunktion deutlicher dargestellt. Dabei sollte man immer einen Bildschirm mit hoher Auflösung wählen, denn je mehr Bildpunkte pro Quadratzentimeter vorhanden sind, desto besser wird die Unterwasserwelt dargestellt.

Bei vielen Echoloten kann „Fisch-Alarm" zugeschaltet werden. Dabei ertönt ein akustisches Signal, wenn der Empfänger Fische erfasst.

Die Fische

▶ **Lachs**

Noch nie war es aussichtsreicher, einem Lachs in der Ostsee nachzustellen und ihn zu fangen. Aufwendige skandinavische Besatzprogramme sorgen dafür, dass sich zur Zeit in der Ostsee ein zahlreicher und gewichtiger Lachsbestand befindet. Bis ein silberner 10-Kilo-Lachs auf den Bootsplanken glänzt, erfordert es aber viel Ausdauer und eine sehr gute und perfekt bis ins kleinste Detail geplante Ausrüstung. Das gilt sowohl für atlantische als auch pazifische Lachse. Alle sind ausdauernde und unberechenbare Kämpfer. Im Freiwasser haben sie ihre beste Kondition. Sie nutzen im Drill ihre ganze Kraft und Geschwindigkeit aus. Das **Angelgerät** muss diesen enormen Belastungen standhalten. Multirollen mit mindestens 300 Meter 0,40 Millimeter monofiler Schnur und guter Bremskraft und Downriggerruten in der Klasse 12 bis 20 Pfund sind die richtige Wahl.

Auch bei allem **Kleinteilzubehör**, wie Wirbeln, Sprengringen, Drillingen und besonders bei den Vorfächern ist absolute Spitzenqualität gefordert. Nichts ist ärgerlicher, als wenn nach tagelangem Schleppen der starke Lachs durch zu schwaches Angelgerät verloren geht. Auch der Kescher muss groß und weitmaschig sein.

Bis der Lachs im Kescher ist, vergehen oft viele **Schleppstunden**. Ich rechne immer pro Pfund eine Stunde, denn Schleppangeln auf Lachse in der offenen Ostsee ist wie die Suche nach der Stecknadel im Heuhaufen. Das trifft besonders zu, wenn im Sommer weit draußen auf den Nahrungsgründen nach „Fresslachsen" gesucht wird.

Sammeln sich die Wanderlachse im Frühjahr zu ihrem Laichaufstieg, so lassen sich diese schon gezielter vor den Flussmündungen befischen. Aussichtsreiche Stellen für Schleppfischer auf Lachssuche sind nahrungsreiche Strömungen über tiefem Wasser, strömungsreiche Vorsprünge in Küstennähe, wo kalte und warme Wassermassen verwirbelt werden und abgelegene

Der Lachs – Traum vieler Angler.

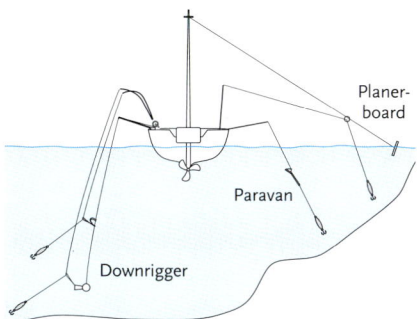

Kombiniertes Schleppen mit Planerboard, Paravan und Downrigger.

Glänzendes Silber – zwei prachtvolle Meerforellen.

Untiefen und Buchten. Jahreszeitlich unterschiedlich werden die meisten Großlachse in einer Tiefe zwischen 5 und 15 Metern gefangen, wenn die Wassertiefe um die 20 Meter beträgt. Schlepphilfen wie Downrigger und Planerboards in Verbindung mit Paravanen bringen unsere Köder in diese gewünschten Tiefen.

Silberne und vergoldete Flatterlöffel mit farbigen Streifen in einer Länge von 10 bis 15 Zentimeter sowie fischähnliche Wobbler ohne Tauchschaufel in Silber, Blau und Orange sind ideale Köder.

Meerforelle

Meerforellen sind keine Freiwasserjäger wie Lachse. Sie halten sich in **Küstennähe** vor Landspitzen, Inseln und über Untiefen auf. Saisonunabhängig rauben sie gerne an Felsen und Klippen. Sie ändern ihre Standorte mit dem Wind, der Strömung und dem Stand der Sonne. Bei auflandigem Wind jagen sie fast unter Land,

während sie sich bei länger anhaltendem ablandigem Wind ins offene Meer zurückziehen. In Gewässertiefen zwischen 15 und 30 Meter jagen sie im oberen Bereich die Heringsschwärme.

In den Sommermonaten mit viel Licht und warmem Wasser sind die Meerforellen in den Dämmerungsphasen am aktivsten. Nachts rauben sie dann oft im ganz flachen Wasser. In der lichtarmem Winterzeit ist die Schleppangelei um die Mittagsstunden am erfolgreichsten.

Wenn sich die scheuen Meerforellen in den flachen, für Boote unzugänglichen Gewässerabschnitten befinden, sind **Sideplaner** oder **Planerboards** die fängigsten Schlepphilfen. **Downrigger** und **Paravane** setzen wir im Freiwasser ein, wenn die Meerforellen tiefer als 6 Meter zu finden sind.

Meerforellen haben ein sehr abwechslungsreiches Nahrungsangebot. Der Schleppfischer muss daher über ein vielseitiges **Ködersortiment** verfügen. Silberne Wobbler und Blinker in Längen zwischen 5 und 12 Zentimeter sind sehr fängig. Blaue, grüne und orange Farben, sowie Sandaal-Imitationen und Tintenfische können auch erfolgversprechend sein.

Schleppen wir im Freiwasser, so wird das Lachsschleppgeschirr benutzt. Fischen wir gezielt im flachen Wasser, so kann die Ausrüstung leichter gewählt werden. Die Schleppgeschwindigkeit liegt zwischen 2 und 3 Knoten, bei kaltem Wasser noch etwas niedriger.

▶ Seeforelle

Eine Seeforelle ist eine in einen See abgewanderte Bachforelle. Sie ist ein schnellwüchsiger Räuber und erreicht die Größe kapitaler Lachse. Königssee, Starnberger und Walchensee sind die besten Gewässer für den Fang der alpenländischen Seeforelle.

Große Exemplare werden immer seltener, da viele kleine Seeforellen in den Schwebnetzen der Renkenfischer gefangen werden. Trotzdem ist jederzeit mit ihnen zu rechnen und damit kräftiges **Angelgerät** angezeigt. Eine 3 Meter lange Lachsrute mit großer Multirolle und 0,40 Millimeter-Schnur sind zweckmäßig.

Im Frühjahr wird mit leichter Bebleiung oder sinkenden Blinkern und Wobblern flach geschleppt. Dabei reagieren die Seeforellen sehr empfindlich auf Boote. Darum sind Schlepplängen von 80 bis 100 Metern empfehlenswert. Perlmuttlöffel und Rapala Wobbler haben sich als fängig erwiesen.

Im Sommer jagen die Seeforellen ihre Beute tief in den Weiten der Voralpenseen. In Wassertiefen um die 15 Meter muss schnell geschleppt werden. Dort, wo man sie erlaubt, sind Downrigger die beste Methode, die Köder in die fängige Tiefe zu bringen. **Schweizer Tiefschlepprollen**, die nach ihrem Konstrukteur „Stucki" benannt sind, werden auch gerne eingesetzt. Dabei muss das 30 bis 40 Meter lange Schleppvorfach nach einem Biss vom Draht der Tiefschlepprolle auf einen offenen Karabinerhaken am Ende der Angelschnur einer für den Drill bereitliegenden Rute übertragen werden. Mit zitternden Händen und tobendem Fisch am Vorfach ist das nicht einfach. Vorher muss unbedingt überprüft werden, ob der Karabinerhaken leicht durch alle Rutenringe und die Schnurführung der Rolle läuft.

▶ Hecht

Beim normalen Schleppangeln auf Hechte führen wir die Köder in Wassertiefen um 5 Meter. Normalerweise kommen dabei 2 bis 3 Ruten gleichzeitig zum Einsatz. Mit drei möglichst unterschiedlichen Kunstködern können wir nun große Wasserflächen absuchen. An der mittleren Rute führen wir einen großen, schwimmenden Wobbler, an den äußeren einen tieftauchenden Wobbler und einen großen Löffelblinker.

Der neue 9 Zentimeter-Risto Rap, der Shad Rap, der Fat Rap von Rapala und der 26 Gramm-HiLo von Abu mit seiner verstellbaren Tauchschaufel sind meine Favoriten. Damit lassen sich Schlepptiefen zwischen 1 und 5 Meter einstellen. Je waagerechter die Schaufel steht, desto tiefer läuft der Wobbler. Bei den großen Löffelblinkern bevorzuge ich den 40 Gramm Effzett von DAM, den 45 Gramm-Classic Spoon von Zebco oder den Abu-Atom.

Der Hecht konnte dem „Fat Rap" nicht widerstehen.

In vielbeangelten Gewässern bringen **Köderfischsysteme** oft den erhofften Erfolg. Dabei werden die toten Köderfische auf ein Metallsystem gesteckt oder geklammert. Bleibeschwert und mit Drillingshaken versehen bekommen die Systeme beim Schleppen eine natürliche, rotierende oder wobbelnde Bewegung. Ein Karabinerwirbel verbindet das System mit einem Stahlvorfach von mindestens 50 Zentimeter Länge, denn große Hechte schlucken tief und schnell.

Zum Schleppangeln auf Hechte benutzen wir eine steife **Rute** in der Länge zwischen 2,10 bis 2,70 Meter. Damit kann man einen kräftigen Anschlag setzen und den Fisch im Drill geschickt lenken.

Die Ruten stecken in stabilen Rutenhaltern an der Bootswand, damit beim kräftigen Anbiss eines Groß-

hechtes nichts über Bord fällt. An steifen Schnüren der Stärken 0,35 bis 0,40 werden die Köder in 20 bis 30 Meter Entfernung zum Boot geschleppt. Damit dem Wind geringster Widerstand geboten wird, halten wir die Ruten fast parallel zur Wasseroberfläche. Meist haken sich die Hechte durch die Bootsgeschwindigkeit, doch wird die Rollenbremse so eingestellt, dass ein kräftiger Anschlag gesetzt werden kann.

Der Erfolg, beim Schleppangeln einen Hecht zum Anbiss zu verleiten, hängt neben der Köderwahl weitgehend von der **Schleppgeschwindigkeit** ab. Mit dem Ruderboot machen wir 3 kräftige Ruderschläge und lassen das Boot ausgleiten. Diese Technik wird laufend wiederholt, und die Köder gleiten mit unterschiedlicher Geschwindigkeit reizvoll durchs Wasser. Mit einem Motorboot variieren wir die Geschwindigkeit bis zu 6 Knoten und erzielen die gleiche Wirkung. Dabei suchen wir Gebiete mit tiefem und flachem Wasser ab. Auf einem See sind die besten Aussichten auf einen großen Hecht im Bereich der Scharkanten und Untiefen.

Diese Grenze zwischen Flachwasser- und Tiefenzone wird besonders intensiv befischt. Dabei fahren wir mit größerer Geschwindigkeit ins Flachwasser, damit der Köder aufsteigt und langsam ins Tiefe, damit er absinken kann.

Berührt der Köder manchmal Wasserpflanzen, so haben wir die optimale Schlepptiefe. Zum Erkennen der Tiefenverhältnisse sind Seekarte und Echolot eine große Unterstützung.

Kühlt sich das Wasser im **Herbst** ab, so zieht es die Hechte in tiefere Regionen. Sie folgen den Futterfischen, und wir finden sie dann am Fuße von Unterwasssserbergen und am Abgang zum Gewässerboden. Sie stehen jetzt sehr verstreut in Tiefen von unter 10 Metern. Mit Blinkern und Wobblern erreichen wir sie dort nicht mehr. Da wir auch große Wasserflächen absuchen müssen, bietet sich jetzt das Schleppen mit Downrigger und Echolot an. Große, leichte Löffelblinker bringen den größten Erfolg.

Aber auch im **Sommer**, wenn sich große Hechte in der Sprungschicht aufhalten, ist diese Schleppmethode auf große Hechte nicht uninteressant. Wir finden die sauerstoffreiche Sprungschicht, das heißt die Grenze zwischen warmem Oberflächenwasser und dem oft nur 4 Grad kalten Bodenwasser, mit einem speziellen Thermometer meist in einer Wassertiefe von

12 Metern. Im kalten Wasser sind Hechte viel träger. Daher muss die Schleppgeschwindigkeit deutlich verlangsamt werden.

Nach der Laichzeit lassen sich Hechte am leichtesten fangen. Beißfreudig stehen sie im relativ flachen Wasser. Intensives Absuchen lohnt sich hier, denn gewöhnlich verlassen die ganz großen als letzte die Laichplätze.

▶ **Zander**

Beim Schleppangeln auf Zander darf die Geschwindigkeit nur so groß sein, dass unser Boot gerade in Bewegung bleibt: Bei kaltem Wasser 1 Knoten. Bei warmem maximal 2,5 Knoten.

Die tickende Bewegung der Rutenspitze signalisiert, dass unser Wobbler gerade arbeitet. Bei 2 bis 8 Meter Wassertiefe schleppen wir die Köder 20 bis 30 Meter hinter dem Boot. Zander verfolgen gerne ihre Beute bevor sie zuschnappen. Vor dem wirklichen Anbiss zupfen sie manchmal am Köder. Der **Anschlag** wird aber erst gesetzt, wenn sich die Rute durch den Zug des Fisches richtig biegt. Voraussetzung dabei sind nadelscharfe Haken, denn ein Zandermaul ist hart wie ein Panzer.

Haben wir einen Biss, so wird die Stelle durch eine Boje oder Peilung markiert. Da kleine Zander Schwarmfische sind, suchen wir diese Stelle systematisch nach weiteren Anbissen ab. Große Zander rauben paarweise oder alleine.

Schleppen wir mit 3 Ruten, so wird an der mittleren ein schwimmender Rapalla Wobbler, an den äußeren ein tieftauchender Wobbler und ein mit

Blei beschwerter ABU Hilo geführt. Dabei wird 1 Meter über dem 30 Gramm-Blei ein Dreiwegewirbel befestigt. Das Vorfach zwischen Wirbel und Wobbler soll 2 Meter lang sein. Damit erreichen wir jagende Zander unter der Wasseroberfläche, im Mittelwasser und am Gewässergrund.

Werden unsere Wobbler vom Zander verschmäht, so schleppen wir tote Köderfische oder 5 bis 15 Zentimeter lange Fetzenköder. Der tote Köderfisch wird mit einem Drilling im Maul geschleppt.

Beim Fetzenköder wird der Drilling mit einer Ködernadel aufgezogen. Bei diesen Methoden muss beim Anbiss sofort Schnur ablaufen können, damit der Zander mit dem Köder abziehen und ihn schlucken kann. Das Bleigewicht muss daher mit einem Wirbel gleitend auf der Hauptschnur laufen. Die besten Fangaussichten haben wir

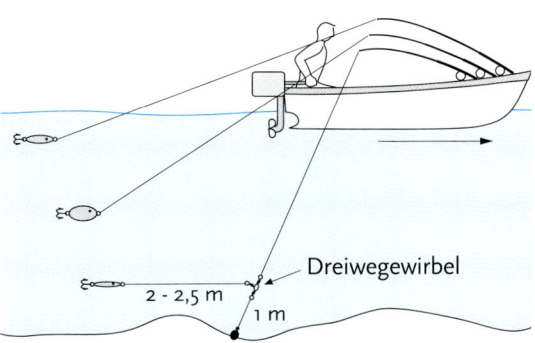

Schleppangeln mit drei Wobblern auf Zander.

in den Dämmerungsphasen bei Wassertemperaturen um die 18 Grad. Suchen die Zander in den Sommermonaten tiefes Wasser auf, kommt der Downrigger erfolgreich zum Einsatz. Die Schnurlänge zwischen Clip und Köder sollte dabei 10 Meter betragen.

▶ **Barsch**

Die beste Methode, um Barschschwärme zu lokalisieren, ist das Schleppangeln. Imitationen von Lauben, Stinten und kleinen Barschen, wie der finnische 5 Zentimeter-Rapala Wobbler, sind im Sommer und Herbst die besten Köder. Die Barsche haben dann ihre aktivste Zeit, und die kräftigen Vibrationen der Wobbler sind besonders verführerisch. Wie beim Zander schleppen wir drei Wobbler in unterschiedlichen Wassertiefen. Die Ruten und Schnüre können etwas leichter ausgewählt werden. Wir müssen aber immer bedenken, dass auch ein Hecht unseren Barschwobbler angreifen kann. Die Schleppgeschwindigkeit ist schneller als beim Schleppen auf Hechte. Aber auch hier brin-

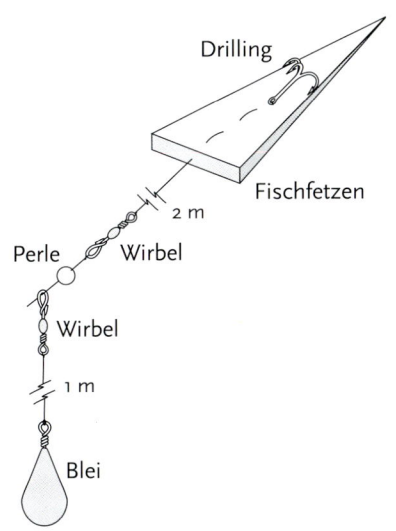

Zum Schleppangeln montierter Fetzenköder.

Ein Stachelritter am Haken.

gen unterschiedliche Geschwindigkei-
ten die Wobbler in andere Tiefen.

Haben wir einen Barschschwarm
gefunden, so wird die Stelle mit einer
Boje markiert. Ein Styroporklotz wird
mit Angelschnur umwickelt und einem
Bleigewicht versehen. Beim ersten
Anbiss wird der Klotz über Bord gelas-
sen. Die Stelle kann nun bei Wind und
Strömung schnell wieder angelaufen
und kreuz und quer abgesucht werden.
Mit dem GPS geht das einfacher.

Zur Geschichte des Schleppangelns

Schleppangeln wird in alten Angelbüchern als ehrwürdige Angeltechnik gepriesen. Die Angler der Vorzeit hatten schon vor 20.000 Jahren das Bedürfnis, ihre Erfolge den Mitmenschen und der Nachwelt auf Höhlenmalereien mitzuteilen. Schon in der vorchristlichen **ägyptischen und griechischen Kunst** findet man Bootsangler mit Ruten. Münzprägungen vor über 2000 Jahren und später Bilder in Büchern haben viele fischereiliche Erlebnisse der Nachwelt erhalten.
Die ersten Schleppangler waren Indianer und Eskimos. Sie knoteten aus Haaren geflochtene Angelschnüre an ihre Paddel. Ihre mit Fischen beköderten Haken waren kunstvoll aus Knochen gearbeitet. Durch den Rhythmus der Paddel beim Schleppen kamen die Köder in reizvolle Bewegungen. Damit waren sie sehr erfolgreiche Lachsangler.
Seit der **Mitte des 19. Jahrhunderts** wird das Schleppangeln in England und Skandinavien mit Rute, Rolle und künstlichen Ködern auf Lachs und Forellen ausgeübt. Geflochtene Schnüre mit 3 bis 5 Kilogramm Bleibeschwerung brachten die Perlmutt- und Silberlöffel in die nötige Tiefe. Bald darauf wurde mit Stahlschnüren aus Klaviersaiten und geflochtener Stahlseide geschleppt. Die Rollen waren groß und unhandlich, denn es waren 300 Meter Stahlschnur erforderlich, um die Köder in die richtige Tiefe zu bringen. Rost führte leicht zum Bruch der Schnüre.
Die **Entwicklung des Downriggers** hat dann die Schleppangelei in den letzten Jahrzehnten völlig revolutioniert. Pionier für die Entwicklung der Wobbler beim Schleppangeln war der finnische Fischer Lauri Rapala. Vor über siebzig Jahren schnitzte er die ersten Wobbler aus Holzrinde, bemalte sie, und versah sie mit einer Tauchschaufel.
Durch ihre typischen, einen kranken Beutefisch imitierenden Bewegungen verleiteten sie viele Raubfische zum Anbiss. Bald danach wurden sie aus Balsaholz gefertigt und mit Folien beklebt. Rapala Wobbler werden heute in großen Mengen aus Kunststoff hergestellt. Bei den Gerätehändlern findet man darüber hinaus unzählige attraktive neue Formen und Modelle von Herstellern aus aller Welt.

Nützliche Adressen

Specimen Hunting Group Dortmund
Bernd Steffen
Kurler Busch 13
D-59174 Kamen

Deutscher Anglerverband e.V. (DAV)
Hausburgstr. 13
D-10249 Berlin

Verband Deutscher Sportfischer e.V.
(DSF)
Siemensstr. 11-13
D-63071 Offenbach a.M.

Verband österr. Arbeiter-Fischer-
Vereine
Lenaugasse 14
A-1080 Wien

Österr. Sport- und Fischereiverband
Laudongasse 16
A-1082 Wien

Österr. Fischereigesellschaft
Elisabethstr. 22
A-1010 Wien

Schweizerischer Fischereiverband
Geschäftsstelle
Tobias Winzeler
Postfach 8281
CH-3001 Bern

Zum Weiterlesen

Atkinson, R. Valentine:
Lachs und Forelle.
Kosmos, Stuttgart 2000

Borne, Max v.d. und Achim Göllner:
Die Angelfischerei.
Blackwell, Berlin 1998 (jetzt Kosmos)

Gathercole, Peter:
Catch that Fish!
Kosmos, Stuttgart 2001

Gerstmeier, Roland und Thomas
Romig:
Die Süßwasserfische Europas.
Kosmos, Stuttgart 1998

Hebeisen, Hans-Ruedi:
Faszination Fliegenfischen.
Kosmos, Stuttgart 2000

Muus, Nielsen:
Die Meeresfische Europas.
Kosmos, Stuttgart 1990

de la Porte, Frank:
Fliegenbinden Schritt für Schritt.
Kosmos, Stuttgart 2000

Rehbronn, Edmund, Rutkowski, F.
und F. Jahn:
Das Räuchern von Fischen.
Kosmos, Stuttgart 2002

Schulte, Wolfgang:
Streamerfischen.
Kosmos, Stuttgart 2000

Staub, Erwin:
Anglerknoten leichtgemacht.
Kosmos, Stuttgart 2000

Staub, Erwin:
Farbatlas der Angelfische.
Kosmos, Stuttgart 2000

Steinfort, Hans:
Fliegenfischen für Fortgeschrittene.
Parey, Berlin 1995 (jetzt Kosmos)

Register

Erlebnis Angeln

Schritt für Schritt zum Fangerfolg

Angelbegeisterung pur – das Einsteigerbuch, das Angeln zum Erlebnis macht. John Baileys traumhaft bebildertes Buch vermittelt Kenntnisse über Umwelt und Biologie der Fische sowie über die einschlägigen Angeltechniken für alle Gewässerarten. Detailgenaue Abbildungen sowie Schritt-für-Schritt-Fotoserien sorgen dafür, dass Gerätetipps, Fangstrategien und der schonende Umgang mit dem gefangenen Fisch mühelos nachvollziehbar werden. Ein Buch, das Angel-Begeisterung weckt, weil es von Angel-Begeisterten gemacht wurde!

▸ Schritt für Schritt zum sicheren Fang

▸ Mit Insidertipps aus Jahrzehnten erfolgreicher Praxis

▸ Das Angelbuch für Alle

JOHN BAILEY

Das Kosmos Buch vom Angeln

Sichere Techniken, erfolgreiche Taktiken und Insider-Tipps für alle Gewässer

John Bailey
Das Kosmos Buch vom Angeln

160 Seiten
275 Farbfotos
gebunden

ISBN 3-440-08920-7